国际中文教育知识体系丛书
编委会

教育部人文社会科学重点研究基地北京语言大学国际中文教育研究院策划
国家语言文字关键研究领域领航计划资助
(Leading projects in key research fields of language funded by the National Language Commission)

国际中文教育知识体系丛书
International Chinese Education Knowledge System Series

总主编　吴应辉

Engineering Theory and Practice of International Chinese Education

国际中文教育工程化理论与实践

魏　晖　施春宏　◎主编

北京语言大学出版社
BEIJING LANGUAGE AND CULTURE UNIVERSITY PRESS

图书在版编目（CIP）数据

国际中文教育工程化理论与实践 / 魏晖, 施春宏主编. -- 北京 : 北京语言大学出版社, 2025. 9. -- ISBN 978-7-5619-6670-9

Ⅰ. H195.3

中国国家版本馆 CIP 数据核字第 20247PK926 号

国际中文教育工程化理论与实践

GUOJI ZHONGWEN JIAOYU GONGCHENGHUA LILUN YU SHIJIAN

责任编辑：周 鹂　　　　责任印制：周 燚

排版制作：闫海涛　　　　封面设计：春天书装

出版发行：北京语言大学出版社

社　　址：北京市海淀区学院路 15 号，100083

网　　址：www.blcup.com

电子信箱：service@blcup.com

电　　话：编 辑 部　8610-82303670

国内发行　8610-82303650/3591/3648

海外发行　8610-82303365/3080/3668

北语书店　8610-82303653

网购咨询　8610-82303908

印　　刷：天津鑫丰华印务有限公司

版　　次：2025 年 9 月第 1 版　　　　印　　次：2025 年 9 月第 1 次印刷

开　　本：710 毫米 × 1000 毫米　1/16　　　　印　　张：21.5

字　　数：309 千字

定　　价：88.00 元

PRINTED IN CHINA

凡有印装质量问题，本社负责调换。售后 QQ 号 1367565611，电话 010-82303590

以知识体系构建
助力国际中文教育学科走向成熟

——“国际中文教育知识体系丛书”总序

国际中文教育具有学科和事业的双重属性。作为一项事业，国际中文教育在促进中外经济合作、民心相通、文明互鉴和助力构建人类命运共同体等方面发挥着独特的重要作用，在世界格局重塑的大背景下，国际中文教育正面临着前所未有的发展机遇和时代使命。国际中文教育从学科诞生至今短短数十年间，便历经了从“对外汉语教学”到“汉语国际教育”，再到“国际中文教育”的迭代升级。国际中文教育学科始终坚持服务国家战略，与国际中文教育事业发展同频共振。世界各国中文教育发展面临的理论与实践问题已经纳入学科研究内容，国际中文教育正在发展成为一门全球性学科，呈现出规模化、专业化、数智化等新特征。然而，由于学科发展历史较短，国际中文教育面临着学科知识体系化程度薄弱、理论方法创新不够等问题。这些问题制约着学科建设水平，影响着国际中文教育质量。构建系统化、科学化的知识体系已成为国际中文教育学科建设的当务之急。在本、硕、博完整的人才培养体系已经建立的今天，系统构建国际中文教育知识体系，既是学科发展的内在要求，也是服务世界各国中文教育和中外合作交流的迫切需要。因此，国际中文教育知识体系的构建是新时代赋予学界的重要使命。本套丛书的推出，旨在为国际中文教育知识体系构建添砖加瓦，助力国际中文教育学科进一步走向成熟。

知识体系是指一个学科经过系统化整合、结构化组织的知识集合，包含基础理论、核心概念、研究方法、实践范式及学科边界等要素，具有逻辑关联性、层级递进性、动态发展性和历史传承性四大特征。学科知识体系具有八大核心功能：一是提供学科研究范式；二是为学术共同体提供共同话语体系和价值判断参考；三是确保学科发展的科学性与连续性；四是联通理论与实践，为解决具体问题提供学科依据；五是通过持续吸收前沿成果，实现知识更新，保持学科生命力；六是通过知识体系标识学科边界；七是作为知识创新、人才培养和学术研究的基础；八是作为与其他学科进一步交叉融合的根基。

国际中文教育是一个交叉学科，以中国语言文学和教育学两个一级学科为主干学科，同时涉及外国语言文学、心理学、新闻传播学、哲学、中国史、世界史、民族学等其他学科。因此，其学科知识体系是一个多维度、多层次的复杂系统，具有鲜明的学科交叉融合特征，包括基础理论、研究方法、教学实践、资源建设、技术应用等多个维度。可以说，国际中文教育知识体系也是一个知识生态系统。

“国际中文教育知识体系丛书”以国际中文教育学科知识体系的内在逻辑为线索，力求系统梳理并整合国际中文教育的各个领域和环节，涵盖从基础理论研究到实践应用、从教学资源开发到教师教育、从智慧教育到跨界融合等多个方面。希望通过构建一个系统、完整、科学的国际中文教育知识体系，为本学科发展提供坚实的理论基础和实践指导，提升国际中文教育学科的科学性和系统性，推动学科不断走向成熟和完善。本丛书是动态发展、逐渐丰富的，具有开放性。随着国际中文教育事业的发展和理论研究的推进，新的知识领域将不断涌现，反映新兴领域知识的著作也将陆续纳入丛书出版。

本丛书由教育部人文社会科学重点研究基地北京语言大学国际中文教育研究院策划。我们秉持“海纳百川，有容乃大”的理念，欢迎校内外、国内外国际中文教育领域专家学者的精品力作加入本丛书。让我们共同努力，为国际中文教育知识体系构建做出自己的一份贡献！

吴应辉

2025 年 3 月

前　言

呈现在读者面前的是一本关于国际中文教育工程化的专著。这是一部集体作品，既初步呈现出这个领域的基本面貌，又展示了大家共同探索的学术精神。

一、“国际中文教育工程化”的提出及发展情况

因组织任命，魏晖于2020年1月调到北京语言大学工作。7月8日，魏晖在汉语国际教育学部（2023年学部改革，根据不同定位，调整组建成国际中文学院、应用中文学院、汉学与中国学学院三个学院）调研，提出学部发展应重视“四化”：（1）弱化疫情影响。树立信心，增强凝聚力，在危机中育新机，于变局中开新局。（2）强化事业属性。增强使命感、责任感，推动国际中文教育事业新发展，研究如何服务提升国际传播能力、服务推动构建人类命运共同体。（3）细化培养目标。根据市场细分原则，针对不同人才类型确立培养目标，创新培养模式，发挥区域国别优势。（4）深化集成创新。推动国际中文教育工程化，通过集成创新重塑北语领先优势。这是魏晖首次提出“国际中文教育工程化”议题。9月11日，学校召开党委常委务虚会，魏晖在会上发言，谈到了学校定位及影响力、学科布局及学科建设、国际中文教育三个问题，建议研究推动国际中文教育工程化，深化集成创新，重塑北语领先优势。针对国际中文教育工程化，魏晖具体谈了五点：

（1）教学过程的规范化、标准化。（2）教学支持系统的智能化。如案例、教材、教学资料的智能获取，教学作业的智能批改等，用技术赋能教学，从而提高教学效率。（3）教学环境的场景化。创新教学手段，构建若干典型虚拟现实环境。（4）教学理念的创新。新时代的国际中文教育需要理念创新，教学理念创新可能会带来教育的革命性变化。（5）形成整体优势和品牌优势。国际中文教育大致涉及理念、师资、方法、手段、市场、管理、效率、质量八个方面，不必也不可能八个方面都有优势，关键是通过集成创新，形成整体优势、品牌优势，重塑领先地位。11 月 4 日，在西安外国语大学召开的第九届中国语言学研究方法和方法论问题学术研讨会上，魏晖做了题为“国际中文教育工程化发展之路之选择”的报告，指出实施国际中文教育工程化是重塑北语国际中文教育领先地位的一种路径选择，提出了“工程化”的定义，即将具有一定规模数量的单个系统或功能部件，按照一定的规范，组合成一个模块鲜明、系统性强的整体的过程，主要表现为流程规范化、器件标准化、功能模块化、技术先进化、方案最优化、系统集成化等方面；并进一步阐释了自己对国际中文教育工程化的认识，包括目标多样化、培养系统化、课程模块化、过程规范化、服务智能化、环境场景化、教师本土化、理论先进化、方案最优化、优势集成化。

魏晖负责联系语言科学院，因此与语言科学院内设机构的每位负责人进行了工作交流。2020 年 9 月 17 日，魏晖与《语言教学与研究》主编施春宏教授交流时，在国际中文教育工程化这一议题上产生了共鸣，决定共同推进国际中文教育工程化的理论与实践探索。为此，施春宏在近一年的时间里开展了有关工程化方面的资料搜集、文献阅读、问题整理等工作，做了大量阅读笔记，梳理了亟需研究的若干问题。在研究的基础上，施春宏感到需要吸纳更多的学者参与，并提出了在《语言教学与研究》上组织笔谈文章的建议。2021 年 9 月 15 日，魏晖、施春宏组织了首次国际中文教育工程化研讨会，这次研讨会的部分成果《“国际中文教育工程化问题”大家谈》刊登于

《语言教学与研究》2022 年第 1 期，共 6 篇文章，具体包括：魏晖《实施国际中文教育工程化的必要性和可能性》、施春宏《推进国际中文教育工程化的若干思考》、饶高琦《国际中文教育工程化的基本特征及实施策略》、张崇《国际中文教育工程化需要大数据支撑》、张俊萍《实施国际中文教育工程化的人才团队建设问题》、闻亭《中外学生联合实践模式的工程化思考》。2021 年 11 月 9 日，学校发布《北京语言大学关于实施国际中文智慧教育工程的意见》，决定实施国际中文智慧教育工程，这为推进国际中文教育工程化提供了很好的实践平台。2022 年 6 月 18 日，学校面向全球正式发布工程核心成果“国际中文智慧教学平台 1.0 版”，这是我国首个面向全球中文学习者的智慧教学平台。2023 年 2 月 28 日，学校发布“国际中文智慧教学系统 2.0 版”（“国际中文智慧教学平台”更名为“国际中文智慧教学系统”[①]）。2022 年 9—10 月，魏晖先后在交叉研究兴趣组、汉语国际教育研究院（后更名为“国际中文教育研究院”）、汉语国际教育学部做“关于重塑北语国际中文教育领先地位的思考”的报告。报告总结了国际中文教育发展的历程，分析了北语在国际中文教育不同阶段的地位与作用，提出了国际中文教育已进入集成创新发展时期，分析了集成创新发展时期的特征及如何集成创新，指出在新发展时期，北语国际中文教育需要重塑，而工程化是重塑的关键选择，还提出了关于能否重塑的几个关键问题。报告引起了众多学者的兴趣，《世界汉语教学》主编张博教授邀请魏晖撰写了《国际中文教育集成创新：内涵、价值和路径》一文（与博士生吴晓文合作，发表于《世界汉语教学》2023 年第 2 期）。10 月 17 日，魏晖主持召开国际中文教育工程化研讨会，有 20 余人参加，涉及学校众多单位。施春宏建议组织学校相关教学科研部

① “国际中文智慧教学系统”（https://cnlp.blcu.edu.cn）是我国首个面向全球中文学习者的智慧教学系统，该系统具有如下特点：AI 赋能高效教学；提供多种教学新样态；拥有丰富的教学资源库；可进行图像、视频、PPT 的导入；具有精准高效的智能出题功能；建立课件共享与分发机制，可为教师提供更轻松高效的教学途径。

门编写《国际中文教育工程化导论》教材，得到了大家的一致赞同，此后即进入规划、筹备阶段。10 月 31 日，魏晖、施春宏组织国际中文教育集成创新研讨会，讨论成果《“国际中文教育集成创新”大家谈》刊登于《语言教学与研究》2023 年第 5 期，共 4 篇文章，具体包括：魏晖《国际中文教育进入集成创新发展时期》、吴应辉《国际中文教育模式集成创新的思考》、苏向丽《国际中文课程的集成创新及其路径探索》、荀恩东《融课件：国际中文教育资源与技术的集成创新》。

2023 年 1 月 10 日，国际中文教育研究院院长吴应辉教授主持国际中文教育创新论坛，魏晖做了“试说《国际中文教育工程化导论》”的报告，论坛采取线上线下相结合的方式，讨论非常热烈，崔永华教授线上参会，指出北语要实现跨越式发展需要新思想、新思路、新理念，并对如何推进国际中文教育工程化提出了翔实的意见和建议。3 月 11 日，魏晖、施春宏组织召开《国际中文教育工程化导论》编写研讨会，会前发放了工程思维、工程设计、工程教育等方面的相关资料，并就教材编写问题与有关专家讨论，咨询相关事项，确定相关章节负责人及主要内容。经过反复讨论，同时考虑到教材的体系性、严谨性、成熟性等要求很高，会议最后决定筹备撰写专著《国际中文教育工程化理论与实践》，并确定了基本框架。会后，施春宏提出了本书的编写规范和体例要求。

自此，编写组成员进入了边研究、边实践、边写作的紧张阶段。其间，编写组积极互动，频繁交流，明确基本概念，深化前沿认识，建构知识体系，统一写作风格。2023 年 11 月底，各章基本完成初稿。魏晖、施春宏在此基础上提出了进一步的修改建议。2024 年 1 月 6 日，魏晖、施春宏组织召开新稿修订研讨会，各章负责人及团队成员汇报了本章主要内容、创新认识、存在问题等，同时还确定了专著需进一步修改的重点，调整了局部结构安排，并商定了终稿交稿时间。会后，施春宏根据讨论情况，整理出书稿的修改意见和建议，内容涉及基本目标、章节结构、案例、图表、术语、体例、引文、篇幅等。此后，各章进入进一步调整、充实、完善阶段，本书由此得以顺利完成。

二、本书的基本目标、主要内容和作者队伍

本书是推进国际中文教育工程化实践过程的产物，是多学科专家集体合作的成果，写作中力求实现以下目标：（1）注重理论探索和实践导向相结合，在理论和实践两方面都体现出“启蒙中有提高”，突出学科框架性、内容引导性、观念启发性、观点创新性和案例可鉴性。（2）作为一本探索性著作，整体内容涵盖面广，大体上包含目前国际中文教育工程化探索与实践的基本内容。各章内容都围绕国际中文教育“为什么要工程化、如何工程化”来展开，强化论题的针对性。（3）各章既有一定的独立性，章与章之间又形成一个整体，勾勒出国际中文教育工程化的基本面貌。（4）各章内容不求全面，但尽力做到理论上和实践中该有的重要方面都尽量涉及，重在有所创新，知识可信。至于必须作为背景知识介绍的非工程化内容，则尽可能简要概括，不做铺展。（5）各章力争结构合理、内容连贯、逻辑清晰、阐述到位、表达流畅、遵守规范。是否实现了上述目标，还请读者评判。

本书内容共十章，除绪论外，分为三大部分。第一章为绪论，在分析新发展时期国际中文教育面临的主要问题的基础上，提出国际中文教育工程化是一种路径选择，阐释了实施国际中文教育工程化的必要性和可行性，提出了实施工程化希望达到的目标。第二章、第三章为理论部分，包括国际中文教育工程化的基本特征、实施原则、一般方法及方法应用等内容。第四章至第九章为专题部分，涉及课程体系、教学模式、教学资源、教学评价、质量保障、教师教育六个方面，基本涵盖了国际中文教育的重要内容，特别注重运用系统观念、工程思维进行工程化设计和建设。第十章为特定案例部分，选择国际中文智慧教学系统的设计、开发、应用与维护作为典型案例进行全面系统的介绍，以加深读者对工程化的整体认识。

本书各章作者及负责人如下（每章的第一作者为该章负责人）：

第一章　魏晖、吴晓文

第二章　施春宏、马瑞祾

第三章　饶高琦、张崇

第四章　周小兵、苏向丽、张俊萍、于淼

第五章　苏英霞、郑家平、王蕾、陈闻、蔡建永

第六章　梁宇、饶高琦、曹晓艳

第七章　赵琪凤、郭修敏

第八章　王治敏、赵慧周、王一帆

第九章　郭睿、田靓

第十章　刘颖滨

三、实施国际中文教育工程化的启示及未来思考

实施国际中文教育工程化是推动国际中文教育新发展的路径选择，也是形成学术共同体的新探索。探索中有以下几点启示：（1）问题导向。国际中文教育新发展时期面临很多问题，这些问题用传统的方法很难解决，而采用工程化思路和集成创新方法则可以较好地解决，这是工程化得以推进、共同体得以形成的根本原因。（2）使命驱动。国际中文教育工程化实施过程没有行政强制，也没有经费支持，完全是大家自愿参加。参加人员既有年轻学者，也有中青年学术带头人，还有老一辈学者，这种自愿是以“语言报国，文化兴国”为内核的红色基因的传承弘扬，是一种责任担当、使命驱动，这是工程化得以推进、共同体得以形成的根本动力。（3）理念引领。新发展时期，国际中文教育发展需要新理念，新理念带来新思路、创出新办法、产出新成果。智慧教学系统的核心概念“融课件”就是集成理念的产物，国际中文教育工程化、市场化、在地化“三化”联动发展模式更是战略集成的产物。先进理念引领是工程化得以推进、共同体得以形成的先决条件。（4）学

科交叉。国际中文教育工程化实施过程中，汇聚了语言学、教育学、信息科学、管理学等众多学科的专家学者，推动了不同学科专家的合作，产出了不少创新成果。学科交叉是工程化得以推进、共同体得以形成的根本保证。（5）开放包容。工程化实施过程是开放的，有兴趣的学者都可以加入，没有强制，没有门槛，鼓励参与讨论，鼓励合作研究，实施工程化很重要的一点就是培养具有系统观念、工程思维和工程能力的人才。开放包容是工程化得以推进、共同体得以形成的活力所在。（6）平台支持。工程化实施过程中，得到了众多杂志和教学科研平台的大力支持。外部平台的支持为工程化实施创造了良好的条件，是保障整个工程顺利进行的重要因素。这些启示对探索“有组织科研”也是有价值的。

国际中文教育70余年的发展培养了大量掌握中文、熟悉中华文化的国际友好人士，为提升国家语言核心能力、促进民心相通、推动文明互鉴做出了重要贡献。新发展时期，国际中文教育既面临自身高质量发展问题，又被赋予如何更好地服务中国式现代化的目标任务。实践证明，国际中文教育工程化是解决国际中文教育质量还不够好、效率还不够高的有益探索。未来，我们将通过举办暑期培训班、招收博士后和访问学者、举办研讨会、组建联合团队等方式，团结国内外同行进一步深化探索，期待国际中文教育工程化在推动国际中文教育高质量发展、更好服务中国式现代化、更好服务推动构建人类命运共同体方面做出更大贡献。当然，工程化并不能解决国际中文教育高质量发展的一切问题，我们正在组建国际中文教育工程化和集成创新团队，提出了推动国际中文教育学业、事业、产业一体发展的咨政建言，提出了工程化、市场化、在地化“三化”联动的战略举措。我们相信，国际中文教育的明天一定更美好。

从2020年提出国际中文教育工程化这一概念，到完成这部书稿，前后长达五年的理论探索和教学实践使我们发现并认清了不少问题，但也看到了更多需要挖掘和解决的问题。这是一个特别广阔的研究领域，也是亟待深入发展的重要事业。本书作为国际中文教育工程化的初步探索成果，错误、不足之处在所难免，敬请学界批评指正并参与探索，以期进一步推进国际中文教育工程化工作和事业！

魏　晖　施春宏

2025 年 5 月于北京语言大学

目　录

第一章　绪　论

国际中文教育始于1950年设在清华大学的“东欧交换生中国语文专修班”，名称几经变化——从“对外汉语教学”到“汉语国际教育”再到“国际中文教育”，内涵及外延也相应发生了变化。国际中文教育70余年的发展取得了很大成就，培养了大批掌握中文、熟悉中华文化的国际友好人士，国际影响力不断增强，为传播中华文化、促进民心相通、推动文明互鉴做出了重要贡献，国际中文教育已成为国家和民族的一项重要事业。目前，国际中文教育进入了新发展时期，特别是中华民族伟大复兴之大局、百年未有之大变局、第四次产业革命引发的生产方式和生活方式之改变，所有这些“变”，都直接或间接地促使国际中文教学也在“变”——学习方式之变，教学手段之变，学习需求之变，培养模式之变，生源格局之变，教学环境之变，事业体制和格局之变……（赵世举，2021）面对变局，一方面，要辩证把握“变”与“不变”的关系，在分析“变”的因素时，也需要把握国际中文教育的“不变”因素。比如，国际中文教育的初心使命不变，尊重国际中文教育的发展规律不变等。另一方面，也要清晰地认识到，全球对中文教育的需求更加多样，影响发展的因素更加多元，面临的挑战更加复杂，国际中文教育既面临自身高质量发展问题，又被赋予了更好服务中国式现代化、更好服务世界和平与发展的新的目标与任务。本书旨在探讨新发展时期国际中文教育在守正的基础上如何“变”、如何求“变”、如何创新才能实现自身高质量发展等问题。为此，本章首先分析国际中文教育面临的主要问题，进而对实施国际中文教育工程化的必要性和可行性进行较为系统的探讨。

第一节　新发展时期国际中文教育面临的主要问题

国际中文教育到底如何“变”？有专家认为，国际中文教育的主要矛盾已经从解决“有没有”的问题发展到了解决“好不好”的问题，从解决中文教育服务质量、规模的要求发展到了提升质量和效率的要求（马箭飞，2021）。国际中文教育应从以教育者为中心转向以教育者与受教育者的共同意愿为中心，从以语言教学为中心转向以语言教学与语言服务相结合为中心（胡范铸等，2018）。我们认为，分析清楚国际中文教育面临的主要问题，是应对变化、实现高质量发展的前提条件。国际中文教育面临的主要问题突出表现在四个方面：多样化学习需求与规模化教育质量之间存在矛盾；尚缺乏规范、可靠、好用的国际中文教学系统；国际中文教师不能完全适应数智时代发展的需要；高质量的国际中文教育体系尚未完成构建。

一、多样化学习需求与规模化教育质量之间存在矛盾

截至2024年9月，全球共有85个国家将中文纳入国民教育体系，国际中文学习者和使用者累计已超过2亿人。[①]由于中文学习者地域分布广泛，年龄段涉及低龄学习者和成人学习者，因此学习者需求呈现出多层次、立体化趋势（陈莉、张吟，2021）。从学历层次来看，中文教育包括学历教育和非学历教育；从课程类型来看，中文课程的需求不仅仅局限于兴趣课和专业课，“中文+”特色课程的学习需求也越来越旺盛；从区域（国别）

① 《教育部：已有85个国家把中文纳入国民教育体系》，参见 https://www.chinanews.com.cn/edu/2024/09-26/10292745.shtml。

来看，存在发展不平衡问题，有的地区规模与质量的矛盾比较突出。对于国际中文教育而言，满足多样化的中文学习需求是一项复杂且具有挑战性的任务。

2019 年出台的《中国教育现代化 2035》提出，要“利用现代技术加快推动人才培养模式改革，实现规模化教育与个性化培养的有机结合”[①]。国际中文教育从规模化发展阶段到高质量发展阶段，实现了中文学习者规模的梯级递增。然而，量的增长会引发一系列问题。例如，规模增长引发了中文教学资源、师资条件不足等问题；低龄者增多引发了教学内容变化、教学方式改革等问题；入学者中文基础不同引发了因材施教难等问题。总之，在追求规模化培养的同时，满足学习者多样化的需求是国际中文教育面临的现实挑战，也是实现国际中文教育高质量发展至关重要的问题。

二、尚缺乏规范、可靠、好用的国际中文教学系统

国际中文教学系统是指由相关教学要素集成，能够实现国际中文教学目标和功能的整体。该系统包括动态和静态两种要素。动态要素主要指与国际中文教学活动相关的人，其中，中文教师和中文学习者是构成国际中文教学系统的核心要素。随着科技的发展，教学辅助者越来越有可能被机器取代，教学机器也成为教学系统的重要组成部分。静态要素则涉及国际中文教学活动所需的教学媒介和物理环境，它们是师生互动交流的载体，为整个教学系统的运作提供支持。国际中文教学系统有狭义和广义之分。狭义的中文教学系统是指关注教学层次和学习层次的系统，由中文教学目标、教学内容、教学方法、教学资源、教学技术、教学平台等元素构成。广义的中文教学系统除了狭义的中文教学系统的内容外，还包括更广泛的教育和教学要素，如中文教育政策、教学体制等。本书仅讨论狭义的中文教学系统。

① 《中共中央、国务院印发〈中国教育现代化 2035〉》，参见 http://www.moe.gov.cn/jyb_xwfb/s6052/moe_838/201902/t20190223_370857.html。

随着国际中文教育的快速发展，为实现国际中文教育的数字化转型，我们需要建立高质量的教学系统作为支撑。因此，建设规范、可靠、好用的国际中文教学系统显得尤为必要且迫切。规范、可靠、好用的教学系统具有如下特点：具备标准化的教学方案和教学课件、规范化的教学要求、流程化的教学过程、多样化的教学资源、智能化的教学服务，可靠性强，易于操作，能实现线上线下教学的有机结合，具有示范性、可推广性，既能保证规模化培养的基本质量，又能适应多样化的教学需求。人工智能、大数据等信息技术的发展为建设规范、可靠、好用的国际中文教学系统提供了有力支持。北京语言大学研发的“国际中文智慧教学系统”是建设规范、可靠、好用的国际中文教学系统的积极探索，应围绕建立统一的教学规范、标准和流程，提供多样化的教学资源、智能化的教学服务，确保可靠性、易操作性等目标，加快研发步伐，以期早日打造出具有示范性和可推广性的国际中文教学系统。

三、国际中文教师不能完全适应数智时代发展的需要

新一轮科技革命和产业变革给教育带来了前所未有的影响，以大数据、人工智能为代表的新技术正在加速推进传统教育向智慧教育转型。在此背景下，国际中文教育也积极顺应数智化时代发展趋势和中文人才培养需求，积极探索将新技术应用于国际中文教育的新模式。当然，这一转型也对国际中文教师提出了更高的要求，其数字胜任力成为数智时代国际中文教师能力素养的新标准之一。2022 年，世界汉语教学学会发布了《国际中文教师专业能力标准》。该标准对一级指标“专业技能”下的二级指标“教育技术”的要求是：“了解并关注前沿技术应用于国际中文教育的最新进展，理解教育技术在中文教学中的本质作用，具有将信息技术与中文教学过程深度融合的意识。”

教师数字胜任力是指“教师具有的，能促进他们富有成效地应用数字技

术开展教学活动，且实现优秀教学目标的能力特质。而这些能力特质包括了与开展数字化教学活动相关的知识、技能、动机、态度、价值观和个人特质等”（郑旭东，2019）。数智时代，信息技术高速发展，“培养师生以数字能力为基础的新型能力”是国际中文教育适应数智时代的重要条件（王春辉，2023）。在数字化教学实践中，国际中文教师的数字胜任力仍然存在不足，如“国际中文学科教学与数字技术尚未实现深度融合”，“技术认识尚未实现目的功能转向”等（金晓艳、赫天姣，2022）。传统的国际中文教师多注重语言教学、中华文化传播、教学管理等方面的素养提升，但随着数智时代的到来，国际中文教师需要全面适应新的发展任务和要求。总之，提升国际中文教师的数字胜任力已成为国际中文教育数字化转型的当务之急。

四、高质量的国际中文教育体系尚未完成构建

习近平总书记 2023 年 5 月 29 日在中共中央政治局第五次集体学习时强调：“要坚持把高质量发展作为各级各类教育的生命线，加快建设高质量教育体系。”[①] 我们认为，高质量国际中文教育体系是高质量教育体系的重要组成部分，是一个包括学业、事业、产业子体系在内的多层次、多维度体系。高质量国际中文教育体系的构建应该在现有发展基础上整合、集成，使之成为更加科学、更加规范、更加开放、更加包容、更有效率的体系。具体说来，“更加科学”体现为体系的合理性、层次性和可靠性；“更加规范”体现为规范的教学要求、教学流程，以及规范的标准体系、教学资源体系；“更加开放”体现为开放的政策环境、教学模式和合作方式；“更加包容”体现为充分考虑学生的多样性和个体差异，教学内容保持一定的刚性与弹性，教学方式具有较大的灵活性，以适应不同区域（国别）、不同语种、不同年龄人群的需求；“更有效率”体现为教学和资源建设的针对性、

---

① 《习近平主持中央政治局第五次集体学习并发表重要讲话》，参见 https://www.gov.cn/yaowen/liebiao/202305/content_6883632.htm。

不同区域（国别）资源配置的高效率及在地化发展的适应性。

现阶段，高质量国际中文教育体系尚处于初步构建阶段，距离建立一个更加科学、更加规范、更加开放、更加包容、更有效率的国际中文教育体系还有一定的差距。例如，学科与专业区分不够清晰，不能辩证地处理好学科与专业的关系；学科与事业发展不够协调，主体学科与支撑学科发展不够平衡，学科建设的责任者不够明确，学科建设的发展方向不够清晰（李泉，2018）；各国中文教育质量标准体系尚不统一，质量保障机制有待健全，相关从业人员的专业能力尚待提高（李宝贵、刘家宁，2021）；等等。此外，国际中文教育产业未能得到较好发展，市场在资源配置中的决定性作用尚未得到有效发挥，国际中文教育学业、事业、产业尚未能一体推进。构建更加科学、更加规范、更加开放、更加包容、更有效率的国际中文教育体系是一项长期的、艰巨的任务，需要久久为功，需要纳入国际中文教育的长远发展规划之中。

为了解决上述问题，学界积极探索并提出了很多政策建议和应对举措。我们认为，解决上述问题，应该坚持系统观念和工程思维，将国际中文教育作为一项系统工程，实施国际中文教育工程化，以解决关键问题为导向，注重教学资源、教学技术和教学管理等要素的集成创新，注重不同主体的协同，以实践性和创新性为根本，进而推动国际中文教育高质量发展。

第二节　实施国际中文教育工程化的必要性

从过程来看，工程化是指将具有一定规模数量的单个系统或功能部件，按照一定的规范，组合成一个模块鲜明、系统性强的整体的过程，主要表现为流程规范化、器件标准化、功能模块化、技术先进化、方案最优化、系统集成化等方面。从结果来看，工程化就是各类要素的集成化、产品化。

国际中文教育工程化是指运用相关知识和技术去配置教育资源和教学手段，按照一定的规范和标准通过集成化的方式来构造可用于国际中文教育领域的产品（施春宏，2022）。国际中文教育涉及学业（学科与专业的合称）、事业、产业，涉及政府、高校、企业等不同主体，涉及产学研用等不同方面，既是学科与专业，也是一项推动民相亲、心相通进而推动构建人类命运共同体的伟大事业，还是一个产业链，本身就是一项系统工程。作为一项工程，实施国际中文教育工程化既有必要性也有可行性（魏晖，2022）。总之，实施国际中文教育工程化是适应时代变化、推动国际中文教育高质量发展的必然选择。

一、推进学业事业产业一体发展的基础支撑

国际中文教育在 70 多年的发展中取得了多方面的成就。一是国际中文教育学业发展实现了质的提升。从 1978 年学界提出“对外汉语教学是一门学科”的观念，到 1985 年开始招收“对外汉语专业”本科生，再到 2007 年设置“汉语国际教育硕士专业学位”，以及 2022 年国务院学位委员会、教育部印发的《研究生教育学科专业目录（2022 年）》中设置国际中文教育专业学位类别，并可授予硕士、博士学位，国际中文教育已经形成了从本科、硕士到博士的贯通培养体系，国际中文教育知识体系的构建也得到了较大发展。二是国际中文教育事业发展实现了量与质的跨越。全球有 190 多个国家和地区开展中文教学，85 个国家将中文纳入国民教育体系，中文作为基础教育外语得到了对象国的认可。联合国及联合国教科文组织、联合国旅游组织等国际组织将中文作为官方工作语言之一。国际中文教育在讲好中国故事、提升中文国际影响力、促进民心相通、推进文明互鉴方面发挥着越来越重要的作用。三是国际中文教育产业得到了较快发展。国际中文教材、相关教学产品（特别是智能教学产品）快速发展，涌现出了不少从事国际中文教育产品开发的企业，成立了国际中文教育产业联盟。然而，国际中文教育学

业、事业、产业发展本身还存在一些问题，学业、事业、产业一体发展的机制尚未形成，教育质量和教学效率还不够高，效益（特别是经济效益）还不够好，服务中国式现代化、服务世界和平与发展的能力还有待进一步提升。

《中华人民共和国国民经济和社会发展第十四个五年规划和2035年远景目标纲要》提出了建设中文传播平台、构建中国语言文化全球传播体系和国际中文教育标准体系的任务。国际中文教育面临着构建中文传播平台和全球传播体系等现实挑战。工程化作为一种系统规划、组织和实施中文教育项目的手段，能够有效解决国际中文教育实践中的诸多问题。

例如，建设国际中文智慧教学系统可以解决教学规范化、标准化和流程化不足的问题，协调多样化需求与规模化培养之间的矛盾，促进区域（国别）中文教育发展的平衡；通过组织研发智能教学产品等措施，可以有效提升教学质量和效率，并对产业发展起到推动作用；工程化还可以解决国际中文教育运营与管理等方面的问题，有效推进国际中文教育学业事业产业一体发展。总之，国际中文教育工程化可以促进国际中文教育学业事业产业的发展，提高发展的质量、效率和效益，是推动国际中文教育学业事业产业一体发展的基础支撑。

二、适应数智技术发展的时代选择

数智时代以大数据和人工智能技术为核心，数据的产生、处理和应用成为各个领域的重要驱动力。数智时代的到来将改变国际中文教育的教学理念、教学方式，甚至教学内容，国际中文教育界已经开展了一系列实践探索。例如，“中文联盟”云服务教学平台涵盖中文学习、中文考试、中国文化与当代中国国情等课程，极大地丰富了中文教学资源，可助力中文教师提高教学效率；北京语言大学研发的“国际中文智慧教学系统”具有AI出题、教学过程数据收集整理等功能，可以有效地把握学生学情状况，开展智能化教学评价，从而提升中文学习者的获得感，实现更加精准的教育，真正实现因材施教。随着智能技术对国际中文教育的赋能，国际中文教育界越来越体会到数字技术带来的红利，智慧教育理念不断深入人心，业界正加快推进智能技术与教育教学的融合，创新教学内容、教学方式和教学模式。在推进过程中，无论是云服务教学平台、智慧教学系统的研制，还是智能化教学资源建设、教学产品研发等，都离不开系统观念和工程思维，都需要将其当作一项工程进行规划、建设和运维。

国际中文教育工程化能够系统规划教育目标、课程体系、教学资源配置等问题，有助于促进教育内容衔接的连贯性和教育目标达成的一致性。通过工程化的方式，国际中文教育可以更好地适应数智时代对人才知识结构和能力结构的需求，使学习过程更加系统、高效。此外，国际中文教育工程化可通过统一的标准、流程和管理体系，实现资源的有效配置和优化，有助于提高国际中文教育的质量和效率。工程化在推动国际中文教育与数字化、智能化、网络化技术的融合方面具有显著优势，因此，工程化是国际中文教育适应数智技术发展的时代选择。

三、培养新时代国际中文教师的必然选择

随着中文国际影响力的不断提升，对优质国际中文教师的需求也日益增长。国际中文教师在学习专业知识和技能之余，还应主动适应数智化教学场景，掌握新型教学工具，具备将信息技术与中文教学过程深度融合的意识和能力。国际中文教育工程化强调系统性构建、整体化推进、评价式反馈，为培养新时代国际中文教师提供了理想的平台和机会。

首先，国际中文教育工程化有助于提升教师的数字胜任力。随着数智时代的到来，教学方法和教学资源的多样性对国际中文教师的要求也越来越高。国际中文智慧教学系统能为国际中文教师提供优质的教学资源、丰富的教学内容。该系统要求教师掌握教学所需的信息化技能，以提高教学效率。智能化的教学过程评价能帮助教师反思教学设计和教学方法方面的优势和不

足，并通过系统培训来提升国际中文教师的数字胜任力。

其次，国际中文教育工程化有助于提升国际中文教师的教学能力。一是国际中文教育工程化不仅使中文课程更加系统、连贯且具有针对性，而且还可以整合各类教学资源，为国际中文教师提供支持。二是工程化的教学管理方式有助于建立统一的教学标准和评估体系。国际中文教师通过参与工程项目研发，可以进行工程思维训练，提升工程化设计能力、过程建设能力和管理能力；通过评价与反思自己的教学状况，可以改进教学方法，进而提升自身的教学能力。

总之，国际中文教育工程化是提升国际中文教师数字胜任力和教学能力的有效途径，是培养新时代国际中文教师的必然选择。

四、优化国际中文教育体系的现实选择

国际中文教育是一个涉及人才团队系统、教材教案系统、教学运行系统、质量保障系统、资源平台系统等多个系统的大型工程。作为一项系统工程，应该运用系统观念和工程思维，考虑工程化设计、实施、操作、运行和管理等问题，依据一定的逻辑规则和规范，将这些系统整合、优化、集成为一个能够解决实际问题、满足目标需求的大系统。国际中文教育工程化的根本动因来自国际中文教育实践过程中存在而又必须解决的问题（施春宏，2022）。国际中文教育工程化要用工程思维解决问题。工程思维，"是指人们在进行工程设计、研究与建构实践过程中所形成的独特思维方式，它以集成构建性为根本特征"（李永胜，2018）。工程思维渗透在工程理念、工程分析、工程决策、工程设计、工程建构、工程运行以及工程评价等各个环节之中，在很大程度上决定着工程的成败和效率（姚立根、王学文，2012）。国际中文教育工程化重视工程思维、工程设计、建设过程和效果的评价反馈，通过推动教学过程标准化、教学方案规范化、教学内容模块化、教学资源平台化、教学技术先进化，可以保障国际中文教育质量，提高教学效率，并降

低办学成本。

实施国际中文教育工程化还有助于优化国际中文教育体系的规划和管理。通过工程化方法对国际中文教育体系建设进行规划和管理，可以确保教育目标、课程设置、教学方法、教学资源配置以及中文师资培养等各个环节的协调和衔接。实施国际中文教育工程化可为中文教育实践设计合理的课程体系，建立科学的教学评估机制，促进中文教师的专业发展，并提供建设高质量国际中文教育体系的可行方案。国际中文教育工程化可以整合、优化、集成中文教材、教学平台等各类中文教学资源，提高教学资源的利用效率，为中文学习者提供高质量的教学。国际中文教育工程化还可以对国际中文教育质量进行监督和评估，通过建立科学的评估体系和质量标准，及时反馈教学中的不足，并采取相应的改进措施，推动国际中文教育质量的不断提升。

总之，国际中文教育工程化可以提供更加系统化、规模化且高质量的中文教育服务，为中文学习者提供更好的学习体验，对提升国际中文教育质量起到重要作用。因此，实施国际中文教育工程化是应对新的机遇和挑战、实现国际中文教育转型升级、优化国际中文教育体系的现实需要。

第三节 实施国际中文教育工程化的可行性

一、工程化理论与实践成果可提供理论指导和实践遵循

我国在工程化理论方面取得了比较丰硕的成果，代表性成果有许国志、刘源张等的《运筹学》(1963)，华罗庚的《统筹方法话本》(1972)，汪应洛、席酉民的《战略研究理论及企业战略》(1990)，汪应洛主编的《系统工程理论、方法与应用》(1992)，许国志主编的《系统科学与工程研究》(2000)，以及钱学森的《工程控制论》(新世纪版)(2007a)和《论系统工

程》(新世纪版)(2007b)等。我国的工程化理论发展来源于各项重大工程建设，如“两弹一星”工程、载人航天工程、三峡水利工程等，这些工程理论在航空工程、航天工程、信息工程、机械工程、农业工程、生物工程、生物医学工程、化学工程、材料工程等领域得到了广泛应用。例如，在信息工程领域，研究者们运用系统方法论，融入工程思维，采用大数据分析法为用户提供高效率、有价值的情报（张家年、王文韬，2016）。在生物工程领域，研究者们使用工程化平台引进智能装备，开展大规模个性定制模式创新，为医疗、能源和环境问题提供解决方案（崔金明等，2018）。同时，我国建立了完整的工程人才培养体系，为工程理论发展与工程实践准备了大批高素质人才。工程理论所运用的系统的观点、总体最优及平衡协调的观点、综合运用方法与技术的观点、问题导向和反馈控制的观点，以及系统分析、系统设计、系统控制及科学性与艺术性兼容、多领域多学科理论方法与技术的集成、定性分析与定量分析有机结合、各方面（人员、组织等）协作等方法对国际中文教育工程化实施均具有很好的指导作用。

在工程实践方面，我国在基础设施建设、信息技术等领域取得的经验可以为国际中文教育工程化提供借鉴。中国高铁、机场等工程项目的成功实施，启示我们实施国际中文教育工程化要依靠科学的规划、精细的设计和高效的管理。互联网技术的快速发展和广泛应用为国际中文教育工程化提供了强有力的技术支持。通过互联网技术和在线教育平台，可以实现中文教育资源共享，为中文学习者提供多样化的教学内容和个性化的学习体验。

总之，学习、借鉴和应用我国工程理论和实践的成果，可以指导国际中文教育的工程化，对于建设国际中文智慧教学系统、提升国际中文教师数字胜任力、优化国际中文教育体系等具有重要的指导意义。

二、哲学社会科学工程化理论和实践可提供有益借鉴

我国在哲学社会科学领域开展了一系列工程化理论探索和工程实践。在

机器翻译研究领域，为解决机器翻译系统实用化问题，研究者提出可采用工程化的方法研制机器翻译系统（冯志伟，1985）。随后，哲学社会科学研究的工程化问题得到广泛关注，如杜钟远、席酉民（1992）提出软科学要工程化，一是可以增加软科学应用中的可靠性和可行性，二是可以保证决策部门尽可能采用和吸收软科学应用成果。李忠杰（1993）认为，党和国家的职能部门应该从宏观上制定导向性的政策，对社会科学研究的方向和重点进行调整，同时提出了推进社会科学工程化的十项建议。

进入 21 世纪，哲学社会科学领域的工程化理论研究取得了显著进展。一方面，工程化理论为哲学社会科学的研究提供了更系统、更科学的方法论工具，如殷瑞钰等（2007）论述了工程与哲学、工程的本质和特征、工程思维与方法论等相关议题。另一方面，工程化理论还促进了哲学社会科学与实践的紧密结合。工程化理论强调实践导向和实用性，要求研究者关注实际问题和需求，并提供切实可行的解决方案。李志厚、王嘉毅（2009）提出了教学知识工程化的基本理论，认为教学知识工程化是教学研究从理论走向应用的新领域。李少付（2017）将工程化思想运用到“管理运筹学”课程中，在教学大纲的编写、课堂教学内容的设计、教学手段的运用、实验与实训课程的设置中实践工程化思想，发现这一思想有助于培养学生的创新实践能力。这些哲学社会科学领域工程化的理论研究成果应用于工程实践中，使得哲学社会科学的研究更加贴近社会实际，为社会发展和问题解决提供了有力支持。

上述哲学社会科学领域的工程理论和实践为国际中文教育工程化提供了有益借鉴。一是可运用运筹学、知识工程学、软科学工程化等理论和知识优化国际中文教育体系设计；二是可在国际中文教学实践中借鉴教学工程化理论与方法，注重对现实问题的分析，提供有针对性的教学方案和教育服务，以满足中文学习者的多样化需求；三是可借鉴机器翻译系统的研制思路与方法，将其应用于国际中文智慧教学系统的研制。

三、国际中文教育已有的工程化实践奠定了良好基础

国际中文教育工程化并未停留于理论构想阶段，事实上，我国早已开始了国际中文教育工程化实践。国际中文教育工程化实践体现在课程设计、资源建设、教师培养、教学产品研发等多个方面，通过国际中文教育工程化改革和创新，不断优化中文教学模式和教学方法，不断产出教学工具、教学产品，进而提高了教育质量和教学效果。“国际中文智慧教学系统”“全球中文学习平台”“中文智慧教室”“中文联盟”“中文学习测试中心”等各类平台或系统，通过科技赋能为中文学习者提供了丰富多样的学习资源和工具，实现了规模化教育和个性化培养的统一。

特别值得一提的是，北京语言大学研发的“国际中文智慧教学系统”是一项系统性创新工程。该工程运用科学技术对中文教学理论、教学资源、课程体系、教育管理等方面进行创新设计，系统实施教学管理和评估，为学生提供个性化和差异化的学习辅导和支持，以助力学生在中文学习中取得优异成绩。国际中文教育工程化实践和科技赋能使得国际中文教育模式和管理方式得到了优化，智慧教学系统和产品不断涌现，个性化、智能化教学得以实现，这些都为实施国际中文教育工程化奠定了良好基础。

第四节　本书内容框架

实施国际中文教育工程化，我们希望达到以下四个目标：（1）解决国际中文教育多样化需求与规模化培养质量保证之间的矛盾；（2）运用工程化原理和方法，突出集成创新，优化国际中文教学系统，构建一个规范、可靠、好用的教学系统，使之具有先进性、示范性和可推广性；（3）培养一批具有工程创造力的国际中文教师，产出一批国际中文教育工程化成果，营造国际中文教育工程化氛围，打造国际中文教育核心竞争力；（4）运用系统工程原

理优化国际中文教育体系，为构建一个更加科学、更加规范、更加开放、更加包容、更有效率的国际中文教育体系提供基础性支撑。通过国际中文教育工程化实践和理论探讨，我们在以下九个方面取得了初步成果。

1. 国际中文教育工程化的基本特征与实施原则。第二章首先从工程、工程化、工程思维的内涵来理解国际中文教育工程化，分别从实施目标层面和具体操作层面分析了国际中文教育工程化的基本特征。在此基础上提出了实施国际中文教育工程化要遵守的四条原则：整体性和组块性相结合的原则；工具性和人文性相结合的原则；数据驱动与人机协同相结合的原则；规模化和个性化相结合的原则。最后进一步指出国际中文教育工程化是一个相对最优化过程，并分析了推进工程化需要注意处理好的若干问题。

2. 国际中文教育工程化的一般方法。第三章聚焦于“一般科学方法”层次，首先基于系统论思想对国际中文教育的五大要素（输入、处理、输出、反馈和控制）及外部环境分析方法进行阐述；进而基于过程思想，将国际中文教育系统内部处理过程划分为需求分析、目标确立、工程设计、工程实施及评价反馈五个环节，并对各环节中的常用方法分别展开介绍。

3. 国际中文教育课程体系工程化设计及应用案例。第四章概述了国际中文教育系统中“国际中文教育课程”“国际中文教育课程体系及层级”等基本概念，阐明了国际中文教育课程体系工程化的核心是工程思维与课程的集成创新，提出了面向国际中文教育工程化的课程体系设计的四项原则：整体性原则、适应性原则、灵活性原则、开放性原则。同时，还以来华留学生相关课程体系的工程化设计为应用案例，对课程系统工程化设计进行了详细分析。

4. 国际中文教育教学模式工程化设计及应用案例。第五章阐述了教学模式的基本概念，以及国际中文教育教学模式的类型和构成要素。在工程化理论指导下，抽取相关教学模式的基本构件，将构件架构为组织模块，继而形成模型，由此探寻国际中文教育教学模式的设计思路与流程。此外，还以商务中文为例，分析了专门用途中文课程与课堂教学工程化设计案例。

5. 国际中文教育教学资源工程化建设及应用。第六章阐述了国际中文教育教学资源的内涵与范畴，分析了国际中文教学资源的发展现状，从微观、中观、宏观三个层次探讨了国际中文教学资源的工程化实践，提出了“三观”统筹联动、形成良性循环，进而推动国际中文教学资源建设高质量发展的理念。此外，还讨论了国际中文教育资源的标准化问题，以及国际中文教学资源治理是国际中文教育教学资源工程化保障的问题。

6. 国际中文教育教学评价工程化设计及应用案例。第七章阐释了教学评价的定义，指出了当前国际中文教育教学评价的现状与转向，提出了教学评价工程化在实施内容上要明确评价的主体与对象、评价工程化的原则、评价工程化的功能以及评价工程化的主要内容。在此基础上，从改进并优化传统结果性评价、注重并强化过程性评价、积极探索增值性评价、以多元化思维建立健全综合性评价等视角提出了教学评价工程化的创新方向。此外，还通过对相关应用案例的分析，说明了教学评价工程化的实现路径与具体做法。

7. 国际中文教育质量保障工程化设计及应用案例。第八章阐述了教育质量保障体系的基本内涵，包括国际中文教学标准化、国际中文教育教学质量过程跟踪与审核、国际中文教学关键文档规范化。本章以标准化思路为主线，对国际中文教育质量保障体系进行了工程化设计。此外，还通过具体案例展示了工程化方法在国际中文教育质量保障体系建设中的应用。

8. 国际中文教师教育工程化设计及应用案例。第九章论述了国际中文教师教育工程化的可能性和必要性，国际中文教师职前培养的目标、内容、课程、过程、评价等各个要素的工程化，国际中文教师在职培训的理念、目标、内容、过程、方式、主体角色、评价等各个要素的工程化等内容。此外，还通过对具体案例的分析，展示了国际中文教师职前培养工程化和在职培训工程化的实际应用。

9. 国际中文教育智慧教学系统的工程化实践。国际中文智慧教学系统是实施国际中文教育工程化的典型案例。第十章对国际中文智慧教学系统的研发背景、内涵与目标、工程实践进行了系统分析，阐述了国际中文智慧教学系统设计的理论基础、系统架构和核心功能。国际中文智慧教学系统研发团队采用校外和校内合作的方式，在研发过程中，将软件工程的理论与实际情况相结合，以解决智慧教学系统开发及质量保证中的各种问题。作为重要的教学基础设施，该系统在做好研发和推广工作的基础上，还需要做好日常维护工作。

以上这些成果构成了本书的主要内容，也为实现上述四个目标积累了丰富的知识和经验，特别是在后续的研究中，为推动国际中文教育学业事业产业一体发展，我们提出了工程化、市场化、在地化“三化”联动的新发展模式，进一步夯实了工程化在“三化”联动新发展模式中的基础性、战略性和支撑性地位。

第二章　国际中文教育工程化的基本特征与实施原则

国际中文教育是一个涉及人才团队系统、教材教案系统、教学运行系统、质量保障系统、资源平台系统等的系统工程（魏晖，2022）。为此，国际中文教育工作者要习惯于从工程思维、工程能力、工程方法、工程管理和工程质量的角度开展教育工作，从而提升教育水平，提高教育效益。近些年，尤其是新冠疫情暴发后，国际中文教育界更加充分地认识到在国际中文教育领域实现工程化的必要性和紧迫性。从新冠疫情初期“课堂搬家”式的仓促上阵，到当下大规模的在线教育，国际中文教育工程化已渐成普遍性需求，各种工程化措施正逐步展开，在一定程度上出现了从“工程化视角”到“工程化转向”的教育生态变化。特别是随着智慧教育理念在国际中文教育领域的普及，国际中文教育工程化已由操作性很强的实践问题发展成为实践和理论交互发展的重要课题，因此，今后需要在继续强化工程化实践的过程中，深入探讨基于实践的基础理论，由此拓展相关研究领域，推进国际中文教育工程学作为国际中文教育子学科的学科建设。“可以说，工程思维和方法是信息时代、智能时代、数据时代创新的重要特征和基本路径。国际中文教育及汉语国际传播理当将工程化的思路和方法用之于理论和实践中。”（施春宏，2022）

尤其是在大数据、大语言模型驱动的数智时代，国际中文教育的数字化转型和智能升级是顺应时代发展的必然趋势，应有效利用数字技术和工具来改善教育的全流程和各要素。这种时代背景和学科特征决定了国际中文教育工程化的基本特征和实施原则。这些基本特征和原则都是对“为什么做、做什么”和“怎么做、做后如何”的回答，前者侧重前提和内容，后者侧重方式和效应。本章立足国际中文教育的本质，从工程思维的视角出发，具体讨论这两个方面的问题。

第一节 从工程思维看国际中文教育工程化

讨论国际中文教育工程化问题，实际上是将工程学原理和方法应用于国际中文教育领域，从工程思维的角度来认识国际中文教育领域的知识和方法如何工程化的问题，并在此基础上构建工程化的国际中文教育知识体系和教育方式。

一、从工程思维及工程和工程化的内涵来看

充分理解工程思维是准确把握国际中文教育工程化基本内涵的前提。所谓“工程思维”（engineering thinking），即“综合运用并有效集成各种知识（包括自然科学、技术科学、社会科学、人文科学、管理科学等方面知识）解决工程实践问题”的思维方式（李永胜，2017）。从操作的角度来理解，工程思维就是将要处理的事情当作一个具有系统性和组合性特征的项目，有目的、有计划、有步骤地解决问题的思维方式。工程思维特别关注实际问题的调查和应用目标的设定、系统的分解和要素的整合、流程的规范和质量的稳定，以及风险和成本的可控。在这个过程中，有规划，有分析，有设计，有实施，有测试，有评估，有使用，有反馈，而且常常伴随着工程过程和产品的迭代升级。

基于工程思维的定义，我们来看工程和工程化的基本内涵。关于工程的内涵，工程学界一般是这样理解的：“工程是人类有目的、有计划、有组织地运用知识（技术知识、科学知识、工程知识、产业知识、社会—经济知识等），有效地配置各类资源（自然资源、经济资源、社会资源、知识资源等），通过优化选择和动态的、有效的集成，构建并运行一个‘人工实在’的物质性实践过程。”（殷瑞钰、李伯聪，2013）这个概念阐释中有一些基本的内容点，除了“有目的、有计划、有组织”这类系统实践活动的共同特征外，像“运用知识”“配置各类资源”“优化选择”“动态的、有效的集成”“构建并运行一个‘人工实在’”之类，都可以看作工程实施过程的具体措施，其目的都是保证工程质量、提高工程效率。

由工程的基本内涵可以进一步具体到对工程化的理解，大体可以这样来认识：“将具有一定规模数量的单个系统或功能部件，按照一定的规范，组合成一个模块鲜明、系统性强的整体的过程，主要表现为流程规范化、器件标准化、功能模块化、技术先进化、方案最优化、系统集成化等方面。”（魏晖，2020）这里特别强调了工程化的若干具体表现，这是认识工程化特征的基本角度。工程化是一个具有复杂系统工程特征的过程。基于此，结合对工程化的目标和结果的认识，这里还可以对工程化的内涵做出更一般的概括：所谓工程化，是指为满足特定应用需求，通过技术手段，按照一定的规范和标准将相关知识和经验模块化后转化为可流程化操作的实用产品的过程。在工程活动中，工程化既指系统操作的过程，又指需要实现的结果。

再具体到国际中文教育工程化，就是用工程化的思维和方式来解决国际中文教育过程中的相关问题。国际中文教育工程化面临着为何工程化、可否工程化、如何工程化三个问题。

第一，国际中文教育需要工程化。国际中文教育的工程化是在社会变迁、变革等外源压力的作用下，以及政策实施、自身发展等内生推力的牵引下形成的一次教育革新。首先，国际中文教育工程化受到社会变革的牵动。

受新冠疫情与国际关系变化的影响，传统中文教学模式无法在特殊时期实现跨时空教学，线上教育彰显出前所未有的价值。其次，国际中文教育工程化受到技术融入的推动。生成式人工智能、元宇宙等数字技术与中文教育的融合日益加深，加速了国际中文教育数智化和工程化的进程。再次，国际中文教育工程化受到教育政策的拉动。国家先后制定出台了一系列教育信息化政策，教育部中外语言交流合作中心（以下简称“语合中心”）也发布了《国际中文在线教育行动计划（2021—2025 年）》等文件，这些政策规划加快了国际中文教育工程化的进程。最后，国际中文教育工程化受到中文教育系统自身发展需求的推动。国际中文教育系统内各要素的复杂性，使得系统整体产生了追求规模化教育[①]和个性化培养相协调的诉求，这就需要从工程化的角度对国际中文教育的生态体系、服务体系、课程体系等进行全方位的重塑。在上述诸方面的协同作用下，国际中文教育亟需开展工程化实践。

第二，国际中文教育可以工程化。基于学界对工程化的阐述，国际中文教育工程化大体可以理解为：“运用相关知识和技术去配置教育资源和教学手段，按照一定的规范和标准通过集成化的方式来构造可用于国际中文教育领域的产品。它适用于国际中文教育各个领域，……而且大数据时代的到来，更使这些方面的工程化具有了新的现实表现。”（施春宏，2022）国际中文教育工程化意识及相关实践并非始于今日，早在 20 世纪 60 年代，国际中文教育领域就开始出现基于广播的远程教学，70 年代开始兴起基于电视的远程教学，到了 80 年代，通过广播电视的录音录像节目教中文的方式日益普及（郑艳群，2012）。可以说，这些教学方式都已有了一定的工程化实践基础。然而，这些工作还只能看作教育工程化的萌芽，其中并无真正意义上的工程思维，更不用说缺少如今在互联网、人工智能等技术支持下的大规模中文教育，因此，本书将其称作“准工程化”。正是基于这些实践基础，国

① 规模化教育是指依托互联网、人工智能等技术，面向大规模学习者开展的大规模教育，其目标是实现教育的普惠，追求教育的公平化、均衡化。

际中文教育亟需引入工程思维，以适应教育生态的巨大改变。

第三，国际中文教育如何工程化？目前学界对国际中文教育工程化的理解多侧重于通过技术手段实现教学过程的模块化操作，强调教学过程和方式的工程化。例如，有学者提出“三步九环节”的差异化中文教学模式（蔡建永、刘晓海，2023）、“双线五段十一环”的写作智慧教学模式（马瑞祾、徐娟，2024）等，这些都对中文教学过程进行了工程化处理。然而，学界更应该将工程化问题放到国际中文教育这个大系统的运行过程中来认识。由于国际中文教育具有跨学科、跨领域以及跨行业、跨国界的特征，因此，国际中文教育工程化需要秉持一种“大工程观”①。国际中文教育工程化呈现出的很多特征和实施原则都与这种大工程观有关。因此，在大工程观的视域下，国际中文教育不同层次的目标都可以通过工程化的方式来推进，中文教育的低龄化、在地化、职业化、数智化等问题都可以通过工程化实践来实现。

二、从工程思维和科学思维、技术思维的关系来看

工程化和非工程化的根本区别就在于是否运用工程思维和手段来解决应用实践中的问题，或者是否将非应用实践中的知识问题转化为应用实践中的工程问题。而在讨论工程化问题时，应特别重视对工程思维与科学思维、技术思维的内涵及其关系的思考。对此，工程学界做出了相对清晰的界定②。如前所言，工程思维是“综合运用并有效集成各种知识（包括自然科学、技术科学、社会科学、人文科学、管理科学等方面知识）解决工程实践问题”的思维方式，以“求效”（效益性）为目的，核心是建造；而

① 刘吉臻（2006）提到：“所谓的大工程观，早已超越了狭义的科学技术范畴，而是包括人文社会科学在内的广大知识领域；工程正以工程链的形式呈现出集成化的面目，科学、技术、人文、社会、经济、管理、伦理、道德等内容无不包容在内。”

② 参见李永胜（2017）的阐释。这里关于三种思维方式的理解均引自该文。

科学思维是“以探索和发现事物本质与规律、建构科学的知识体系为核心的认知性思维”，以“求真”（真理性）为目的，核心是发现；技术思维是“以发明与创新方法、手段、工具、技艺为核心的实践性思维”，以“求实”（实用性）为目的，核心是发明。这三种思维方式存在密切的联系并相互作用，技术思维常是科学思维与工程思维相衔接的桥梁，工程思维需要以科学思维与技术思维为支撑。

将工程思维和科学思维、技术思维用于工程化过程及其产品，就体现出了科学性、技术性、工程性的特征。就国际中文教育工程化而言，其科学性主要体现在对教育内容、对象、方式所体现的性质和规律的发现与认识上，其技术性体现在如何将技术、技术手段方法、技术工具等运用于工程化实践并发明能更好地适用于国际中文教育实践的技术、技术方法、技术工具上，其工程性就是如何通过对科学知识和技术的开发与利用及先进的管理等将相关内容转化成教育对象直接使用的产品。显然，三者是紧密联系的。如果说知识、资源是富含营养成分的原材料，技术是加工材料的手段，那么工程化就是将原材料加工成合适的产品的整个转化过程。当前，人工智能、大数据、移动互联等技术飞速发展，国际中文教育越来越重视各种教学、研究、管理平台的建设，因此更需要将三者结合起来大力推进。工程化在国际中文教育中已经不是要不要实施的问题，而是如何结合科学思维和技术思维做得更好的问题。北京语言大学建设的国际中文智慧教学系统，以及基于系统开展的大量智慧教学设计、教学模式应用等（刘利、刘晓海，2022；蔡建永、刘晓海，2023），都是三种思维方式深度融合的体现。[①]

这里要特别说一下技术要素（尤其是作为核心要素的信息技术）在国际中文教育工程化过程中的特殊作用。国际中文教育的教、学、管、评、测等诸场景均需要得到现代信息技术的支持，这就需要加强对现代教育技术应

① 当然，工程思维和工程化有时也有其独立性。“科学史上的大量事例说明，许多在理论上未弄清楚的问题却可以在工程化的过程中产生实用性的效果。”（冯志伟，1985）

用于国际中文教育的研究。诚如崔希亮（2023）所言，现代教育技术应用研究，包括智慧教学平台构建、线上教学实施、VR和AR技术应用、多媒体技术应用等，主要解决教学技术的问题。此外，脑电、眼动等神经科学技术可以挖掘教师和学习者深层次的认知特点和语言习得规律，从而更好地打开教与学的“黑箱”。如果说科学研究是国际中文教育的基础工作，那么技术驱动在国际中文教育工程化过程中的作用则愈加凸显，尤其是要实现大规模在线教育、智慧教育等，更是离不开技术要素的驱动。

第二节 国际中文教育工程化的基本特征

基于前面对国际中文教育工程化的理解，我们可以进一步探讨国际中文教育工程化的基本特征。从宏观层面来看，对国际中文教育工程化基本特征的认识，实际上包含了两个层面：一是目标层面，偏向于对“做什么”（包括“为什么做”）的认识；二是操作层面，偏向于对“怎么做”（包括“做后如何”）的认识。

一、从目标层面看国际中文教育工程化的基本特征

如前所述，工程化的出发点来自应用实践中的特定需求，并通过标准化、规范化等手段构造具有助推功能的产品来解决现实难题。这是它区别于一般理论研究和个体实践的根本属性。国际中文教育工程化的实施，就是在应用需求的驱动下，制造功能性产品，解决现实难题，提高教学质量。也就是说，从实施目标层面来看，国际中文教育工程化的基本特征可以概括为三个方面：需求驱动性、产品导向性、功能助推性。

（一）需求驱动性

“需求驱动性”（demand-driven）通常是指根据社会、经济和文化发展

的实际需求来推动国际中文教育、政策、技术等方面的发展和创新。在国际中文教育工程化实践中，需求驱动性也可以理解为问题驱动性或目标驱动性，它是工程化的第一属性。对于工程化实践来说，在应用实践中发现问题、明确需求、确立目标是所有工作的起点。解决应用中的需求实际上也是工程化所要实现的目标，因此需求驱动性本质上是目标导向。工程化的需求来自用户的应用实践，因此工程思维本身就是一种基于需求驱动的、为解决应用实践中的现实难题而进行的用户思维。而另两个特征——产品导向性、功能助推性，本质上都是用户思维的多侧面体现。

国际中文教育工程化是有效解决实践中的痛点问题（即现有教育措施无法充分解决而教育实践又迫切需要解决的问题）、及时满足应用需求、实现教育目标的重要路径之一。例如，新冠疫情期间，各高校开展了诸如实境直播教学、虚拟语言交换等在线教学实践，这些从实际的教学需求、学情需求出发，综合运用了多种教学平台和技术的实践，都带有鲜明的工程化特征。当前，面向智慧教育的各种教育云平台、智慧教室、虚拟仿真实验、领域大语言模型建设等，都体现了需求驱动的研发思路。

由于应用本身贯穿于国际中文教育的整个过程，因此工程化实践在各个阶段、各个方面都有体现。基于此，应用中的需求问题需做广义理解，从国际中文教育体系出发，不同的结构体系（如课程、教材、教学模式、教学资源、教学评测等）有不同的问题、需求和工程化路径。当然，围绕教学过程实施的工程化则更为直接、具体。有的需求是在应用中创造的，如混合式教学日益主流化、ChatGPT 等生成式人工智能广泛应用等都给国际中文教育领域带来了新的研究课题。可见，工程化实践在满足用户既有需求的同时还可以创造用户新的需求，并推动用户创造更多的价值。

此外，国际中文教育工程化需要以解决教育实践中的痛点问题为旨归，带有应用普遍性，因此工程化实践为解决这些痛点而找到的具有可操作性的策略和方法也就往往具有可模仿性和可移植性。

（二）产品导向性

“产品导向性”（product orientation）通常是指以用户需求和市场趋势为中心，开发和提供满足特定语言服务需求的语言产品或解决方案。工程化以用为本，制造出的产品是满足应用需求、解决实践问题的工具和抓手。因此，产品导向性也可称为使用导向性。“凡是不以具体产品为导向的思维，都不是工程思维。”（金伟，2023）只有可产品化的实践才是工程活动，产品思维也是工程思维的重要体现。

相较于传统线下国际中文教育对应用问题的解决路径，国际中文教育工程化的基本策略就是在当下技术加持下生产出面向具体应用的适用产品，尤其是线上平台产品。因此，正如一般工程化以制造产品为导向，国际中文教育工程化同样是具有产品导向性的教育工程与技术相结合的行为，最终要形成一个个可供教学实践、科学研究、教育管理的具体产品。这里的具体产品既可以是物质实体，如“初级汉语语法”慕课、“全球中文学习平台”等资源和平台；也可以是可程序化操作的知识产品，如规定标准、教学模式等。但它在很多时候兼有这两种属性，如智慧教学平台及基于平台构建的智慧教学模式。总之，国际中文教育工程化要创造的是与所学知识和所用方法相匹配的、可以在不断迭代中更新优化的产品。

在国际中文教育工程化实践中，哪些知识、方式需要产品化且能够产品化，尚未得到充分的调研，但已经有了较为广泛的实践，如 JUZI 汉语外向型融媒词典、全球中介语语料库、国际中文智慧教学系统等。当然，这些具有产品属性的项目是否都来自工程化实践、哪些可以或需要强化工程化实践，还需进一步探索。而数字技术的发展与普及，使得工程化产品必须紧跟科技发展的步伐。特别是在生成式人工智能出现后，国际中文教育亟需依托工程化实践自主研制更多基于领域大语言模型的智能产品，如科大讯飞推出的“e 学中文”APP 中嵌入了 AI 语伴功能。在工程化实践中，有两个问题需要重视：第一，由于是产品导向，因此生产出什么样的产品就很关键，产品的功能和质量是工程化的生命力所在，同时，产品的市场属性也应给予关注；第二，关注产品的有效、合理应用，从资源到产品的跃升需要经过教育实践的检验，要避免出现资源利用率不高、重复建设等问题。

（三）功能助推性

“功能助推性”（function-facilitating）概念在不同的领域可能有不同的含义，但通常是指通过增强或补充某些功能来促进整体性能或效率的提高。在国际中文教育中实施工程化，其根本目的是助推国际中文教育的教学过程、学科建设和事业发展，除了弥补传统国际中文教育多受限于课程教学方式的不足外，更重要的是结合传统国际中文教育方式，实现提质增效和教学减负的目标。只有适应国际中文教育发展趋势、满足国际中文教育发展需求的工程化才是有效的工程化。因此，国际中文教育工程化与传统中文教育之间并非此消彼长的关系，而是互补互进的关系。据此，以需求为驱动、以产品为导向的工程化更具助推作用，可以帮助解决国际中文教育过程中存在的痛点和难点。这就意味着国际中文教育工程化涉及的所有理念（如用户至上等）、手段（如线上教学与互动等）、方式（如建构方案等）都应该具有助推国际中文教育高质量发展的功能。

从工程化的助推作用机制看，越是当下传统国际中文教育方式不能实现或实现得不够到位的地方，尤其是需要通过技术手段来规模化解决的难题，就越有可能利用工程化的手段和方式来解决。科技赋能在工程化方面的本质体现就是助推，通过数字化、智能化手段，将教育相关环节和人员从机械的简单劳动中解放出来，实现教与学的智慧化（刘利、刘晓海，2022）。工程化正是实现这一目标最根本的手段。对工程化产品而言，设置某项功能、增加或减少某项功能，都要从能否及时、有效地助推用户提高效率、创造价值的角度出发。

由此可见，国际中文教育需要助推的对象、内容、场景复杂多样，既有教学、研究、管理的不同，又有个体、群体的差异。特别是近年来，中文学习需求日益多元化，无论是课程体系建设、教材教辅编写、教学方法改善，还是规范标准制定、师资队伍建设、人才培养，抑或是学术研究、教学管理、社会服务等，都应有不同的助推内容和策略。因此，在建构工程化产品时，既要重视规模化的助推手段，又要采取个性化的助推策略。例如，《长城汉语》除主干教材外，还提供直播平台、教务系统等数字资源，并支持教师运用“分级阅读编辑系统”个性化改编教材。此外，还需要重视助推过程中的反馈，使反馈常态化，这样才有利于推动产品创新与优化。

二、从操作层面看国际中文教育工程化的基本特征

实施工程化，关键在于如何通过工程化措施满足需求、组织内容、建构系统、达成目标，从而尽可能实现效用最大化。这是工程思维区别于科学思维和技术思维的根本属性。工程化要使系统运行一切皆需操作，一切皆可操作，要使运行过程化繁为简。这里从具体操作层面将国际中文教育工程化的基本特征概括为四个方面：要素集成化、结构模块化、规程准则化、运行平台化。

（一）要素集成化

“要素集成化”（element integration）是工程思维的典型表现。“工程活动包括技术要素、经济要素、管理要素、社会要素等许多要素，人们必须从‘全要素’的观点分析和研究工程活动”（李伯聪，2008），进行工程设计和实施，利用各种相关要素的集成机制构建运行良好的系统。系统越复杂，越需要采取要素集成化的思维方式和操作手段。

据此，要素集成化可以理解为将相关的理念、资源、技术、管理和策略等整合到一个协同工作的系统中，以提高国际中文教育的效果和效率。要素集成化作为国际中文教育工程化最为显著的操作性特征，学界对此已有所讨论。例如，魏晖、吴晓文（2023）指出，国际中文教育集成创新是在系统观

念的指导下，以解决关键问题为导向，将国际中文教育理念、资源、技术等诸要素进行整体化构建、合理化配置、优势化集成，从而实现创新目标的过程。相较于一般学科，国际中文教育的知识、技术、社会和环境等要素更为复杂多样，其多元性、异质性、综合性、跨界性特征更加突出，更需要跨学科、多领域、全要素、多维度的多元互补式集成创新，同时还需要跨行业、跨国家、跨语种、跨民族的互动合作。具体到特定的产品，只有将实现目标所必需的相关要素集合在一起，构建一个系统，才能形成一个适用、可靠、便利的教育产品。

参与国际中文教育工程化系统集成的要素，大体可以分为两类：一是与平台建设等相关的技术要素（尤其是与互联网、人工智能等相关的技术要素），实现平台建设和运行支持。二是非技术性的内容要素，包括教学要素和运行要素。其中，教学要素是所有集成要素中的核心要素。教学要素主要包括理念、"三教"（教师、教材、教法）以及相关的课程模式、标准、规范等，运行要素主要包括管理、社会、市场、环境等。不同的产品有不同的要素集成方式，且需要通过技术实现来集成相关要素，如课程体系、教学模式都是整合知识、资源、方法、技术等多种要素的集成品。

要素集成往往带来创新，甚至产生体系性创新。以国际中文智慧教育体系的重构为例，在教学内容的获取、课程资源的配置、教学环节的互动、教学效果的反馈等方面都会呈现出多要素集成的综合效应。相较于单一的线下教学或线上教学，线上线下融合的智慧教学具有显著的由技术驱动带来的集成创新效果。在数字化转型背景下，还需深入探讨如何基于要素集成的思维方式和手段来解决线上、线下教学中长期存在的痛点和难点问题，从而合理高效地安排教学内容、评测教学效果、创新教学模式，以取得突破性进展。这里最为基础的工作是分析好每个教学内容和教学环节中诸要素的性质、地位和作用，以及哪些要素参与集成及通过何种方式集成才能获得相对最优的结果。

（二）结构模块化

工程思维的核心是将复杂问题看作一个可以按一定结构关系进行分解和组合的系统。任何系统都是由若干组构部分以一定的关系组成的有机整体。系统内部各部分、各层级、各环节的内容和功能有所不同，关系有疏有密，有远有近，有先有后。各模块之间可以表现为线性关系，如教学过程包含若干教学活动；也可以表现为平行关系，如教学平台中实现不同知识单元的功能模块；还可以表现为相互包含的关系。这些模块又可以灵活组合并映射出多个层次结构。这样就可以将系统划分成若干相对独立的结构体，系统也就可以因此被看作是由各种不同结构体构造而成的整体。由于这些结构体具有特定的内容和功能[①]，因此可作为模块参与系统运作。模块化是人类信息加工中最重要的形式之一。

“结构模块化”（structural modularization）指的是将复杂的国际中文教育任务分解成若干个相对独立、功能专一的模块，每个模块负责处理特定的语言功能或任务。这种方法有助于提高系统的可管理性、灵活性和可扩展性。工程化的关键就在于如何将相关系统分解成若干内容和功能相匹配的结构化模块，然后再将这些模块有机整合起来，形成一个可以实现整体功能的结构化系统，这便是工程化的结构模块化。[②]就此而言，考察任务分解和整合的过程和方式是认识系统工程的结构化特征、将复杂问题模块化的基本原则和重要手段。上面提到的要素集成，并非简单的要素集合，而是基于内容与功能相适配的模块化运作的要素优化集成。

由此可知，结构模块化的基础是整体和部分之间相互依存又相互独立

---

① 需要注意的是，这里的内容和功能都宜做广义理解：凡是结构中有所描述、处理的对象（如事物、知识、方法、环节），都是内容；凡是对内容进行操作从而实现某方面作用、效果的，都是功能。

② 关于模块化的具体对象，不同场景中的所指常有不同，由于结构模块化从根本上看就是解决内容和功能的模块匹配问题，因此若侧重于相匹配的某一方面，则将其简单称为内容模块化或功能模块化也无不可。

的关系。工程化过程中的模块化机制就是将复杂问题自上而下地分解成若干相对独立的小问题分别解决，然后自下而上地将这些内容—功能相匹配的结构单元组合起来最终解决大问题。每个模块都只解决特定变量的局部问题，只有不同模块之间的相互关联和作用才能解决整体问题。复杂系统经过结构化、模块化处理后，各部分既高度分工又通过接口相互协作，既能发挥整体运行的功效，又便于打包使用、独立工作，还便于对某些子模块进行重组、修改和迭代、更换，进而优化系统，大大提高建构、使用、管理的效率和系统安全性。

由于结构模块化是工程化的基本手段，也是充分实现工程、产品功能效应的基本路径，因此模块化是国际中文教育工程化实践中最容易为人感知的工程活动，其中最显著的表现就是教学平台建设。由于结构系统的有效运作常常通过分层模块化来实现，因此教学平台上呈现出来的模块形式常常是分层设置的模块体系，如知识模块、资源模块、师生模块等，较大的模块可分割成较小的子模块。同时，相关的模块之间可以优先组合成一个模组（即模块组），模组可以跟其他模组或模块组合成更高层面的模组，进而形成系统。每个模块具有特定的结构，安排特定的内容，实现特定的功能。教学平台就是各种结构、内容和功能集成的模块系统。

（三）规程准则化

工程化实践的基本目标就是交付适用、可靠、便利的产品。如何实现这样的目标，除了内容、技术上的要求，还要有规程上的限定。就工程化实践而言，所谓规程，既指工作程序中贯穿的标准、制度、要求等规定（即“规”），也指具体工程化实施过程中的设计、实施、使用、测试、评估等流程（即“程”）；所谓准则化，就是标准化、规范化、规则化等。“规程准则化”（regulation standardization）就是指制定和实施一系列规范化、标准化的规则、流程和指南，以确保国际中文教育的质量、一致性和可预测性。只有做到规程准则化，才能真正使工程化落地，才能起到功能助推的效果。

大体而言，规程准则化包含标准化和规范化这两个既有区别又紧密相连的方面。标准化体现为对系统框架、数据资源、管理接口、呈现方式等各类要素的设计、建设、开发、应用均要遵循统一的标准；规范化体现为教学主体按照教学相关要求，规范化地实施各教学环节（刘利、刘晓海，2022）。二者共同作用，确保了技术、管理等诸要素的顺畅对接。从实际操作来看，有些标准化、规范化的内容[①]并非工程化本身所独有，而是在工程化实践中需要考虑的方面。

工程化需要规程准则化，其根本原因就是工程化产品要具有相对的超时空性，这就必然要求规程本身实现通用化，而标准化、规范化正是通用化的基本手段，可解决教育教学措施和成果可用性不强、通用度不高等问题（施春宏，2022）。唯其通用，才能在国际中文教育实践中发挥最大效用。

在当前数智观念兴起和技术迅速发展的时代，通用化的具体实现手段是智能化，也就是使产品对普通使用者而言尽可能具有“傻瓜”式操作的特性。国际中文教育的本质是第二语言教育，而非技术或技术产品本身。开发教育产品，必须尽可能做到科学、适用、可靠、便利。当然，不能简单地将通用化理解为国内外统一的标准和规范。当前，国际中文智慧教育正逐步在国内外推行，各类支撑性的数字资源已得到有效建设。如何针对不同使用群体的思维方式和使用习惯做好“教、学、管、评、研、用”的规程准则化，是一个需要探讨的问题。

（四）运行平台化[②]

上面这些特征的实现都要落实到平台上，在平台上运作。“运行平台化”（operation platformization）是指利用技术平台来集成、管理和优化国际中文

---

① 关于国际中文教育中标准化、规范化的内容，学界并无具体限定。前者如教学方案标准化、教学模式标准化等，后者如教育制度规范化、教学内容规范化等。

② 学界有“内容平台化、功能平台化、资源平台化、工具平台化、产品平台化、过程平台化”等说法，但这些都只是平台建设的一个方面，我们这里更多地从操作层面来看平台运作方式，故称“运行平台化”。

教育运行流程和服务，以提高效率、促进资源共享并支持创新。此处的平台取其广义，即承载国际中文教育中各类教育行为的载体工具，并不是单纯的某一特定教学系统软件，还包括其他形态的工程化产品，如教学平台、资源平台、管理平台等。随着互联网应用和人工智能技术的发展，搭建国际中文教育互联网平台是近些年最为重要的国际中文教育工程化实践，同时这些实践也大大推动了平台意识的发展和深化。我们这里并不讨论具体的互联网教育平台的内容和方式，而主要从平台化功能的角度来简要讨论相关问题。运行平台化所研发的平台既是产品导向性的外化表现，也是功能助推性的具体抓手。

就当前国际中文教育平台化建设而言，工程化实践特别重视资源平台建设，各种知识库、语料库、教材库、素材库、案例库以及由它们生成的交叉数据库等，都已成为国际中文教育重要且基础的资源。[①]知识资源化、资源产品化受到了前所未有的重视，将工程化内容和知识都转化成资源，并将这些资源实现为可操作的产品，得益于平台化的开放式网络建设。平台自身就是资源，同时又汇聚资源；平台既是教育手段，同时也是教育中介。只有成为充分流通的、可广泛共享的资源，才能发挥产品的普惠式助推作用，才能更好地实现其服务功能。也就是说，平台和资源之间存在双向助推关系。如此一来，作为工程化重要对象的教育教学内容和方法，都应该资源化，并进一步推进资源数字化、数据化，并由此实现工程化转化，有效实现平台对知识、经验的汇聚性和对实践、理论的助推性。

平台化不仅使已有的非平台化知识和资源实现平台化转型，而且可以通过平台化产生新的知识和资源。在国际中文教育工程化实践过程中，要使教师的教学决策数据化、学生的自适应学习个性化、教学资源的推送智能化（张崇，2022），都需要充分挖掘和利用平台上留存的教育大数据。尤

① 毋庸讳言，目前的很多资源库都偏向于为教学研究服务，而非为教学实践服务，这样就不能充分发挥其在国际中文教育中的助推功能。

其具有特殊价值的是，平台化过程虽然需要大数据的支撑，但它又能不断产生可供利用的新数据，而新数据又能进一步“驯化”平台，正是这种互动促进了人类知识的增长和工程化能力的提升。另外，国际中文教育平台化的显著特征是互动性强①，强互动性能够更充分地满足实践需求，实现强助推功能。

第三节　实施国际中文教育工程化的基本原则

国际中文教育工程化在实施过程中需要遵循一些基本原则。这些基本原则的确立，一方面要能体现国际中文教育的基本特征，另一方面要能体现具体实施过程中所依据的带有工程化特点的基本路径和法则。基于此，我们认为国际中文教育工程化实施过程中应遵循四条基本原则。本节首先从总体上阐释提出相关原则的依据，然后再分别阐释相关原则的具体内涵。

一、确立国际中文教育工程化原则的基本依据

从本体论、认识论、方法论、价值论出发，我们认为国际中文教育工程化应遵循以下四条基本原则：整体思维和组块思维相结合、工具性和人文性相结合、数据驱动与人机协同相结合、规模化和个性化相结合。其中，第一条原则立足于国际中文教育工程的本质；而当开始工程化实践后，我们需要从认识论和方法论两个维度加以审视，故而提出第二条和第三条原则；第四条原则指向工程化最终实现的教育价值。四条原则之间的关系见图 2-1，图中单向实线表示工程化的路径，双向虚线表示原则之间的互动关系。

① 相较于教学平台，目前资源平台和管理平台在互动方面总体做得不够，但这并不意味着这些平台必然如此。未来更好的平台建设都需要强化多层次互动。

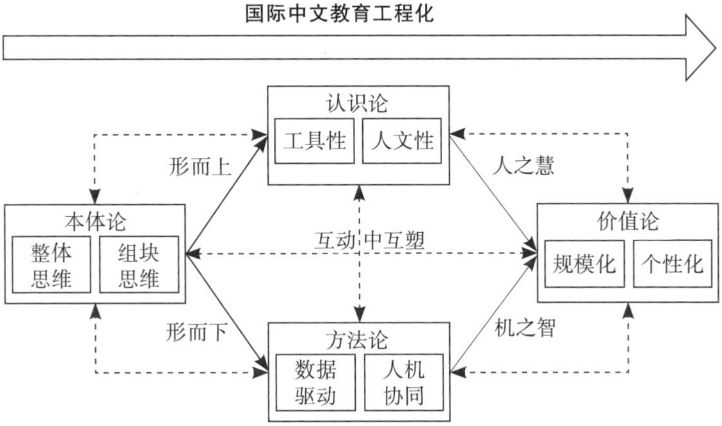

图 2-1　国际中文教育工程化四条原则之间的关系

一方面，这些原则分别体现了我们理解国际中文教育工程化本质的基本角度。首先，整体思维与组块思维相结合的原则可以帮助我们更好地把握国际中文教育这项工程的系统结构，树立整体与组块相结合的认知思维模式，避免在工程化进程中出现“只见树木”或“只见森林”的情况。其次，工具性与人文性相结合的原则体现了工程化进程中国际中文教育领域应该持有的基本认识，这是工程化形而上之“道”；而数据驱动与人机协同相结合的原则彰显了工程化进程中的实践方略，是工程化形而下之“器”。我们应该在中文作为第二语言的教学、习得、测试等国际中文教育理论的指引下，依托新兴数智技术，通过规模化和个性化并重的教育策略，最终实现工程化的实践价值。

另一方面，这些基本原则之间存在“互动中互塑”的关系。基于本体论的原则有助于我们认识工程化的属性、把握工程化的方法、确定工程化的价值，而基于认识论、方法论、价值论的原则又反作用于基于本体论的原则。与此同时，国际中文教育工程化“欲善其事”（即实现中文教育的规模化与个性化），“必先利其器”（即善用数据和技术），但数据与技术的有效利用离不开“道”的指引。国际中文教育工程化既要分别发挥“道”与

“器”的作用，又应重视二者之间在“互动中互塑”的关系。例如，人机协同的方法正是工具性与人文性相结合原则在实践层面的体现，而实践中不断变化的人机关系也会推动我们不断思考工具性与人文性的关系。因此，国际中文教育工程化包含着人之智慧对机之智能的反思，即运用人之智慧削平技术的“棱角”，实现机之智能与人之智慧的有机结合，这有助于缓解规模化教育与个性化培养之间的矛盾。

二、整体思维和组块思维相结合的原则

如前所述，工程思维的核心是将复杂的问题看作可以分解和组合的系统。“只要是系统，就可以工程化，越是复杂系统越应该工程化。”（魏晖，2022）国际中文教育工程化成果就是一个个可以直接用于教育活动中的产品（尤其是平台性产品），这些产品实际上是内容和功能相匹配的系统。“工程化要求强化系统思维，面向应用和实践，着重各要素的集成优化，建立实现目标的优化系统。”（饶高琦，2022）换言之，工程化起源于结构上可分解的系统，运行于组块间相互作用的系统，并成就于组块整体发挥功能的系统，这是工程化系统思维的基本体现。因此，实施工程化的首要原则就是系统性原则。从系统思维的角度来看，系统性原则是整体思维和组块思维相结合的原则。

要有效认识和运行工程化系统，就要运用组块思维，根据系统中的内容和（或）功能进行有效的组块切分。系统由不同构件要素集合而成，这是对系统进行切分的基础。系统作为一个整体，其中的要素并非直接加和而成，而是先由相关要素组成特定的内容—功能相匹配的模块（实际上也是子系统），然后相关模块结合组成更大的模块组，这样就一步步地构成了整个系统。模块的切分要符合系统内部结构化的组块规则。也就是说，整个工程化产品是由一个个模块按结构化组块规则逐层整合而成的，各个不同层级的模块有其特定的内容和功能，既能独立发挥作用，又能在相互作用中实现整体

功能。由此可见，国际中文教育工程化产品的建构方式是系统（整体）和部分（组块）相互作用的产物，是组构要素在集成过程中结构化的结果。

国际中文教育工程化过程中最容易体现整体思维和组块思维相结合这一基本原则的是教学模式。国际中文教育界目前已形成共识：教学模式是一个可以分成若干层级，并能从不同层级去观察的系统（吴勇毅，2018）[①]。因此，我们在探讨国际中文教学模式时，应该注重将整体思维与组块思维相结合，从不同层面（如阶段）、构件（如活动）等组块出发去认知教学模式。图 2-2 所示为“三段九步”教学模式总体框架（蔡建永、刘晓海，2023）。

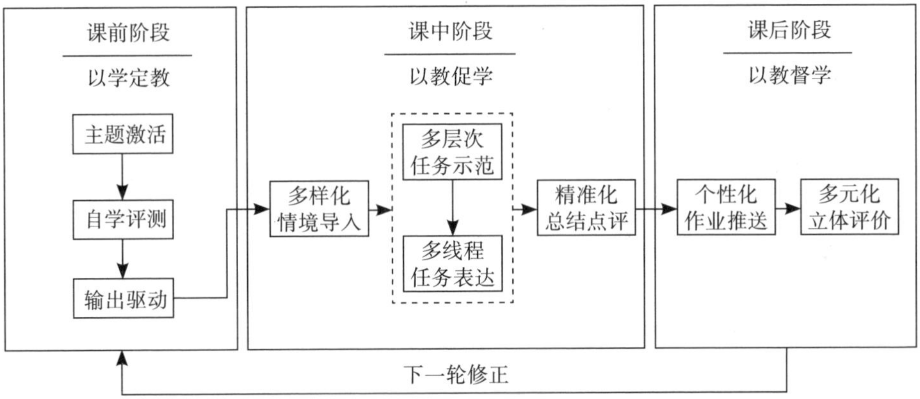

图 2–2　“三段九步”教学模式总体框架

这种流程式框架展示了整体和部分之间、部分和部分之间相互区别而又相互联结和协同的关系，这实际上体现了系统的整体性和组块性，以及流程的贯通性和阶段性。[②] 这种教学实践模式在教学平台上实现为工程化平台产品。由此可见，就整体性和组块性相结合的原则而言，国际中文教育工程化系统与传统教学系统本质相通，但工程化模块架构所实现的信息功能、联通

① 对于教学模式包含的层次和要素，学界有五要素（理论基础、教学目标、操作程序、实现条件、评价）、六因素（教学法、教学目标、课程和课时、课程间关系、教学技巧和训练方式、考核和测试）等不同观点，详见本书第五章第三节表 5-1。

② 教学模式的流程式框架常常以图示的方式来描述一个整体由若干构件组成、一个流程由若干环节（也是一种特殊构件）连接而成的过程。

功能、多重互动功能等是传统教学模块难以体现的。

无论是教育平台还是教育产品，或者是教育服务，实际上都需要将整体思维和组块思维结合起来，只有这样才能真正实现提质增效的目标。不仅如此，二者结合还可以避免模块化操作的两方面谬误：首先是避免“合成谬误”，即从各个模块来看都运行良好，但当合成一个整体集体运作时，则运转不良；其次是避免“分解谬误”，即对不该分解的系统性任务进行简单分解，而对需要分解的任务又分解得不够到位。

三、工具性和人文性相结合的原则

工具性和人文性相结合的原则是科技赋能教育时代必须重视的新命题，其根本目的就是在工程化实践中审视和处理教育伦理问题。工程化实践具有技术加持下的产品导向性，这就必然具有鲜明的工具性。尽管国际中文教育对象多样、内容复杂、情境多变，但其核心是参与教学活动的人。以人为主体必然会使整个教育行为具有人文性。因此，工程化不等于工具化，它本质上要坚持“人是目的而不是手段”的观念，要避免因工程化产品的使用而将人简单地变为工具的配合使用者。这是人文科学和社会科学工程化面临的一个重大伦理问题，在工程化实践中必须对其予以高度重视，要避免技术对人的主体性的僭越，或者进入人类主体被迫工具化的实践误区。

在教育数智化发展的大潮流中，如何处理好国际中文教育工程化中工具性和人文性的关系，是一个全新的命题。国际中文教育中工具性和人文性相结合可以表现在三个方面：在地化[①]、职业化和低龄化。首先是在地化问题。工程化使国际中文教育可以更方便地在世界不同国家和地区开展，但它也面临着如何解决文化差异、场景差异以及教学双方存在的各种群体差异和个体差异等问题。在建设和使用工程化产品的过程中，自然需要充分考虑国别、

① 学界也有学者将国际中文教育中的在地化称为本土化、当地化。

语别、族别、区域的差别以及教学双方复杂多样的状况，这些都是教育价值的重要体现。其次是职业化问题。工具性与人文性相结合还体现在工程化可以满足人们求职发展的需要。当前，学界愈发重视语言的经济属性，语言也被视作重要的人力资本。随着国家高质量共建“一带一路”倡议的持续推进，“中文＋职业技能”教育亟需依托工程化实践来帮助中资企业中的外籍员工更好地运用中文进行生产和工作。最后是低龄化问题，中文纳入国民教育体系使得海外中文学习者的低龄化趋势不断凸显。以往的国际中文教育体系和产品多是为成人准备的，与低龄学习者并不直接适配（李宇明，2018）。因此，工程化需要特别关注低龄儿童的中文学习需求，研制符合青少年学习者学习动机、认知规律的产品，在教授语言知识、提升语言交际能力的同时，促进学生心智的成长和人文精神的提升。

同样，工程产品的多元化、标准规范的便利化、操作流程的人性化、教育服务的定制化、服务过程的便捷化等，以及大力推动资源共建、平台共享的举措，都是工程化实践中人文精神的体现。从本质上说，国际中文教育工程化是国际中文教育事业中的一种服务方式，工程化实施中的各类平台、资源都是为人的发展服务的。工具性是技术的本质属性，而人文性则决定了技术的功能属性。当下我们所倡导的国际中文智慧教育，既要做到教育过程的智能化，也要做到教育结果的智慧化——培养智慧型中文人才和全球公民，这是人文性的重要体现之一。与此同时，工具性服务于人文性实际上还关涉另一个层面的教育公平问题，即如何运用数字技术和资源让更多的各国中文学习者都可以平等地获得学习中文的机会，实现中文教育的“数字普惠”目标。

四、数据驱动和人机协同相结合的原则

数据和技术是国际中文教育工程化的双轮，通过数据驱动和人机协同相结合的实践原则，可以更好地形成“数”与“智”双轮驱动的效应。

一方面，国际中文教育工程化必须重视和发挥数据要素的价值和作用。如前所述，在工程化实施过程中，必然会产生大规模、多模态的教育数据。这些数据既包括学习者的各类学习行为数据，如观看微课的时长、课堂开口率、习题正确率等；也包括教师的各类教学行为数据，如组织对话的次数、批改作文的时长等。通过对文本、音频、图像等多模态数据的采集、分析与可视化呈现，可以有效支持科学的教学决策、管理和评价。

另一方面，国际中文教育工程化需要采用人机协同的推进方法。人机协同是通过“人”与“机”相互合作来实现教学提质增效的，这也被视作“近未来”教育发展的新思路（祝智庭等，2023）。在国际中文教育工程化的人机协同关系中，“人”代表师生、管理人员等主体，“机”则代表各类数字技术以及依托其开发的资源和产品。“协同”意味着二者主体功能的互补性和实施过程的交互性，即机器不再被单纯地视作可有可无的“助手”。近年来，国际中文教育领域的资源开发和研究以及资源体系建构成为关注重点和发展趋势，也为人机协同关系的构建奠定了基础。目前直接用于教学的大多是数字教材、融媒体词典、网络课程、学习平台等带有直接工具特征的资源。可见，当前工程化资源最重要的体现就是数字化资源，而平台建设是汇聚现有资源并产生新资源的基本手段，对资源效应的助推作用日益显著。

在工程化建设中实现人机协同，需要尽可能使所有的资源都变成产品，资源的产品化就是让所有工程化的结果以可直接操作使用的产品形式实现。工程思维下的人机协同表现为结合人与机的优势，发挥人的主观性，以便促进教育资源转化为教育产品，从而实现教学的提质增效。例如，写作智慧教学平台的文本纠错技术可以即时地为学习者反馈习作中的词汇、语法等错误，使教师从繁重的作文批改任务中解放出来（马瑞祾、徐娟，2024）。同时，师生产生的教学数据又可用于“驯化”机器，推动教育产品的良性进化。国际中文教育正是在这样多轮的工程化实践中逐渐形成人机共同生长的数字生态的。

五、规模化和个性化相结合的原则

破解教育规模化与个性化之间的矛盾，是数智时代教育变革发展的重大任务之一。在传统中文教学中，教师难以对中文学习者的个体差异给予足够的关注，往往采取步调一致、“一刀切式”的教学处理方式，但当规模化教学与个性化培养失衡的问题愈发凸显时，迫切需要学习方式的变革和教学模式的创新（蔡建永、刘晓海，2023）。这实际上就是规模化、统一化培养和差异化、个性化[①]需求之间矛盾的体现。对工程化实践而言，就是如何处理规模化和个性化之间关系的问题。

规模化是对教育对象、教学场景尽可能做出统一化的设定，而个性化则是将教育对象、教学场景区别对待。前者以效益最大化为目标，后者以特定个体及小范围群体（如具体班级）的充分发展为目标。若想同时实现这两个不同的目标，就必然要使工程化产品具有动态调节功能，体现原则一致性和策略灵活性相结合的原则。数智时代，未来的智慧教育既要满足大规模教育的诉求，又要满足个性化培养的诉求——根据师生的个性化需求，结合学习者的自身特点，提供更精准、更有效的个性化教育服务。（黄荣怀等，2021）目前的国际中文教育基于技术赋能、数据驱动的工程化教学实践在这方面做出了许多探索，试图在一定程度上解决这方面的问题，比如北京语言大学研发的“国际中文智慧教学系统”就是这方面的建设成果之一。通过工程化实践，以及移动通信、互联网等技术，该系统可以支持国际中文教育开展

---

① 需要说明的是，个性化不能简单地等同于个体化。个性化包含特定的个体和群体，因此个性化存在不同的颗粒度。首先，国际中文教育领域长期倡导的国别化、语别化可以理解为一种个性化教学理念；其次，面向不同语言水平（初级、中级、高级）或者认知风格（视觉型、听觉型、视听型等）学习者的教学，甚至面向同一个班级中某一小组开展的针对性教学也可以理解为一种差异化教学。更进一步来看，个性化学习主张每位学习者都可以获得其专属的学习路径、学习资源等，能够在自己的“最近发展区”中掌握语言知识。个性化学习的实现有赖于数字技术帮助教师读懂千差万别的中文学习者，这也是实施国际中文教育工程化的重要价值之一。

大规模跨时空教学，使规模化、泛在化的教和学成为可能；同时，借助大数据分析、智能推荐等技术，该系统可以为不同学习者提供适合其需求的语言教育服务，使差异化、个性化的教和学成为现实。规模化和个性化相结合在一定程度上可以实现优质教育资源的共享，从而更好地促进教育的开放和公平。

总之，在工程化的进程中，规模化与个性化并不矛盾，个性化寓于规模化。随着数字技术的融入，中文教育的覆盖范围可以得到有效扩大，教师可以实现跨时空的中文教学；同时，学习者也获得了更多平等地直接参与规模化教育的机会。规模化与个性化的有机结合可以大幅提升中文学习者参与中文学习的深度和广度。

第四节　在更新迭代中推进国际中文教育工程化

推进国际中文教育工程化是一个动态的、不断发展的过程。尤其是伴随着科学观念和数字技术的发展，国际中文教育工程化必然会呈现出不断更新的态势，并在不断迭代中寻找到相对最优的表现形式。与此同时，在大力推进国际中文教育工程化的过程中，已经出现了一些值得我们重视的问题。

一、国际中文教育工程化是一个相对最优化过程

由于认知的局限性、目标的阶段性、资源和条件的有限性，任何知识、技术、产品乃至实践活动都具有当下性，这些都是工程实践的约束条件。国际中文教育工程化实践自然也是如此。工程思维最大的特点是在当前条件下“把事情做成”，也就是做出可交付的适用产品。因此，工程化将可行性转化为现实性的过程中所实现的技术和产品只能做到相对最优化，也可以说是寻求约束条件下的最优解，其实这也是工程化具有可扩展性的体现。

实现相对最优化主要有两条路径：一是集成优化，二是更新迭代。要素集成的目标就是优化系统要素组合，实现内容的相对充分化和功能的相对最大化。既然所有经过要素集成而形成的产品都是当下产品，那么在教学实践中就需要在主题、内容、模块、流程等各方面逐步优化，实现渐进式升级迭代。一般做法是，因人因时因地因境地在部分场景下实践，先面对常态现象，再面对特殊情况，利用反馈数据持续学习和改进，且行且完善。这就是优化的阶段性。迭代的目标就是实现相对最优化，让前沿知识和先进技术及时进入国际中文教育实践——可以是部分优化，实现局部更新（这是常态）；也可以是全局优化，实现整体迭代（这是特殊情况）。而优化的前提是当下的工程化教育实践出现了需要改进且可以做出显著改进的地方，这样才能使工程化教育产品具有适用、可靠、便利的特征。任何一个工程化系统都要经过长期调试和不断优化才能建成，优化永远都是进行时。

当然，这里的相对最优化并非只是指工程化过程中的实践问题，同样也是与非工程化实践相比较而言的。传统教学方式和模式实际上也追求相对最优化，但数智时代的工程化教学实践则使这种追求具有了数字化、数据化、智能化及规模化的可能，使实践反馈的经验基础更加直接、丰富、明确。在知识合理、技术允许、情境适应的前提下，方案合理、路径可行，自然能取得非工程化所不能取得的成效。需要明确的是，传统教学实践同样具有工程化教学实践所不能实现的地方，因此只有将两种教育模式有机结合，才能实现真正意义上的相对最优化。

二、推进国际中文教育工程化需要注意的问题

上面具体讨论了国际中文教育工程化的基本特征与实施原则，基本上都是一种探索性思考；而且国际中文教育工程化问题本身是刚刚开始探索的重大问题，有探索自然就容易出现问题。这里列举一些国际中文教育工程化过

程中容易忽视、混淆以及需要特别关注的若干问题[①]，以期引起注意，从而更好地推进国际中文教育工程化，不断实现国际中文教育工程化的更新迭代。

1. 处理好工程思维与科学思维和技术思维的关系。这在前文第一节已有所说明。当下的研究比较重视科学思维（常体现为论著），也相对重视技术思维，但对工程思维重视不够。同时，相较于更偏向科学思维和技术思维的课题思维，工程思维更接近项目思维，它要解决的是实践中的问题，而实践问题需要关注工程产品操作的场景化。

2. 不能把工程化简单地理解成整体的要素分解。工程化强调工程整体的要素分析、过程分解，但工程化不等于解构系统，而是立足于系统化的分解与建构。要素分解是基础，但不是目标，要素集成才是发挥系统效应的关键所在，其根本目标是制造出可有效使用的产品。产品思维强调整体和构件之间、构件和构件之间的多重互动关系。

3. 平台建设要特别注意在地化问题。由于国际中文教育的主体在海外，而目前的平台建设多基于国内的资源和条件，因此要加强国际合作，建设针对性强、适配度高的教育平台。同时要处理好工程化与当地资源建设和资源开发之间的关系。这实际上也是“因材施教”在工程化中的新体现。

4. 不能简单地将工程化等同于信息化、数字化、智能化。信息化、数字化、智能化可以理解为工程化实践中的重要手段，即发挥技术要素的驱动作用；但同时也要认识到，信息化、数字化、智能化和工程化是不可替代的关系，其中工程化包含的内容更为丰富，它不仅关注方法、手段层面的变革，也关注工程的结构、目标等问题。

5. 加强适应国际中文教育工程化观念和方法的组织建设、人才培养和队伍建设。不仅内容建设、资源建设需要工程化，对教师和教育管理者而言，工程化意识、思维、方法和工程素质、工程实践能力也应成为一种基本

① 以下9项内容多来自施春宏（2022），本书有所整合（第1项为原文两项整合而成）和增删（增第3项和第9项，同时删去一项）。

素养，而不只是常规教学的一种应急性、点缀性的补充。

6. 加强国际中文教育工程化和国际中文教育市场、经济、文化三者关系的研究。如前所述，国际中文教育本质上是一种提升语言能力、促进国际交流的知识服务。工程化是实现用户需求、创造用户价值的重要手段，是模块化、标准化、规范化、平台化的基本路径，因此可以更便捷地为教育市场服务，促进经济和文化的交流和发展。

7. 加强国际中文教育工程化与创新的关系研究。不要把工程化误解成程式化、机械化、固定化、僵硬化，否则会扼杀创造性。工程化的过程和结果本身就是一种创新，工程化意识的强化、工程思维的形成、工程手段的创造性使用必将带来国际中文教育的观念创新、思想创新、技术创新。

8. 国际中文教育工程化要特别强调国内外的多层次互动，以促进中文更好地走向世界。通过工程化措施进一步推进国际中文教育观念、方法、成果，以及人员、管理、市场等方面的互联互通，是国际中文教育工程化的重要使命。

9. 在国际中文教育工程化实践中展开对工程化效用和限度的研究。国际中文教育工程化需要解决什么、能解决什么、不能解决什么，基于工程化的教育教学和传统的非工程化的教育教学之间存在着什么样的互补、融通关系，这些都需要进一步研究和讨论。

第五节　本章结语

随着科学技术的迅猛发展，国际中文教育进入了蓬勃发展的快车道，教育生态正在发生重大重构。数智时代，在教育与科技双向赋能的背景下，三类教育形态正在形成：第一，弹性学习与主动学习；第二，大规模在线教育；第三，5G 赋能智慧教育。（黄荣怀等，2021）国际中文教育同样也进入了这三种教育新形态，新的现代工程教育观正在逐步形成。

在教育生态转变的过程中，工程思维和数字素养已经发展为国际中文教育工作者的基本素质要求，工具驱动、数据驱动的科学研究也已发展为重要的研究范式。可以说，工程活动是将工程思维与科学思维和技术思维结合起来的重要手段，是集合科学、技术以及经济、管理、社会、文化等诸要素的综合行为；工程化实践已经成为推动国际中文教育新生态形成和发展的重要且基础的路径。本章正是在此背景下讨论国际中文教育工程化的基本特征与实施原则的。首先，我们从目标层面将国际中文教育工程化的基本特征概括为需求驱动性、产品导向性、功能助推性三个方面，从操作层面将国际中文教育工程化的基本特征概括为要素集成化、结构模块化、规程准则化、运行平台化四个方面。接着，从本体论、认识论、方法论和价值论四个层面阐释了国际中文教育工程化的基本原则：整体思维和组块思维相结合、工具性和人文性相结合、数据驱动和人机协同相结合、规模化和个性化相结合。最后，简单论及了如何在更新迭代中推进国际中文教育工程化以及需要注意的若干问题。这些内容都是当前国际中文教育工程化实践中已经呈现出来的特征、原则和问题，随着这项事业的发展，未来国际中文教育工程化还会呈现出新的面貌，需要我们进一步概括和阐释。

值得一提的是，我们在描写和概括国际中文教育工程化的基本特征与实施原则时，特别重视从多重思维方式这一角度来阐释问题。这些思维方式（当然，这并非全面的概括，主要是随文所及地引入）除了宏观层面的科学思维、技术思维和工程思维外，还有基于工程化基本特征而呈现的系统思维、整体思维、组块思维、模块思维、资源思维、产品思维、平台思维、工具思维、用户思维和服务思维等。只有在工程化实践中充分重视、准确理解并积极实践这些思维方式，才能更加有效地助推国际中文教育理论和实践的发展。

第三章　国际中文教育工程化的一般方法

人们认识世界、改造世界的方法的理论被称为“方法论”。根据应用的普遍性，方法论可分为哲学方法论、一般科学方法论和具体科学方法论三个层次，三者共同构成人类认识问题、解决问题的方法体系（钟柏昌、李艺，2012）。哲学方法具有高度的概括性和抽象性，通常是对世界本质、人类存在、知识基础等根本性问题的探究，如唯物辩证法和科学发展观等，在整个方法体系中处于最高的指导地位；一般科学方法是针对解决具体问题的具体方法进行总结提炼而得出的更具普遍意义的方法，适用范围广，在多个领域皆可使用，如系统论方法、问卷调查法、归纳法、演绎法、统计分析法等；具体科学方法是针对某一特定领域的具体问题提出的，通常基于一般科学方法，但更加具体、更专业化。

本章聚焦于“一般科学方法”层次。首先，基于系统论思想，对国际中文教育的五大要素和外部环境分析方法进行阐述；然后，基于过程思想，将国际中文教育系统的内部处理过程划分为需求分析、目标确立、工程设计、工程实施及评价反馈五个环节，并对各环节的常用方法进行详细阐述。

第一节 系统论视角下的国际中文教育

系统思想和系统方法是教育工程方法体系中典型的一般科学方法。系统论研究系统的结构、特点、行为、动态、原则、规律以及系统间的联系，并对其功能进行数学描述。其基本思想是把研究和处理的对象看作一个整体系统，其主要任务是以系统为对象，从整体出发来研究系统整体和组成系统整体各要素的相互关系，从本质上说明其结构、功能、行为和动态，以把握系统整体，达到最优目标（萧浩辉，1995）。

系统论思想认为，任何一个系统都有五个基本要素，即输入、处理、输出、反馈和控制，国际中文教育系统也不例外。

一、国际中文教育系统的五大要素

1. 输入（Input）

输入是指系统从外部环境中获取的资源、信息或能量，对国际中文教育系统而言，其输入包括全球各地学习者的需求、中文教学资源、教师等人才资源、教学设施等硬件资源、教学系统等软件资源。这些输入为国际中文教育系统的运行提供了基础和动力。

2. 处理（Processing）

处理是指系统对输入进行转化、改变或处理的过程，这个过程通常涉及系统内部的操作、转换和控制等环节。例如，工厂对原材料进行加工，将其转化为成品。国际中文教育系统的处理分为宏观和微观两个层面：宏观主要包括面向当地国情、语情确定中文教育规划、政策和资源配给方案；微观指根据学习者的需求、中文水平和教学环境等多种因素制订相应的教学计划，合理地设置课程，通过各种教学方法和手段进行中文教学，以提高学习者的知识、技能和跨文化交际能力。

3. 输出（Output）

输出是指系统向外部环境提供的产品、服务或影响。国际中文教育系统最重要的输出是培养具有中文语言能力和文化素养的学习者，使他们能够为当地社会和经济发展做出贡献；除此之外，还包括相应的教学资源、教材、教学系统等产品。这些输出体现了国际中文教育的成果和价值。

4. 反馈（Feedback）

反馈是指系统将输出的结果或信息返回给输入端，以便对系统的性能和效果进行评估和改进。反馈可以帮助系统识别问题、纠正偏差并优化其运行。国际中文教育系统的反馈环节是对系统的运行状况和发展趋势进行评估和诊断的过程，它对输入、处理、输出过程进行全面的分析和评价，从而为改进教育教学提供有价值的建议和反馈信息。

5. 控制（Control）

控制是指系统对内部过程和外部条件进行调整和管理，以实现预期的目标和功能。控制可以通过设定目标、制订计划、监测进度和调整策略等方式实现，是系统稳定运行和持续改进的关键。国际中文教育系统的控制环节既包括宏观层面的政策和规划调节，也包括微观层面的监控教学质量、评估学习者的进步和成果等。这些控制机制有助于确保国际中文教育系统的运行质量和效果。

系统论认为，一个系统的五大要素（输入、处理、输出、反馈和控制）之间存在着密切的相互关系。首先，这些要素是相互依存的，互为存在的前提和条件。例如，处理依赖于输入的资源或信息，而输出则是处理的结果。其次，这些要素不是孤立存在的，而是通过相互作用联系在一起的。原材料（输入）经过加工（处理）后转化为产品（输出），这一过程中可能会需要反馈来调整生产过程，并通过控制保证生产质量和效率。这里的输入、处理、输出、反馈和控制相互影响，共同构成了系统的运作机制。此外，系统的整体性原理告诉我们，作为系统子单元的各个要素一旦组成系统整体，就具有独立要素所不具有的性质和功能，这就意味着系统不是要素的简单相加，而是一个有机的整体。作为整体，它所展现出的行为和能力是无法由个体预测的。特别值得一提的是，控制是系统的“隐形骨架”，其本质在于通过动态平衡各环节的关系，确保系统在复杂环境中实现目标。缺乏控制易导致资源浪费或目标偏离，而过度控制则可能抑制灵活性。因此，有效的控制需兼具刚性与柔性，应在规范性与适应性之间找到平衡点。后文我们将结合某中东国家国际中文教育的实例进行讲解。

将系统论的五要素理论运用于国际中文教育工程化，要求我们将这五个要素有机地结合起来，进行全局规划，形成一个高效、有序、持续改进的教育系统，如图 3-1 所示。在系统的运行过程中，各个环节之间需要保持协调和平衡，以确保国际中文教育质量和效果的整体最优（魏晖等，2022）。同时，各个环节也需要不断地优化和发展，以适应全球各地学习者的需求变化和中文教学资源的供给变化。

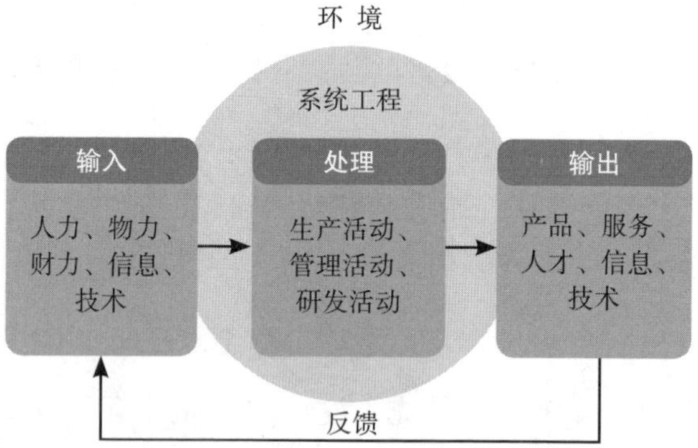

图 3-1　国际中文教育系统的基本要素

二、作为开放系统的国际中文教育：外部环境分析

封闭系统和开放系统是两种不同的系统类型。封闭系统是一种不与外界交换物质、能量和信息的系统，或者说，是一个与外界隔绝的系统。封闭系统的演化不受外界环境的影响，如在一些封闭容器中进行的物理实验，在特

定条件下与外界没有物质交换，这些容器就被视为封闭系统；开放系统则是一种与外部环境有交互作用的系统，它能够与外部环境进行物质、能量和信息的交换。在开放环境下，系统会不断与外部环境进行交互，从而改变自身的状态和演化路径。（罗宾斯、库尔特，2022）

教育系统是典型的开放系统，其输入、输出甚至处理的过程均与外部环境产生交互并受到外部环境的影响。因此，外部环境分析对教育系统具有重要的意义，它有助于教育机构更好地把握市场需求、抓住市场机会、优化资源配置以及制定科学的战略。

环境分析可分为一般环境分析和具体环境分析。一般环境分析通常是宏观层面的，主要关注系统外部的不确定性因素，重点在于了解外部环境的现状和发展趋势，识别出可能对组织产生重大影响的因素，最常用的方法是 PEST 模型；具体环境分析则深入某一具体领域分析具体因素，包括用户、供应商、竞争者等，常用方法包括波特的五力竞争模型、竞争情报分析等。以教育系统为例，具体环境分析重点针对学生需求、竞争者的产品和服务、课程设置、教师素质、教学资源等。综合运用一般环境分析和具体环境分析，可以帮助组织全面了解其所处的内外环境，为组织的战略规划、市场定位、运营管理等提供科学依据，从而提升组织的竞争力和适应性。

（一）一般环境分析方法：PEST 模型

PEST 模型是一种用于分析宏观环境（又称一般环境）因素的工具，主要从政治法律、经济、社会文化、技术四个方面评估外部环境对组织的影响。国际中文教育系统的外部环境也不例外，我们可以根据该模型对其进行分析。

1. 政治法律环境（Political）

政治法律环境包括政策制定、政府支持与合作、签证和移民政策等。这些政治法律因素对国际中文教育的发展具有重要影响，例如，政府对国际中文教育的支持程度、政策的稳定性和友好程度、学习者母国的对华政策等都会影响国际学生的流动和国际中文教育的发展。

2. 经济环境（Economic）

经济环境包括全球经济发展、汇率变动、就业机会等。经济环境对国际中文教育的影响主要体现在留学生的负担能力、教育资源的投入以及教育市场的竞争等方面。例如，全球经济的发展状况会影响学习者的数量和质量，汇率变动会影响其教育成本和生活费用，就业机会会影响其就业前景和发展空间，对华贸易发展情况则会直接影响其学习动机和未来预期。

3. 社会文化环境（Sociocultural）

社会文化环境包括文化差异、语言习惯、教育传统等。社会文化环境对国际中文教育的影响主要体现在教学方法、课程设置和学生管理等方面。例如，不同国家和地区的文化差异和语言习惯会影响学生的学习方式和效果，教育传统会影响学生的学习态度和期望。

4. 技术环境（Technical）

技术环境包括信息技术的发展、在线教育的兴起、人工智能的应用等。技术环境对国际中文教育的影响主要体现在教学方式和手段的创新、教学效率的提高以及教育资源的共享等方面。例如，全球范围内的线上教学引发了国际教育领域的急剧变革。线上线下混合式、纯线上式教学环境在新冠疫情背景下直接形成。疫情改变了中文教学的生态，使教学环境从课堂到网络、从现实到虚拟、从即时到延时、从人际互动到人机互动，各个方面都发生了显著变化。

综上所述，政治法律环境、经济环境、社会文化环境和技术环境是影响国际中文教育系统的主要环境因素。在制定国际中文教育系统的发展策略和规划时，需要充分考虑这些环境因素，加强风险管理，提高应对能力。同时，还需要根据形势的变化，不断调整和优化国际中文教育系统的结构，以适应时代的发展。

（二）具体环境分析方法

如前所述，一般环境分析侧重于宏观环境，而具体环境分析则更关注与组织直接相关的微观环境因素，包括行业竞争态势、用户需求、供应状况等。具体环境分析能够帮助工程主体了解自身定位，以及相较于其他竞争者的优势和劣势。常用方法包括：

1. 五力模型（Five Forces Model）

这是迈克尔·波特（Michael Porter）提出的行业竞争分析框架，包括现有竞争对手、潜在进入者、替代品、供应商和买方五种力量。通过五力模型分析，可以了解行业的竞争态势、机会和威胁。

2. 竞争态势矩阵（Competitive Profile Matrix，简称“CPM 矩阵”）

竞争态势矩阵通过行业内关键战略因素的评分比较，分析主要竞争对手面临的机会与风险大小及其特定优势与劣势，这是为组织制定战略提供的一种竞争优势分析工具。

3. 竞争情报分析

收集和分析竞争对手的战略、业务模式、市场表现等信息，可以了解竞争对手的动态和竞争优势。竞争情报分析可以帮助组织制定相应的竞争策略。

在国际中文教育路径规划中用好上述分析方法，可以帮助国际中文教育事业在国家战略背景下做出成本、成效均衡的选择。

三、国际中文教育系统：内部核心“处理”过程

在系统论的五大要素中，“处理”是非常重要的环节。处理是对输入的信息、资源、能量进行转化、整合和优化的过程，是实现系统增值、达成系统目标的关键，也是系统最核心的任务。国际中文教育系统的“处理”环节分为宏观和微观两个层面。宏观侧重于规划和顶层设计，微观侧重于具体教学。前者规划事业发展的路径、方向，依照国别区域设计推广政策和实施措施；后者则主要指根据学习者的需求和水平确定相应的培养方案、教学计划和课程设置，通过各种教学方法和手段进行中文教学，提高其知识水平和技能水平。宏观处理和微观助力相结合可以满足国家战略与社会需求。本部分

将对系统内部的“处理”过程进行详细剖析。

（一）过程与过程思维

过程是针对特定目标所实施的一系列步骤，过程广泛存在于各个领域。例如，提供服务、生产产品、开发软件等都要经历一系列步骤才能达到预期目标。过程具有以下特征：

（1）过程规定或包含若干主要活动。

（2）过程要利用资源，在资源约束条件下给出可交付成果。

（3）过程可由若干子过程构成。子过程可以是并列的，也可以是相互交叉包含的，由多个层次结构组成。

（4）每个过程活动都有其入口准则和出口准则，这些准则表明了活动在什么情况下开始、在什么情况下结束。

（5）过程的活动是按顺序组织的，因此一个活动与哪些活动相关是明确的。

（6）每个过程都有一套解释各项活动目标的指导原则。

（7）过程的活动应有自己的目标，过程的实施应将组织、管理者、人员和技术基础设施汇聚起来，以实现过程的业务目标。

教育工程同样也需要一个过程。如果人们在组织教育工程活动时孤立地考虑任务、作业、人员，忽视其中的过程特征和规律，往往就会导致各职能小组、部门对总体目标了解不够深入，进而造成协调配合不畅，各部门之间、人员之间产生矛盾和冲突，最终使工作效率受到影响。过程思维要求我们站在工作的全局高度观察取得的成绩和存在的问题及其对项目可交付成果、对组织、对成员等各方面的影响。运用过程思维能够使各个环节及成员的行为协调一致，从而降低消耗，提高效率，取得更好的效果。

（二）国际中文教育系统的“处理”过程

在教育及教育工程领域，有不少学者关注教育过程，对其进行分析拆解，并从不同的角度构建模型。下面介绍几种常见模型：

（1）ISD（Instructional System Design）模型，即教学系统化设计模型。该模型将整个课程系统归纳为分析、设计、开发、实施、评估五个环节：分析环节包括对教学内容、学习内容、学习者特征的分析；设计环节主要是对学习资源、学习情境、认知工具、自主学习策略、管理与服务等进行设计；开发环节根据设计内容进行课程开发；实施环节根据课程开发的成果实施培训；评估环节对开发的课程进行评估并形成评估报告。

（2）ADDIE 模型。这是一种系统性的教学方法，其名称代表 Analysis（分析）、Design（设计）、Development（开发）、Implementation（实施）和 Evaluation（评估）五个阶段。

（3）惠勒（D. K. Wheeler）的圆环模型。针对之前提出的模型多为直线型、缺乏反馈等问题，惠勒加以改良并提出了圆环模型。该模型包括“确定目的与目标——选择学习经验——选择内容——组织、整合学习经验和内容——实施评价”等环节，并强调在实施评价之后，需将评价信息反馈至“确定目的与目标”环节，对整个过程进行优化调整，如此不断循环迭代，持续改进。惠勒的圆环模型强调教育过程的动态性和复杂性，倡导通过不断的循环迭代和优化，更好地满足学生的学习需求，提升教学效果。

参考上述模型，本书将国际中文教育的核心处理过程划分为需求分析、目标确立、工程设计、工程实施、评价反馈五个环节。需求分析是国际中文教育系统处理过程的第一步，其目的是了解学习者的需求和期望。在需求分析的基础上，需要确立国际中文教育的目标，目标应该包括学习者的语言水平、文化认知、交际能力等方面的提升，以及学习者在国际中文教育过程中的学习体验和成果。根据学习者的需求和目标，需要进行教育工程的设计，包括宏观、中观及微观层面的综合设计。接下来是教育工程的实施，该环节包括教学内容的呈现、教学活动的组织、对学习者的指导等。最后，还需要在教育实施过程中或结束后，对学习者的学习成果进行评价，目的是了解学习者的学习成果和教学效果，并将反馈提供给课程设计和实施环节，以改进和优化教学。这些环节相互关联、相互影响，共同构成了国际中文教育系统五要素中的“处理”过程。在以往的教学实践中，虽然教学主体并未有意识地以工程化环节进行设计，但许多优秀的教学法和教学规划都体现了这种思想和原则。

第二节 国际中文教育工程化的一般方法

本节将围绕教育系统核心过程的需求分析、目标确立、工程设计、工程实施、评价反馈五个环节逐一展开，详细阐述工程化的一般方法。

一、需求分析

科学地进行需求分析是工程项目的第一个重要环节，也是整个教育系统“加工处理”的起点。它可以帮助我们更好地了解目标市场及用户，指导工程的设计与实施，降低风险，提高竞争力，因此任何工程活动都不能忽视需求分析。

（一）需求分析步骤

1. 问题识别

问题是给定信息和要达到的目标之间有某些障碍需要被克服的刺激情境。问题识别看似简单，但在实际中却存在信息的复杂性与不确定性、问题的隐蔽性与潜在性、利益相关者的多样性与冲突、知识与技能的局限性、系统性与综合性思维的挑战等多个因素，导致问题识别本身具有一定难度。在问题识别环节，应注意提高信息收集与分析能力，同时必须注意不要把问题本身和问题表象相混淆。

2. 需求采集

需求采集的目的是了解学习者对教育产品或服务的需求和期望，以便开发出更符合市场需求的教育解决方案。需求采集应重点考虑以下几个方面：

（1）学习目标：了解用户希望通过教育产品或服务实现的具体学习目标，例如，提高某门学科的成绩、获得职业认证等。

（2）学习方式：了解用户对于学习方式和教学形式的偏好，例如，喜欢在线学习还是面对面授课、喜欢互动式学习还是自主学习等。

（3）时间和地点的灵活性：了解用户对于学习时间和地点的要求，例如，需要灵活安排学习时间、希望可以随时随地进行学习等。

（4）个性化学习需求：了解用户对于个性化学习的需求，例如，希望根据自己的兴趣和能力制订学习计划、希望获得个性化的学习建议等。

（5）互动和合作需求：了解用户对于互动和合作的需求，例如，希望与教师和其他学生进行实时交流、希望参与小组项目等。

（6）评价和反馈需求：了解用户对于评价和反馈的需求，例如，希望得到及时的学习进度反馈、希望参加模拟考试等。

3. 需求评审

需求评审的目的是确保项目团队和利益相关者对需求充分理解并形成共识。通过详细地分析和评审需求，可以识别出哪些需求是有价值的、可行的、可优先满足的，从而避免资源的浪费，降低项目失败的风险。需求分析评审的因素包括需求类型、需求的复杂度、可实现性、成本高低、需求的市场规模、竞争产品、需求的重要程度和紧迫程度及优先级、需求风险评估等。评审后的产出是一份规范的需求文档或需求说明书，其中包含了对上述因素的评估结果和决策意见。这份产出将作为团队和利益相关者之间的共识，用于指导后续的工程设计和实施工作。同时，随着工程项目的开展，还需要定期复核需求并进行必要的调整和更新。

（二）需求采集方法

（1）问卷调查法：一种常见的数据收集方式，通常用于获取大量定量数据。问卷可以包含多种类型的问题，如选择题、填空题、简答题等，以深入了解学习者的背景、兴趣、学习目标和学习风格等信息。

（2）访谈法：一种深入探讨特定问题或话题的方法，通常用于获取定性数据。访谈可以是一对一的形式，也可以是小组的形式，其目的是更全面地了解学习者的需求和期望。

（3）观察法：通过直接观察学习者的行为和交互过程，了解他们的学习行为、习惯和偏好。这种方法可以帮助教师更好地理解学习者在实际环境中如何使用教学资源，以及他们在学习过程中可能遇到的问题。

（4）文献分析法：通过分析与学习者相关的文献资料（如论文、报告、图书等），了解学习者的研究领域、兴趣点和发展趋势等。

（5）数据分析法：通过收集、整理和分析学习者在学习过程中产生的各种数据，揭示其学习规律、效果及潜在的问题和需求。

（6）虚拟仿真法：通过构建高度仿真的虚拟环境，模拟真实的语言交际场景和文化情境，让学习者在沉浸式的体验中学习中文，通过观察他们的反馈和表现来收集需求信息。

（三）需求预测方法

需求预测是指对未来一段时间内产品或服务的市场需求量进行估计和预测的过程。它可以帮助教育机构做出合理的决策和规划，以更低的成本和更高的效率满足市场需求并提高其竞争力。常用的需求预测方法包括以下几种：

（1）历史数据分析法：通过分析过去一段时间内的教育市场数据，如学生招生人数、就业率等，找出其趋势和周期性变化规律，并在此基础上对未来需求进行预测。

（2）专家咨询法：借助领域专家敏锐的洞察力及深刻的理性思维分析能力，结合教育政策、经济环境等因素，对未来的教育市场需求进行估计和预测。这种方法适用于缺乏历史数据或市场环境变化较大的情况。

（3）时间序列分析法：利用统计学方法对时间序列数据进行分析，如移动平均法、指数平滑法等，以发现教育市场需求的规律和趋势，并对未来需求进行预测。

（4）回归分析法：通过建立数学模型，将教育市场需求与其他相关变量（如人口结构、经济发展水平等）关联起来进行分析，从而预测未来的需求。

（5）模拟法：通过构建数学模型或计算机仿真模型，模拟教育市场的需求变化和发展趋势，从而预测未来的需求。

（6）人工智能方法：利用机器学习和深度学习等人工智能技术，对大量的历史数据进行分析和学习，从而预测未来的教育市场需求。

上述方法既可以单独使用，也可以结合起来进行综合分析和预测，但应根据教育机构的实际情况、需求市场的稳定性，以及数据的可获得性、可用性和准确性等因素，选择合适的需求分析方法。

（四）国际中文教育市场需求的特点

1. 文化背景多元

学习者来自不同的国家和地区，他们的文化背景、语言环境、学习习惯等都存在差异，这对教学方式和教学内容的选择提出了更高的要求。

2. 学习目的多样

学习者的学习目的可能包括留学、工作、旅游等，因此需要提供有针对性的教学内容和服务。

3. 学习阶段迥异

学习者的年龄、语言水平和学习能力等也存在差异，如少儿学习者和成人学习者在发音器官及口腔肌肉可塑性、记忆力等方面存在显著差别，需要制定不同的教学策略。

4. 适用教材不同

选择合适的教材对于提高学习效果至关重要，要找到贴近学习者生活的教材，以激发他们的学习兴趣。

5. 所在国国情各异

学习者所在国的对华政策、经贸往来、文化交流等情况各不相同，且处于变化之中，这些因素会影响学习者的动机、资源投送渠道等。

二、目标确立

目标确立是工程设计中至关重要的一环，它承前启后，是连接需求分析与具体设计的关键桥梁。这一阶段将明确定义项目的最终目标和期望成果，为后续的设计工作提供清晰的指导和方向。

（一）教育目标的维度

教育目标的维度有多种，其中较为广泛接受的是三维目标，包括知识与技能、过程与方法、情感态度与价值观三个方面。

1. 知识与技能

这一维度主要关注学生在特定学科领域内应掌握的基本知识和技能。例如，数学课程的知识目标可能包括基本的算术运算和公式理解，而技能目标可能包括问题解决能力和批判性思维能力。

2. 过程与方法

这一维度强调学生在学习过程中应培养的学习方法和解决问题的策略。例如，教师可能希望学生通过探究学习、合作学习和反思学习等方式，提高自主学习能力和问题解决能力。

3. 情感态度与价值观

这一维度旨在培养学生的情感反应、态度以及对特定主题或问题的价值观。例如，道德教育的目标可能包括培养学生的道德情感、形成正确的道德态度，以及树立社会主义核心价值观。

（二）目标制定原则

教育目标的制定需遵循 SMART 原则。SMART 原则是一种目标管理方法，最早由管理学大师彼得·德鲁克（Peter Drucker）于 1954 年在《管理的实践》（*The Practice of Management*）一书中提出，包括五个方面的要求：

（1）明确性（Specific）：目标要具体明确，不能模糊不清或过于抽象。

明确的目标能够使人们清楚地了解要完成的任务，有助于避免歧义和误解。

（2）可衡量性（Measurable）：目标要量化，能够用具体的数字或度量标准来衡量完成情况。可衡量性有助于对目标进行跟踪和评估，使人们能够清楚地知道达成目标所需的量化标准。

（3）可达成性（Attainable）：目标通过努力是可以实现的，应避免设定过高或过低的目标。可达成性有助于激发人们的积极性和动力，同时也有助于培养人们的自信心和成就感。

（4）相关性（Relevant）：目标要与组织的战略、愿景和价值观保持一致，并与个人的工作和生活相关联。相关性有助于确保个人和组织目标的一致性，使人们能够更好地理解自己在组织中的角色和贡献。

（5）时限性（Time-bound）：目标要有明确的时间限制，要在规定的时间内完成。时限性有助于确保目标不会无限期拖延，同时也有助于对进度进行跟踪和调整。

遵循 SMART 原则，可以更好地设定和管理目标，使目标更加明确、具体、可行，有助于提高组织和个人的绩效，取得更好的效果。

（三）目标制定方法

1. 目标分解法

目标分解法是一种将总体目标在纵向、横向或时序上分解到各层次、各部门以至具体人，从而形成目标体系的过程。目标分解是明确目标责任的前提，是使总体目标得以实现的基础。常用的目标分解法包括：

（1）明确总体目标：这是目标分解的基础，必须首先明确总体目标是什么，包括要达成的任务、时间限制、衡量标准等。

（2）指令式分解：由管理者确定分解方案，以指令或指示、计划的形式下达。这种分解方法虽然容易使目标形成一个完整的体系，但也可能会出现上级对下级所承担目标的困难不够了解的情况，使某些目标难以落实，同时也不利于下级积极性的调动和能力的发挥。

（3）协商式分解：即上下级对总体目标的分解和层次目标的落实进行充分的商谈或讨论，最终取得一致的意见。这种协商容易使目标落到实处，也有利于下级积极性的调动和能力的发挥。

（4）纵向拆解：即将目标逐级分解到每一个管理层次，有些目标还可以一直分解到个人。

（5）横向拆解：即将项目分解到有关职能部门，这种分解方式构成了目标的空间体系。

（6）时间轴拆解：即按照完成整体目标所需要的时间，将其分解成月目标、周目标和日目标。在每日 / 周 / 月刚开始的时候制订好这期间要完成的计划，然后设置时间，把大目标贯穿在每天的行程中，通过“季—月—周—日”的逐层安排，实现大目标的逐级分解。

（7）系统图法：又叫树图法，从一级目标（总体目标）开始分解，将实现一级目标的手段作为二级目标，以此类推，一级一级分解下去，形成一个“目标—手段”链。这种自上而下的分解也是逐级保证的过程，不但构成了目标体系，而且各级目标的实现也落到了实处。

通过以上方法，可以将一个综合的学习目标拆解为具体的子目标，在此基础上制订相应的教学计划和行动计划，可以帮助学生更好地实现学习目标。

2. 目标市场定位图

目标市场定位图是一种视觉工具，用于确定目标市场的位置和特征。通过绘制目标市场定位图，可以了解目标市场的需求、竞争状况和潜在机会，从而确定教育主题和教育产品的市场定位。

3. 关键绩效指标

关键绩效指标（Key Performance Indicator，简称 KPI）是一种衡量目标实现情况的量化指标。通过对 KPI 的监测和分析，可以了解目标市场的需求满足程度和主体运营状况，从而及时调整策略和方案。

（四）国际中文教育的目标

根据以上内容，我们可以看出国际中文教育的目标设计是高度综合、极其复杂的。目标的设计应基于学科内部的自我定位、内在逻辑，同时，目标本身还要呼应我国坚持高水平对外开放的国策和构建人类命运共同体的重要倡议。总体而言，国际中文教育的目标是多元的，且仍在不断发展。在早期阶段，国际中文教育的主要目标是推广中文，使更多的人了解和学习中文。随着全球对中文学习需求的持续旺盛，越来越多的国家开始将中文纳入国民教育体系。目前，全球有 190 多个国家和地区开展中文教学，85 个国家将中文纳入国民教育体系。因此，国际中文教育的目标不应仅停留在语言教学的层面。随着对外交流的加深，国际中文教育也开始着眼于培养复合型人才。比如，北京大学中文系教授陆俭明（2024）认为，国际中文教育的使命是为世界各国培养两种人才：一种是懂中文、会中文的"双语或多语人才"，另一种是高水平、高素质的中文教师、中文翻译家和汉学家、中国通。

此外，国际中文教育还应注重提升中文的国际地位。如果国际中文教育的终极目标是提升中文的国际化程度和对世界知识的表达能力（唐培兰、李宇明，2024），那么国际中文教育的本土化就成为实现该目标的关键路径。同时，语合中心也提出了一系列转变，包括发展战略从对外汉语教学向全方位的国际中文推广转变，工作重心从将外国人"请进来"学中文向中文加快"走出去"转变等。

总的来说，国际中文教育的目标是多元的，旨在通过语言教学促进文化交流，提升中文的国际地位，同时也为世界各国培养复合型中文人才。这一综合目标又可以分为人才培养规模、人才培养质量、机构数量、学科发展、中文考试品牌、留学中国品牌等多个具体的、可量化的子目标。这一目标体系是国际中文教育主管部门自觉或不自觉地运用前文所述目标制定方法的结果。

三、工程设计

工程设计是指从需求出发，确定目标，依靠人类文明积累起来的科学技术知识和实践经验，协调诸多现实制约中的矛盾，构建一个有效、可靠、实用的系统的信息加工过程。我们已在需求分析及目标确立环节明确了“解决什么问题”，进而要在工程设计环节回答“如何解决问题”。工程设计一般都遵循系统分析的一套基本思考程序，其核心步骤是“发散综合，产生方案——评价收敛，决策选优”。国际中文教育的许多重要顶层设计和决策中都综合采用了其中的方法。（冯厚植等，2003）

（一）发散综合，产生方案

提出解决问题的方法需要创造性思维。针对一个特定的问题与目标，提出多个备选方案有利于后期的选择，因此，在此阶段要运用发散思维，激发设计者冲破保守框架，克服思维定式，充分且灵活地运用每个人头脑中的知识和经验，实现创新的目的。激发群体智慧产生多元方案的常用方法有：

1. 智力激荡法

通过组织若干人集体研讨，相互启发，来激发诱导出更多创造性思维，具体包括头脑风暴法、书面集智法、德尔菲法（一种反馈匿名函询法）等。

2. 提问追溯法

有针对性地、系统地提出问题，使设计所需信息更充分，以引导思维的扩展，具体包括检核表法（如 5W1H 分析法、奥斯本检核表法）、希望列举法、缺点列举法等。

3. 联想类推法

通过由此及彼的连锁反应的联想和异中求同、同中求异的类比，发挥横向推理思维，具体包括联想法、类比模拟法、仿生类比法、抽象类比法等。

4. 反向探求法

将人们通常思考问题的思路反转过来，以悖逆常规的途径探求新解，具体包括逆向法、转向法等。

5. 系统搜索法

根据系统组成或影响性能的全部参数，系统地依次分析搜索，以探寻更多解决问题的途径，具体包括参数分析法、形态分析法等。

6. 组合创新法

这是一种通过将已有事物在功能、原理、构造等方面进行组合与变化，从而实现创新的方法。其核心在于“异质同化”与“同质异化”，即通过整合不同性质的事物或对同类事物进行差异化改造，创造出全新的事物。威廉·戈登（W. J. Gordon）提出的综摄法（Synectics Method）是这一方法的代表性实践，它强调通过类比和联想激发创新思维，从而推动新事物的诞生。

（二）评价收敛，决策选优

方案的决策是“多谋”与“善断”的结合。“多谋”强调解决问题的方案不应是唯一的，“善断”即善于在存在风险及许多不确定性的情况下做出最终判断与决策。系统工程中的评价方法很多，其中较常用的有以下几种：

1. 成本—效益分析

成本是指为了实现某个项目或某项事业而投入的资源的价值，它并不局限于货币支出，而是指为达到目的所付出的全部代价。效益是指目的实现后可以获得的效果中可用货币价值表示的那一部分，通常指经济效益。还有一些效益，如不能换算成货币的社会效益，需用其他数量尺度测量，称为有效度。这种评价方法的困难之一是如何正确测定效益，以及如何估计长期投资的效益；困难之二是社会效益的计量，即如何测定其有效度。为解决这些问题，系统分析人员应懂得有关费用计算、投资回收期计算，以及如何建立社会效益指标体系等知识。

2. 关联矩阵法

系统通常是多目标的，因此评价项目也不是唯一的，各评价项目的评价尺度也是不一样的。关联矩阵法就是用矩阵形式来表示各方案有关评价项目的评价值，然后计算各方案评价值的加权和（其中加权和最大的方案为最优方案），最后确定各方案的优劣顺序。这种方法的关键是确定各评价项目的相对重要性（即权重），以及评价项目的评价尺度，将主观性、模糊度降至最低。如何确定权重，可以有不同的方法，其中逐对比较法是较为简便的一种，其基本做法是对各评价项目逐对进行比较，对相对重要的指标给予较高的分值。

3. 层次分析法

这是一种定性分析和定量分析相结合的评价决策方法，它将评价者对复杂系统的评价思维过程数字化。其基本思路是将复杂问题分解为若干层次，每个层次又分解为若干要素，并对同一层次的各个要素进行比较、判断和计算，以求出各个方案的重要性，从而为选择最优方案提供决策依据。

4. 模糊综合评价法

这是一种应用模糊集理论对系统进行综合评价的方法，可以得出各候选方案的优先顺序。它要求由专家组成评价小组，通过讨论定出评价项目的维度及评价尺度，并确定每个项目的权重，然后通过构建隶属度矩阵及模糊矩阵，得出各方案的优先顺序。

5. 线性规划法

线性规划法通过建立线性目标函数和线性约束条件，解决资源分配、成本优化、生产计划等问题。决策变量代表需要决定的变量，目标函数是需要最大化或最小化的线性函数，而约束条件则限制了决策变量的取值。通过综合这些要素，线性规划法能帮助工程设计团队找到最佳设计方案，优化资源利用，提高决策的科学性。

6. 决策树方法

决策树以树状结构呈现各种可能的决策路径和结果，帮助工程团队在面对复杂决策时做出理性选择。通过分析每个决策点的潜在结果和概率，决策树方法可以帮助工程团队预测各种决策方案的影响，并选择最佳的决策路径。综合应用决策树方法可以提高决策的准确性和效率，帮助团队在工程设计阶段做出明智的决策。

下面列举一些在教育实践中运用上述决策方法的范例。

1. 成本—效益分析应用范例

应用场景：评估教育项目或政策的经济效益和社会效益。下面以教学法改革为例。

具体操作：

（1）确定成本：计算实施教学法改革所需的直接成本和间接成本，包括资金投入、人力资源成本、时间成本等。

（2）确定效益：评估项目实施后可能带来的经济收益和社会效益，如提高学生成绩、降低教学成本等。

（3）计算投资回收期：预测改革实施后多久能够收回成本。成本包括师资增量培训、教学法适应过程中的低效阶段等带来的成本。

（4）建立社会效益指标体系：如学生满意度、社会认可度等，量化社会效益。

2. 关联矩阵法应用范例

应用场景：多目标教育项目评价。

具体操作：

（1）确定评价项目：如教学质量、学生满意度、资源利用率等。

（2）建立评价矩阵：将各评价项目和方案放入矩阵中，进行比较。

（3）确定权重：通过专家打分或逐对比较法确定各评价项目的相对重要性。

（4）计算加权和：计算各方案的评价值加权和，选择最优方案。

3. 层次分析法应用范例

应用场景：复杂教育决策问题。

具体操作：

（1）分解问题：将复杂问题分解为若干层次和要素。

（2）建立层次结构模型：如目标层、准则层、方案层等层次。

（3）两两比较：对同一层次的各要素进行两两比较，确定其相对重要性。

（4）计算权重：通过一致性检验，计算各要素的权重。

（5）综合评价：综合各层次的评价结果，选择最优方案。

4. 模糊综合评价法应用范例

应用场景：涉及模糊概念的教育评价。

具体操作：

（1）确定评价维度：如教学效果、学生反馈等。

（2）建立隶属度矩阵：通过专家打分确定各方案在各评价维度上的隶属度。

（3）构建模糊矩阵：将隶属度矩阵转化为模糊矩阵。

（4）确定权重：通过专家讨论确定各评价维度的权重。

（5）计算综合评价值：得出各方案的综合评价值，确定优先顺序。

5. 线性规划法应用范例

应用场景：教育资源分配、课程安排等。

具体操作：

（1）确定决策变量：如课程数量、教师数量等。

（2）建立目标函数：如最大化教育资源利用效率或最小化成本等。

（3）确定约束条件：如教师工作时间、教室容量等。

（4）求解线性规划：通过线性规划求解方法（如单纯形法）找到最优资源分配方案。

6. 决策树方法应用范例

应用场景：教育政策选择、教学方法决策等。

具体操作：

（1）绘制决策树：从根节点开始，列出所有可能的决策点和结果。

（2）评估各节点：计算每个决策点的潜在结果和概率。

（3）计算期望值：通过期望值评估每个决策方案的优劣。

（4）选择最佳路径：根据期望值选择最优决策路径。

通过以上这些方法，教育决策者可以更科学、系统地分析和选择最优的教育方案，提高教育质量和效果。

四、工程实施

科学有效的需求分析、目标制定及工程规划对工程实施都具有重要意义，但这些并不能确保所有的实施行为都能按照既定方案与规划执行，因此控制显得尤为重要。控制是监控、比较和纠正工作绩效的过程，旨在确保实际绩效与设定的目标保持一致。我们应通过控制环节，评估哪些行为得到了实施，并且将实际效果与目标进行比较，及时发现差距和偏误，并采取行动进行纠正，以确保所有行动都能按照实现目标的方式完成。（罗宾斯、库尔特，2022）

（一）控制过程

控制一般包括测量实际效果、比较实际效果与目标之间的偏差、采取行动纠正有偏差或不合理的目标三个步骤。（罗宾斯、库尔特，2022）

第一步：测量实际效果。教育效果通常涉及对学生的学业成绩、教师的教学质量、学校的整体运营状况等方面的评估。例如，可以通过定期考试、课堂观察、学生反馈等方式收集数据，了解学生的学习进度和教师的教学效果。

第二步：比较实际效果与目标之间的偏差。这些目标可能包括学生的学业目标、教师的教学目标以及学校的整体发展目标等。一般情况下，需要设定出一个可接受的偏差范围，超出范围的偏差需要引起重视。

第三步：采取行动纠正有偏差或不合理的目标。根据比较结果，教育者需要制订具体的行动计划，以纠正实际绩效与目标之间的偏差。例如，调整教学策略，提供额外的辅导，为教师提供培训或指导等。同时，对于不合理的目标，也需要重新进行评估和调整，以确保目标的科学性和可实现性。

（二）控制内容

教育系统中的控制主要体现在以下几个方面：

（1）教育过程控制：这是对整个教育活动的监控和调节，其目的是确保教育活动能够按照预定的计划和目标进行，包括对教学内容的把控、教学进度的调整、教学方法的选用等。

（2）教学质量控制：通过对教学效果进行评估，对教学质量进行监控和调控，及时发现问题并采取相应措施加以改进，包括对学生学习成果的评价、对教师教学效果的反馈等。

（3）资源使用控制：对教育资源进行合理配置和有效利用，以避免资源的浪费和滥用，包括对教学设备、教材、资金等资源的管理和调度等。

（4）风险控制：在教育系统中，风险可能来自多个方面，如学生安全、教学质量波动、突发事件等。控制环节需要制定应急预案，及时识别并应对这些风险，以确保教育系统稳定运行。

（三）控制类型：前馈控制 / 同期控制 / 反馈控制

控制并非一定要在工程活动完成之后才能实施，在活动开始之前、活动正在进行时以及活动完成后均可实施控制，分别称为前馈控制、同期控制和反馈控制。（罗宾斯、库尔特，2022）

前馈控制可谓最理想的一种控制方式，在问题出现之前采取行动防患于未然，而不是在问题及不良效果（如教学质量下滑、生源减少等）发生之后再去弥补。例如，针对市场变化及新需求，学校要对教育方案进行调整，在新方案实施之前组织专家论证会进行研讨评估，并且选择部分班级作为试点，提前实施新的教学方案，在试点过程中密切关注学生反馈，及时收集、分析数据并进行调整优化。采用前馈控制策略，在正式实施新的教学方案之前，就能够预测并纠正潜在问题，降低风险，提高成功率。

同期控制是指在教育工程实施过程中，对正在进行的活动给予指导与监督，一旦发现偏差，立即进行纠正，以确保活动按照目标方向进行。例如，课后作业、随堂测验、教师互相听课、督导进课堂等都属于同期控制的手段。

反馈控制是指活动发生之后的控制，也是很常用的控制类型，它是在问题出现之后才进行识别并予以纠正的。与前馈控制和同期控制相比，反馈控制虽然纠错成本较高，但它能提供目标及规划有效性的验证信息，为目标及规划的调整提供重要依据。

五、评价反馈

在工程管理中，评价反馈是指对工程项目实施过程中收集到的信息、数据和结果进行评价和反馈，以便及时调整和改进项目执行方案，确保项目能够按照既定目标和计划有序进行。评价反馈在工程管理中扮演着至关重要的角色，可以帮助项目团队及时发现问题、调整方向，最终保证项目的成功。

（一）评价反馈的内容

在工程管理中，评价反馈是确保项目顺利进行并取得成功的关键环节之一。对项目实施过程中的各个方面进行全面的评价和反馈，有助于及时发现问题、调整方向，最终实现项目目标。具体而言，评价反馈主要关注以下内容：

1. 工程进度

工程进度是最常见也最直观的反馈内容。工程实际进度和工程计划进度的比较最为重要。我们应通过实时监测确定是否存在偏差，并分析产生偏差的原因。在复杂工程中，应通过关键路径分析策略识别工程的关键路径，确保关键任务按时完成，以避免对整个项目进度造成影响。

例如，在近年的国际中文教育推广中，S 国提出在短时间内将中文全面纳入国民教育体系，并开始了与我国相关部门的密切合作。适应该国国情和教情的大纲设计、教材编写、教学点布局、人才选派和技术支持等共同构成了一套系统工程。在该国元首约定的时限内完成中文进课堂，需要厘清该工程的关键路径（即本地化大纲和教材编写）与配套师资建设，其中最关键的任务就是编写大纲和教材。因此，在进度控制中一定要多关注这些节点。

2. 质量控制

质量控制的核心在于成果质量评估和质量指标监控。成果质量评估是评估项目交付的成果质量是否符合预期标准和客户要求；而质量指标监控则是监控和评估项目实施过程中的质量指标，以确保项目质量得到有效控制。显然，后者是前者的重要实现方式。

还是以 S 国中文进课堂工程为例，其关键任务是大纲和教材编写，这就需要根据已有研究成果和国内外经验，设计出符合 S 国特殊情况的质量指标体系，并在推进过程中根据质量指标的得分汇总大纲、教材的质量评估结果；然后根据实际成果质量和预期质量的比较，进行质量控制反馈。

3. 成本控制

成本控制的核心是比较实际成本和预算成本，分析产生成本偏差的原因，并采取必要的措施来控制成本。成本—效益分析是成本控制的重要方法，即评估工程成本与项目收益之间的关系，确保工程成本控制在合理范围内。

例如，为实现 S 国中文进课堂的目标，并在当年和其后若干年内尽量控制成本，有关部门应深入调研成本来源（人员、资料等），尽量实现资料复用，优先采取成熟方式和成熟路径进行部署，联合当地教育力量开展教学实施等工作。

4. 风险管理

风险管理的核心在于风险评估和风险应对。前者旨在评估项目可能面临的风险，确定风险的概率和影响，并制定相应的风险管理策略；后者是指根据风险评估结果，采取应对措施，降低风险对项目的影响。

仍以 S 国中文进课堂工程为例，我们需要综合考虑该国与我国较短的邦交历史和有限的贸易往来，充分考虑到当地社会、文化（尤其是宗教）的独特性，特别要关注其在教育主权上的极大敏感性。在大纲编写和教材编制、师资选拔培训时应专注语言教学本身，对文化教学内容进行审慎选择，以便系统性接入该国教育体系。

5. 用户满意度

用户满意程度是重要的直接反馈内容，通常通过用户反馈和满意度调查获得。用户满意度反馈旨在收集用户对项目成果的反馈意见，了解其需求和期望，从而及时调整工程实施，满足用户需求；满意度调查则是通过定期进行用户满意度调查，评估用户对工程执行过程和成果的满意程度。

（二）评价反馈的方法

通过有效的评价反馈方法，工程团队可以及时了解项目实施情况，发现问题并采取措施解决，以确保项目按计划顺利进行。下面是几种常用的评价反馈方法：

1. 定期会议

组织定期会议（如每周或每月一次），对项目进展进行评估和反馈。通过会议讨论项目进展、问题和挑战，团队成员可以分享信息，提出建议，从而制定解决方案。定期会议无疑可以促进团队沟通和协作，增强团队合作精神，确保所有成员了解项目目标和进展情况。

2. 报告和文档

建立报告和文档制度，督促工程实施相关方撰写项目进展报告和文档，记录项目实施过程中的关键信息和结果。报告和文档可以提供详细的项目进展情况，包括进度、质量、成本等方面的数据和分析，供工程决策层参考，以支撑其决策。报告和文档制度显然有助于工程决策层和各部门了解整体项目情况，以便及时发现问题并采取措施，同时也为项目后续的总结和改进提供了依据。

3. 绩效评估

绩效评估旨在对项目团队成员的绩效进行评估，包括工作表现、贡献、技能等方面。这种方法不仅可以发现团队成员的优势和不足，为团队和个人成长提供指导和支持，而且有助于激励团队成员提升工作表现，提高团队整体绩效，同时还可以及时发现并解决团队成员的问题，提高团队执行效率。

通过以上评价反馈方法，工程项目团队可以更好地监控项目进展，及时发现问题并采取措施，确保项目按计划有序进行并取得成功。这些方法有助于促进团队合作、提高绩效，并为项目的顺利实施提供有力的支持和有效的指导。

就教育实践而言，在以上评价方式中，技术支持手段发挥着重要作用，特别是在实施决策和评价反馈时。通过信息技术系统，如项目管理软件和数据分析工具，教育团队能够高效地规划项目、监控进度，并生成关键数据和分析报告。在线协作平台不仅能保证团队成员之间的沟通和文档共享，还支持远程会议和实时沟通，确保团队成员即使分散在不同地点也能保持紧密协作。此外，移动应用和设备使得现场数据收集和即时反馈变得更加便捷，教师和学生可以通过智能手机或平板电脑上的应用程序进行数据输入和反馈，从而快速收集意见和建议。人工智能和机器学习技术的应用，如预测模型和智能推荐系统，能够分析学生学习数据，提供个性化的教学建议和资源推荐，并根据师生日常行为进行过程性评价，从而给出更加精准客观的反馈。

第三节　本章结语

本章以系统论方法为指导，剖析国际中文教育系统的内外部环境及其核心处理流程，并据此构建了国际中文教育工程化的系统框架（见图 3-2）。

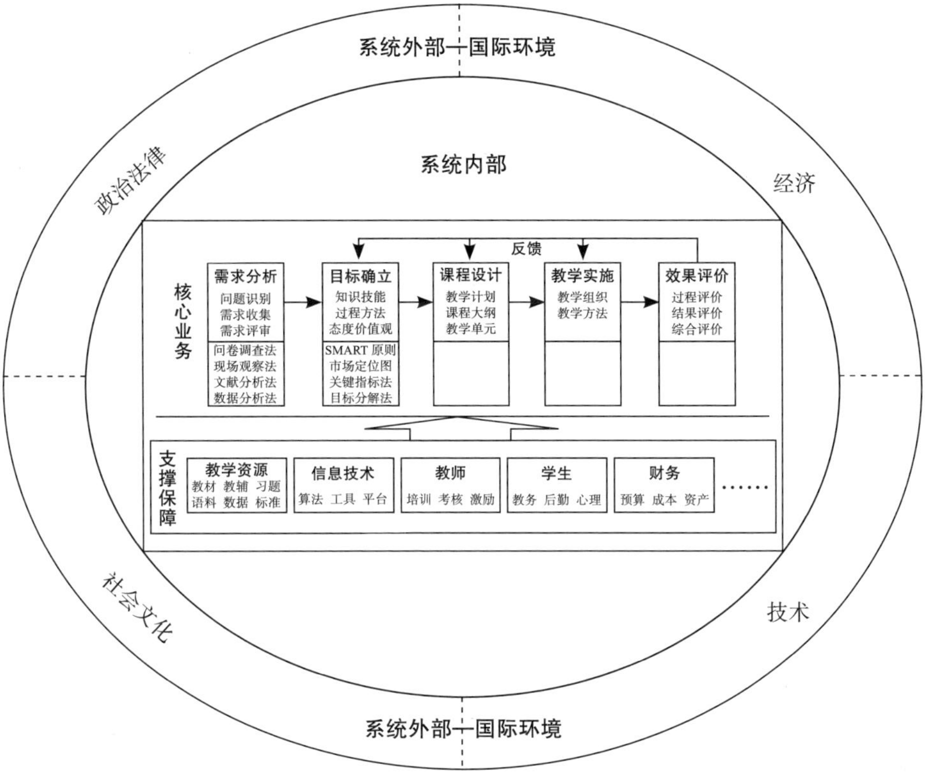

图 3–2 国际中文教育工程化系统框架

首先，国际中文教育系统作为一个完整的体系，涵盖了输入、处理、输出、反馈和控制五大核心要素。这些要素相互关联、相互作用，共同维持着系统的正常运行。

其次，国际中文教育系统是一个典型的开放系统，其运行过程不可避免地受到外部环境的影响。这些外部因素既包括政治法律、经济、社会文化及技术等宏观环境，也包括用户、竞争对手、供应商等微观环境。我们需要时刻保持对外部环境的敏感性，以便及时调整系统策略，优化资源配置。

最后，在内部处理过程方面，国际中文教育系统的核心在于“处理”环节。这一环节可进一步细化为需求分析、目标确立、工程设计、工程实施和评价反馈五个关键步骤。每个步骤都有其独特的任务和方法，这些步骤共同构成了系统运行的主线。除核心处理流程外，国际中文教育系统还包含多个子系统，如教学资源、信息技术、教师队伍建设、学生服务与支持、后勤保障和财务管理等。这些子系统相互支持、相互协调，共同推动国际中文教育的工程化进程。

综上所述，本章构建了国际中文教育工程化的系统框架，并简单介绍了各环节较为通用的方法。针对各个模块 / 子系统（如课程体系、教学模式、教学资源、教学评价、质量保障体系等）具体问题的具体方法，将在后续章节中一一展开介绍。

第四章　国际中文教育课程体系工程化设计及应用案例

国际中文教育既是公共产品，又是一项系统工程。工程化是“运用相关知识和技术去配置教育资源和教学手段，按照一定的规范和标准通过集成化的方式来构造可用于国际中文教育领域的产品”（施春宏，2022）。“产品”是广义的，既包含出版的教材（含多媒体）和网络教学资源，也包括成型且具备可操作性的教学法和课程，甚至包括系统培养出的人才。人才培养是国际中文教育的根本任务，这一任务主要通过教学实现，而课程是师生在教学过程中相互联系的媒介。课程及课程体系是实施国际中文教育人才培养的主要依据，学校中的教学过程必须根据教学计划的安排有序进行。用工程化的视角审视国际中文教育课程体系，可以为国际中文教育课程的创新带来有益的启示。本章首先概述国际中文教育课程体系的基本概念，然后阐明国际中文教育课程体系工程化的基本内涵和设计原则，最后以来华留学生相关课程体系的工程化设计作为应用案例。

第一节 国际中文教育课程体系概述

一、国际中文教育课程概念

国际中文教育是一门交叉性学科，教育学是其基础学科之一，课程是国际中文教育的核心概念之一。课程作为教育学的一个基本概念，在界定上一直存在诸多分歧。张华（2000）指出：“在教育领域中，课程是含义最复杂、歧义最多的概念之一。”因为课程背后是不同的教育哲学思想和教育观念，思想的复杂性也就决定了课程理解的多样性。广义的课程是指学校为实现培养目标而选择的教育内容及其进程的总和，它包括学校教师所教授的各门学科和有目的、有计划的教育活动；狭义的课程是指某一门学科或其中一门专业课、选修课及其相关的教学活动。

国际中文教育课程是对这一领域教育的教学目标、教学内容、教学活动方式的规划和设计，是教学计划、教学大纲等诸多方面实施过程的总和。广义的国际中文教育课程是一所学校或一个教育阶段的教学内容及其进程安排，比如来华留学生的汉语进修课程、预科课程和汉语言本科课程，汉语国际教育本科课程，国际中文教育硕士或博士专业学位课程，海外不同学段的中文课程，汉语言文学专业（本、硕、博）的相关课程等。狭义的国际中文教育课程是指一门具体课程的教学内容和进程安排，比如综合课、口语课、汉字课、写作课，以及医学中文、旅游中文等课程。

普通教育的课程一般以学科课程（如数学、物理、语文等）、活动课程为主体，知识传授占有很大的比例，而国际中文教育是以语言交际能力培养为目标的第二语言教学，学校教育的课程形态多按照语言技能的构成来设置，比如综合课、口语课、听力课、阅读课、写作课、翻译课等。对于专业学历教育，还需要完整、系统的知识结构和能力结构，进入一定阶段，就需要有相应的专业知识课程作为支撑。以汉语言文学专业的课程设置为例，包括语言知识类（如语音、语法、词汇、修辞、汉字）、文化知识类（如文学、历史、地理、哲学、中外交流史）等。课程也可以根据教学阶段设置，如初级阶段的课程、中级阶段的课程、高级阶段的课程；还可以根据学历层次设置，如本科、硕士、博士的课程。

二、国际中文教育课程体系及层级

任何一种教育活动往往都是由某种具有内在结构关系的课程体系来体现的，课程体系具有系统性和层级性。

不同类型的教学活动存在的基础就是目的、目标的差异。这种目的和目标是最高层级的，回答的是培养什么规格的人才的问题，具体说来，就是通过教育教学活动，使学生具有什么样的知识结构和能力结构的问题。而面对某一种类型人才的培养，往往需要功能和任务不同但又相互联系的课程，形成课程体系，整体实现教育目标，这就构成了最上位的课程目标。该目标具有重要的统辖作用，覆盖课程体系中每一层次的课程。（孙德金，2014）国际中文教育课程体系可以通过课程大纲体现出来，例如，《国际汉语教学通用课程大纲》（2008）是针对当时汉语教学的发展情况研发的课程大纲。它对汉语作为第二语言的课程目标和内容进行了梳理和描述，为汉语教学机构和教师在教学计划制订、学习者语言能力测评和教材编写等方面提供了参考依据和标准。

国际中文教育的课程既要有系统观念，又要有层次观念。也就是说，要以系统的目标为每个层次的课程进行准确的定位，以保证不同层次的课程都能实现其课程价值，而课程体系是由不同层级结构组成的系统。国际中文教育课程体系可以分为宏观、中观和微观三个层级，即课程教学大纲、课程教学计划、课程教学单元。具体如下：

1. 课程教学大纲

指某一中文课程所包含的教学内容。国际中文课程大纲除通用大纲外，针对不同教学目标的中文课程也有相对具体、独立的大纲。例如，由国家留学基金管理委员会编制的《中国政府奖学金本科来华留学生预科教育教学大纲》（2022）包含基础汉语大纲[①]和预科教育各专业课程教学大纲[②]。每门课程的教学大纲都详细说明了该课程的基本信息、性质与目标、教学内容与要求、教学方法与建议、教学进度与课时安排、考试与成绩评定等内容。

2. 课程教学计划

指一门中文课程的全部教学内容。例如，针对"初级汉语综合课"设计课程的整体教学计划，包括确定初级汉语综合课的总体目标、选择课程教材和资源、设定课程进度、设计课程测试内容等环节。

3. 课程教学单元

指教材中一个单元所包含的内容或一节课的教学内容。例如，围绕《汉语教程》中"你家有几口人?"的内容，确定本课的教学目标和教学内容，设计教学步骤，布置作业等。

第二节　国际中文教育课程体系工程化的基本内涵

一、课程体系工程化的核心概念

国际中文教育是一项系统工程，涉及人才团队系统、课程教案系统、教学运行系统、资源平台系统、质量保障系统等多个方面。课程的工程思维与课程的集成创新理念是课程工程化的两个核心概念。

---

① 指包括汉字、词汇和语法三大语言要素的大纲。

② 指包括预科教育各专业的课程大纲，具体有：经贸汉语、科技汉语、医学汉语、文科汉语、数学、物理、化学。

（一）课程的工程思维

国际中文教育是一项系统工程，需要有工程思维，而工程思维需要考虑工程设计、施工、操作、运行、管理等方面的问题。我们应“将这些系统按照一定的逻辑规则和规范，整合、优化、集成为能够解决实际问题、满足目标要求的大系统，推进教学规程规范化、教学方案标准化、教学内容模块化、教学资源平台化、教学技术先进化，以保证国际中文教育的质量，提高教学效率，降低办学成本”（魏晖，2022）。国际中文教育课程要通过需求分析确立课程体系目标，遵循课程体系的系统性，并运用工程思维进行建设。

（二）课程的集成创新理念

工程化的核心是系统的集成创新。“新发展时期最需要的是集成创新，将理念、师资、方法、手段、市场、管理、效率、质量等进行整体化构建、合理化配置、优势化集成……形成国际中文教育的创新模式。”（魏晖，2022）课程是国际中文教学活动和教学内容的主要载体，课程建设和人才培养都是学科建设的基本任务。课程是国际中文教育集成创新的重要领域，对于中文课程的建设要打破常规模式，依据新时代、新需求定位学科角色，深入探索课程的不同需求以及不同类型课程之间的关系，用集成理念创新课程模式。集成（Integration）是把各个部分聚集、结合起来成为一个整体的过程。但是从系统集成的含义来看，并不是将各个部分任意组合起来就能形成一个整体。系统集成不仅是按照已有的（现实中已经存在的）系统模式进行，更重要的是探索和实现新的集成模式，也就是说，要实现系统集成创新（王众托，2012）。

新形势下，国际中文教育的课程建设要运用工程思维，以集成理念为指导，以集成机制为核心，以集成手段为基础，最终目的是建设符合人才培养目标以及学生学习规律的创新课程。课程的集成创新不是简单地结合各相关要素，而是根据需要，将相关要素（比如课程目标、内容、设计、资源、技术、教师、学生等）与各个环节的需求进行匹配和融合，通过优势集成，最终实现课程的改革和创新。

二、课程体系工程化的优越性

课程质量直接决定着人才的培养质量，国际中文教育的高质量发展首先是课程的高质量，这就需要强化工程意识，引入集成创新理念，实现课程设置、课程内容、课程教学和课程资源建设的集成创新。

（一）有助于实现课程培养目标

教育目的主要以课程为中介来实现。“如何把教育目的转化为课程目标，进而用来指导课程设置”（刘吉臻，2006），这是国际中文教育的重要问题之一。在构建国际中文课程体系的过程中，课程目标是最为重要的元素，它有效衔接着课程建设与人才培养过程。随着全球化的深入发展，各国对中文学习的需求持续旺盛，截至 2024 年 9 月，全球已有 85 个国家将中文纳入国民教育体系，国际中文教育呈现出低龄化、职业化、兴趣化、数字化等发展趋势。国际中文教学从通用汉语向专业汉语、职业技能汉语等专门用途汉语领域快速发展。全球对国际中文人才的需求日益多元化、丰富化，尤其需要既懂中文又了解专业知识或掌握一定职业技能的复合型人才。对课程体系进行工程化设计有助于实现多元化、复合型人才的培养目标。

（二）有助于实现课程提质增效

面对人才培养的需求，现阶段有些课程建设面临着很多问题和挑战。例如：培养目标不够明确、课程体系不够健全、课程内容未充分考虑教学对象的需求、课程设置缺乏系统性、课程设计与时间安排不够合理、不同阶段的课程安排缺少衔接、配套课程资源匮乏等等。这些问题都不同程度地困扰着教学，影响着课程质量。另外，时间成本也是课程建设中的重要因素，很多学者从经济性角度认识到了提高教学效率的重要性（张博，2018；俞志强，2018），“时间—效益”原则是教学中首先要考虑的原则，也是建设高质量课程必须面对的问题。如果采用不断增加课程、增加授课时间等方式，势必会加重学生负担，增加人才培养的时间成本。

人才的培养要考虑如何提高效率、降低成本以及真正实现提质增效的问题，这需要国际中文教育从学科导向的课程观向目标导向、需求导向的课程观转变。运用工程思维和集成创新理念，集成相关要素，按照工程化的流程打造符合新时期国际中文教育领域所需的多样化课程体系，有助于提高教育质量、降低教育成本、实现提质增效。

三、课程体系工程化的实施路径

新时期的国际中文教育课程体系要基于需求分析，围绕培养目标，从工程视角出发，运用集成理念，按照工程化的方法，通过多种途径对课程设置、课程内容、课程教学方式以及资源建设等进行设计、组织和运作。

（一）课程设置的集成创新

课程设置是国际中文教育改革的重中之重，运用集成理念审视课程设置可以拓宽课程选择路径。课程设置主要依据课程目标。确定课程目标不仅要明确课程与教育目的、培养目标的衔接关系，还要深入了解学生特点、社会需求与学科发展等。传统的课程设置主要以培养人才的语言能力、跨文化交际能力为目标，课程体系以语言知识与语言技能教学为主。新形势下的国际中文教育对人才提出了更多需求和更高要求，人才培养的目标要求课程设置必须打破学科壁垒，建立目标导向、需求导向的课程观。“中文+”人才培养需要用集成的理念，融合跨学科的相关知识，运用工程化的方法和策略有效解决课程设计问题。例如，“中文+职业技能”是国际中文教育发展的重要领域，但是照搬对母语者职业技能课程的设计和教学是达不到培养复合型人才的目标的，我们需要组织相关人员统筹设计、整体优化课程设置，将语言知识与专业或职业技能知识有机融合起来，构建科学、有效、合理的课程体系，根据需求导向设置“中文教育+职业教育+文化融通+实践拓展”相关课程，体现国际中文教育跨学科、综合化的发展趋势。

（二）课程内容的集成创新

随着时代的发展和人才培养需求的变化，国际中文课程的内容日益丰富。课程的集成创新体现在对课程内容的选择上，也体现在对课程内容组织的整体思维方式上。内容的集成化不能简单地理解为课程内容的综合化，而是对相关知识的创造性融合。课程内容的集成既包含对知识内容与方法的纵向集成，也包含对相关学科的横向集成，以及对课程知识与实践的集成。课程内容通过多种集成路径构建适合不同需求的课程内容体系。在内容的整体组织中，如何将相关知识结合匹配显得非常关键，如将学习场景“情境化”有助于实现各类知识的创造性融合。以“工业汉语”课程的工程化设计为例，我们可以将汉字、文化、阅读、口语等语言知识要素与工业情境相融合，在汉字教学中提取工业情境元素，在文化教学中选择与工业相关的文化情境，在阅读教学中列出工业情境常见标识、选取工业情境文本，在口语教学中选择工业现场情境等，将“中文学习—工业场景—活动任务”进行一体化组织。课程内容经过优化选择，能够形成中文与职业情境的优势互补，再结合实践进一步巩固课程知识，最终便可通过“情境化”达到整体最优的教学效果。

（三）课程教学方式的集成创新

信息化、数字化、智能化等都是国际中文教育工程化过程中的重要手段，国际中文课程通过与先进信息技术的深度融合实现了教学方式的集成创新。新冠疫情改变了中文教学的生态，如今的课程教学将真实课堂与虚拟网络相结合，将人际互动与人机互动相结合。智能化时代，课程集成创新的实质是对国际中文教育从传统教学到智慧教学的新探索。智慧课程通过集成化的智能技术多层次、全方位赋能教学，可以有效提高课程质量。例如，北京语言大学的“国际中文智慧教学系统”通过集成多种智能技术和教学资源，为课程精准教学和高效语言学习提供智能服务，为课程教学方式的变革提供了集成化的教学平台。此外，虚拟现实技术和元宇宙的不断发展也将日益丰富课程教学方式，营造更加真实的学习情境，让国际中文教育的“情境化”教学更加有效。

（四）课程资源的集成创新

课程资源的集成对于国际中文教育资源建设至关重要。课程资源是实现人才培养目标及支撑教学的重要条件，对保证课程教学效果和质量具有重要作用。虽然国际中文教育在课程资源建设方面发展很快，但在标准化建设和资源共享机制建设方面还存在不足。尽管课程资源获取来源日益丰富，但大部分资源是零散的、没有集成的。一些高质量课程资源由于受到课程类型或时间等方面的限制，不能得到直接或充分的利用，因此国际中文课程资源建设亟待集成。

资源集成可以通过多种途径实现。例如，在集成理念指导下采用模块化结构，对课程资源进行标准化、规范化、流程化的设计和建设；根据课程培养目标，学校、企业等多方统筹，联合进行一体化设计，共同开发课程的纸质教材、数字资源等立体资源；通过平台汇聚课程资源，并运用工程化设计和智能技术对资源进行深度开发，将课程资源分类进行提炼、加工和标注，通过技术实现资源的互联互通；此外，根据课程场景需要，多方合作开发 VR/AR 等课程资源。总之，集成化手段可以让有限的课程资源得到更加合理的配置，从而实现资源的共建共享。

课程是实现国际中文人才培养目标的重要载体，推动国际中文教育高质量发展要从建设高质量的课程开始。高质量的课程要采用工程化的视角，在集成创新理念的指导下，以学习者和社会的需求为导向，在课程设置上突破传统课程模式，构建跨学科的、有针对性和实践性的课程体系；在课程内容上，要运用集成化思维，结合情境认知学习理论组织课程内容；在课程教学方式上，要与信息技术深度融合，实现教学方式的智慧化；在课程资源上，要通过集成化实现资源的共建共享。总之，国际中文教育课程体系运用工程思维，通过集成创新来满足全球中文人才培养的需求，尤其是“一带一路”建设对多元化、复合型中文人才的需求。

第三节 面向国际中文教育工程化的课程体系设计原则

孙春兰指出，要“构建更加开放、包容、规范的现代国际中文教育体系”①。要实现这一目标,需对教育体系和课程体系进行工程化设计。国际中文教育课程体系的工程化设计具体应考虑四个原则：整体性原则、适应性原则、灵活性原则、开放性原则。

一、整体性原则

整体性是课程体系设计工程化的核心原则。课程体系应当包含跨学科的知识和技能，但并不是各门课程的简单相加。新文科建设的一个重要理念就是考量特定学科在整个文科甚至整个科学体系中的位置，用复杂动态系统理论和方法进行跨学科建设。课程设计的整体性可从三个层面进行考量：课程层级、课程内容、课程组织（环节）。

（一）课程层级的整体性

如本章第一节所述，课程可分为宏观、中观和微观三个层级。

宏观关注专业课程的总体目标与内容。《国际汉语教学通用课程大纲》（修订版）（孔子学院总部 / 国家汉办，2014 年）设定的总体目标为：“使学习者在学习汉语语言知识与技能的同时，进一步强化学习目的，培养自主学习与合作学习的能力，形成有效的学习策略，最终具备语言综合运用能力。”所有具体课程都应该有助于实现这一总目标。

中观主要规划某一门课程的性质、目标、内容等。如陈田顺（1999）指出，中级汉语阅读课“旨在培养和提高学生对汉语书面语言的理解能力”，

---

① 《孙春兰出席国际中文教育大会时强调 深化国际中文教育 让世界更加了解中国》，参见 https://baijiahao.baidu.com/s?id=1652446926920180363&wfr=spider&for=pc。

其根本任务是“从阅读技能训练入手，通过阅读大量汉语书面材料，在字词、句子、段落和篇章诸方面对学生进行集中的、系统的、有针对性的训练，以使他们获得能够举一反三的阅读能力”。

微观聚焦一节课的设计（包括目标、内容、材料、方法、评价等）。以《新实用汉语课本》（第 2 版）第 1 册配套的《教师用书》为例，第七课《你认识不认识他》的教学设计包括八个部分：教学目的；教学步骤和建议；内容说明；课本语法和注释；语音教学；教师参考语法知识；教师参考文化知识、人名翻译；综合练习册、听力练习的录音材料与参考答案（郭睿，2015）。一节课的具体设计往往包含以下环节：导入（语言点、交际点及相关知识）；呈现——讲解——练习；再呈现——再讲解——再练习；……评估；总结。在整节课的教学中，讲练结合非常重要。

（二）课程内容的整体性

中文课程组织的中心要素一般包括语言要素（语音、词汇、汉字、语法、语篇）、语言技能（听、说、读、写、译）、功能、情景、任务、话题、学习者等。中心要素不同，教学内容也不同。下面结合具体教材，讨论课程内容的整体性。

白乐桑、张朋朋编写的《汉语语言文字启蒙》（华语教学出版社，1997 年）利用传统汉字学理据和现代汉字学计量成果，突出字的书写、字的理据、字的扩展等环节。教材利用高频汉字引出高频常用词，介绍造字法和文化知识，突出汉字教学的整体性。

陈贤纯主编的《汉语强化教程 · 词汇课本》（北京语言大学出版社，2006 年）以词汇为中心，教学目标是使学习者掌握 2500 个常用词；通过听说读写多种技能形式实现词汇强化教学目标；确定每课生词，并在多种语境中重现；教材依据大纲，每 35 个词为一组，共分为 68 组，按常用度排列。该书整体编排在一定程度上体现了词汇教学的整体性。

任友梅、孟德儒编写的《环球汉语——汉语和中国文化 · 学生用书 1》

（华语教学出版社，2012 年）以功能—交际为纲，各单元均设置以培养交际能力为主的教学活动。全书以任务型教学法为核心，每个单元首页都列明该单元的学习目标和应掌握的技能。教学内容以电视剧集为核心，以纸质书、DVD、配套网站、博客、说唱歌曲等全媒体立体化形式呈现。

（三）课程组织（环节）的整体性

课程组织（环节）有纵向和横向两个维度。从纵向看，课程组织（环节）具有顺序性和连续性。顺序性指将课程包含的语法点、词汇、功能、情景、任务等教学内容按科学的顺序编排，后面的知识点建立在前面的知识点之上；连续性指课程的上述内容项目在不同的学习阶段重复出现，不断巩固。

从横向看，课程组织（环节）将课程内容要素之间的关系呈现出来。比如，在语法、词汇、技能、情景、任务、文化以及学习者生活经验等内容之间建立起适当联系又相对分散的关系，以达成有效学习。如 T'ung & Pollard 编写的《汉语口语》（Routledge 出版社，1982 年）分为《拼音本》和《汉字本》，两册主要内容相似。《拼音本》先学一课的生词和语法，再用《汉字本》进行汉字练习，二者之间有一至两课的距离。李德津、李更新主编的《现代汉语教程》（读写课本、听力课本、说话课本）（北京语言文化大学出版社，1988 年、1989 年）对应读写、听力和口语三种课型，三门课程自成系统，各具特点，但平行课之间有相同的语音、语法、词汇（如各课词语的平均重现率约为 75%），构成了紧密联系的有机整体。

二、适应性原则

适应性指课程体系设计是否能够满足社会需求和学生个性化发展需求。

（一）满足社会需求

社会需求反映出世界对国际中文教育的基本需求，这体现在“培养规格”中。20 世纪 50 年代，对“专业中文”的需求较大；到了 20 世纪 70 年代，对“通用中文”的需求迅速增加；21 世纪以来，全球对“职业技能中文”的需求、对进入多国教育体系的中小学及学前中文教学的需求增长很快。这就要求我们根据社会需求的变化，开发出不同类型的中文课程，以满足全球对中文人才的不同需求。

以“专用中文”中的专业和职业技能两大类课程为例，其需求和目标区别很大。“专业中文”的主要目标是培养学生用中文学习特定的专业方向，获取文凭和学位；“职业技能中文”的主要目标是使用中文从事相关职业、技术工作，能满足特定岗位的要求。如今，大批中国企业走出国门，职业技术中文教育在海外的需求也快速增长，比如，酒店、旅游、物流、电子商务、矿业、建筑、交通、光电、石油、加工、警务等行业或岗位对中文的需求快速增长。课程开发还需体现同一职业技能中不同类型的工作（如研发、设计、生产、营销等）的特点。

中文课程体系还需要适应目标语环境和非目标语环境，以符合学生所在语区、国家、地区的实际情况。例如，在目标语环境或汉字文化圈，既可“听说读写”并进，也可“先听说，后读写”；但在非目标语环境或非汉字文化圈，可多采用“先听说，后读写”的模式，降低对汉字认读和书写的要求。比如，夏威夷大学和美国 AP 考试的中文听力试卷均采用英文命题，目的是集中测试学生的中文听力，避免出现因汉字认知能力不足而影响听力测试效度的情况。再如，海外面向非华裔学生的课程，也多采用“听说领先”的模式。

（二）满足学生个性化发展需求

因学习者众多，差异大，其学习方式和需求也呈现出多样化特点。课程设计与教学应重视学生的个体心理特征，因材施教。即使是上同一门课的学生，其需求和水平也不尽相同，认知和学习方式也有区别。比如，场独立型和场依存型的学生，其学习特点有着明显区别。

满足学生个性化发展的做法有多种。一是开设专门课程。比如，美国威斯康星大学麦迪逊分校为满足日本学生的需求，开设了专门的汉语阅读课，主要教授汉字认读和汉语文本阅读。二是在正常施教时，教师一方面要参照教学计划和具体教材，另一方面要照顾到部分学生的个体需求，适当调整教学内容和方式，尽可能满足更多学生的要求。三是利用现代教育技术，设计真正的个性化课程。比如，开发在线成人汉语口语入门课程，让学习者在人机对话框架下进行一对一的个人化汉语口语学习；学习者可按照个人的目标与需求，设定自我管理的个人化学习途径；可以选择一章、一课或者多章、多课作为个人化按需学习的配套模板，无须按课文顺序学习（吴英成、邱利军，2019）。

三、灵活性原则

灵活设计课程体系可以使学习者拥有更多的选择。

（一）课程体系的灵活性

课程体系的集成化设置及多种选修课的设置可以满足不同学生的学习需求。比如，华南理工大学的留学预科课程采用小班教学，共开设了 7 门必修课。课程设置以数学、物理、英语、初级汉语、汉语口语为主，其中初级汉语和汉语口语两门课根据学生的不同基础水平各分为 A 班和 B 班；在此基础上另外开设计算机入门和管理学两门全英文授课的入门课。（廖爱华、崔淑慧，2012）再如，参考德国汉堡大学的预科教育模式，来华预科教育可以根据专业大类，依据理工科、文科、医学、农学等不同专业以及学生的语言层次（汉语基础），系统设置通用汉语、专业汉语和专业知识课程。学生可根据需求选择合适的课程，教师、教学管理者可根据需求提出建议、开设课程或改进已有课程。

（二）课程模块组合的灵活性

饶高琦（2022）提出了国际中文教育工程化的基本特征：（1）设立明确可执行的应用目标（体系）；（2）构建与目标相匹配的、集成多要素的协同系统；（3）系统组件高度分工，实现模块化；（4）模块之间的接口标准化，消除模块之间的依赖，实现功能可插拔；（5）系统具有强健性，抗干扰、抗破坏；（6）系统和目标、组件之间具有适配性；（7）建立“规划—执行—评估”或类似的实践流程，并不断迭代；（8）收获规模效应、集群效应和溢出效应等工程红利。

工程化课程设计体现为不同课程模块的“可插拔性”。比如，北京语言大学汉语言本科专业二年级的必修课和选修课有语言模块和文学模块两个方向，学生可以自由选择。汉语国际教育专业设有“中国国情”“古代汉语”“文明交流”等多门选修课，这些课程相互之间有着或多或少的联系。学生通过选修不同课程，可以多方面增长知识、提升能力。

李向农、万莹（2013）介绍的华中师范大学预科教学，始终坚持“按阶段分层推进、按模块最大优化”的原则。各模块之间按需优化组合，相互渗透，使预科教学尽可能适应不同学习能力和不同专业目标的需求。“按阶段分层推进”的具体做法是：第一阶段培养学生的汉语交际能力；第二阶段采取“3+1”的组合方案，培养学生的专业基础知识及跨文化交际能力，进一步提升汉语言能力（侧重于读写能力）；第三阶段组织实践活动，应用前两个阶段学到的内容。

四、开放性原则

国际中文教育课程体系的开放性包括地域开放性、对象开放性、类型开放性和技术开放性。

（一）地域开放性

魏晖（2023）指出，国际中文教育既包括国内开展的教授外国人中文知识、技能及相关专业能力，传播中华文化，弘扬全人类共同价值的国际中文教育，也包括世界各国开展的针对母语非汉语者的全球中文教育。不同语言环境下的教学模式具有差异性，国内汉语教学主要采用“讲练—复练＋小四门”模式和“分技能教学”模式（吴应辉，2023）。海外非目的语环境缺少真实的中文交际场景，遵循开放性原则，可在课程设计上突出实践性、体验性，把课堂学习与课后实践有机地结合起来。

历史上汉语作为外语的教学，有来华学习的，如唐代有几千名日本遣唐使，朝鲜半岛和西域多个国家、地区的留学生也不少；也有在海外学习的，如日本、朝鲜、琉球等地的汉语教学相当发达。中华人民共和国成立初期，来华留学生多来自社会主义阵营，同时中国也派出了一些专家到这些国家教授汉语。改革开放以来，国内和国外的中文教学都呈现出稳步发展的态势。随着中国加入世界贸易组织（WTO），国际中文教育进入了高速发展期。各国的社会制度、文化习俗、语言体系、教学体制等各不相同，中文课程体系设计必须根据实际需求，体现上述区别。目标语环境和非目标语环境的差异、是否属于汉字文化圈等因素，都应该在课程设计上充分体现。需要明确的是，海外中文课程体系与国内课程设计有着本质区别；全球不同语区、国家以及同一国家不同地区的课程设计也有明显区别。

（二）对象开放性

20世纪末以来，学习者低龄化倾向日益显著。课程设置需适应低幼学习者的生理和心理特点，与当地基础教育体系相协调。与此同时，国外商务人士学习中文的热情也愈发高涨。以“中欧青年经理培训项目”为例，该项目的总体目标是通过人力资源培训大力推动中欧经贸合作的发展。具体目标是选派欧洲优秀青年经理来华学习汉语和中国商业文化，培养熟悉中国国情和语言文化、善于同中国打交道的欧洲企业家。中欧双方于1997年10月签署财政协议，首批欧洲青年经理于1999年3月来华开始接受培训。培训方式主要包括:（1）汉语强化训练，基础扎实者的培训时间为4个月（A组），初学者的培训时间为12个月（B组）;（2）举办专题讲习班、研讨会，开展公司调研;（3）在欧洲公司的驻华机构内实习。[①] 这是国内第一个国家级对

---

① 《中欧教育合作项目》，参见 http://eu.china-mission.gov.cn/rwjl/jyhz/200903/t20090316_8428287.htm。

外商务汉语培训项目，也是最早对汉语零起点学习者进行商务汉语培训的项目。由于学员多有商务背景，所以课程重点是教授学习者如何运用汉语进行商务交流，并向学习者介绍中国的商务文化和经贸情况。

（三）类型开放性

课程体系的开放性还体现在教学类型的开放上。比如，从通用中文教育转向通用中文、专用中文协同发展；再如，设计和实施“沉浸式”课程，重视语言习得的交际实践性等。

“中文沉浸式教学”（immersion instruction）从幼儿园开始施行，至高中毕业为止。教师除教授目的语语言课外，还要用目的语进行数学、科学、社会、历史、地理、音乐、体育等课程的教学。学生的第二语言在无意识条件下逐渐习得，语言能力在目的语“沉浸”过程中得到了最大化扩展（江傲霜，2017）。“密集强化操练”是一种短期速成模式，由赵元任先生在二战期间开创，后在美国明德大学暑期学校完善并定型。采取沉浸式教学就意味着一切课堂及课外活动只用目的语进行。学生入学时要签署不用母语交际的“语言誓约”。课程安排十分密集，一般为6—9周；上午大班授课，下午小班操练，晚上进行辅导；学生每天要复习四五个小时（娄开阳，2016）。美国俄亥俄州立大学的“体演中文”项目让学生在课堂上通过表演体验汉语。该项目假期组织学生来到中国的大中城市（如青岛、苏州、广州等），在具有典型意义的交际场所应用汉语，让学生感受由接受性到创造性的体验，在体验的快乐中达到促学目的。

专门用途中文课程的开发也是教学类型开放性的体现。2001年中国加入WTO引发“汉语热”，经贸汉语应运而生，很多大学纷纷开设商贸汉语课程并编写相关教材。比如，北京语言大学开设经贸课，编写了一系列经贸汉语教材，如刘丽瑛主编的《经贸洽谈ABC》（上、下）（北京语言大学出版社，2004年）、沈庶英编写的《尔雅中文：高级商务汉语阅读教程》（上、下）（北京语言大学出版社，2012年）、沈庶英主编的《经贸汉语本科教学词汇大纲》(北京语言大学出版社，2012 年)。本世纪以来，“中文 + 职业技能”的需求急剧增加，出现了不少新课程和新教材。例如，2019 年赴泰国旅游的国际游客达 3900 万人次，泰国旅游汉语出现迫切需求，不少泰国职业学校启动相关课程，编写实用性强的旅游汉语教材。

21 世纪，中文师范教育的需求也在增加。《汉语国际教育硕士专业学位研究生指导性培养方案》(2007)[①] 在培养目标中明确指出,要“培养具有熟练的汉语作为第二语言教学技能和良好的跨文化交际能力，适应汉语国际推广工作，胜任多种教学任务的高层次、应用型、复合型专门人才”，规定了汉语言基础、汉语教学、教育理论、文化传播、调研方法、外语等专业课的课程设置。针对这一专业，北京语言大学开设了多门选修课，如功能语言学、心理语言学、修辞学、现代汉语语法专题、研究设计与学术写作、语言实验方法、国际中文教材导论、中国文化传播、跨文化交际、CAI 课件制作等。

（四）技术开放性

施春宏（2022）提出国际中文教育工程化要以产品为导向，以问题为驱动，要有系统化、组块化、程序化、结构化、组织化、重反馈等思维方式和工作方法。原有课堂主要是教师用纸质教材教学，内容更新慢，容量也有限，难以让学生共享学习资源。随着人工智能、大数据、ChatGPT 等现代技术的推广，课程开放也离不开现代教育技术的开放和新产品的使用。

“慕课”（大规模在线开放课程）支持大规模人群参与，具有短视频授课、作业练习等功能，课程开放性强。“中国大学慕课”已有多所大学（如北京大学、复旦大学、浙江大学、北京语言大学等）加入，开放了众多精品课程，实现了教育资源的全球共享（李浩，2016）。“北京大学汉语教学慕课资源库”包含六类课程资源：HSK 汉语系列、汉字、基础汉语、商务汉语、汉语语法、汉语与文化交际（彭锦维，2022）。

---

① 《关于转发〈汉语国际教育硕士专业学位研究生指导性培养方案〉的通知》，参见 http://www.moe.gov.cn/srcsite/A22/moe_826/200712/t20071210_82702.html。

北京语言大学“国际中文智慧教学系统”用精标互联的教学资源和语言智能技术赋能国际中文教学，通过融课件制作促进教学。教师可通过平台分步骤制作融课件：平台为教师提供题型模板（如选择、判断、填空、排序、连线、简答等）；教师确定题型后给出相应的词汇、语法和话题信息等课程知识点；平台推送相应的教学素材，包括搭配、例句和话题视频等，自动生成融课件（包括语言练习）；最后，学生在移动端 APP 或微信小程序中扫码完成练习。融课件可用于课前预习，让教师根据学生作答情况掌握学情信息，以便在课堂上有针对性地讲解重点和难点内容；可用于课中安排互动任务，帮助线上线下的学生进行互动学习；可用于课后布置作业，帮助教师了解学生的学习效果。融课件承载了多种信息，如习题、试题、学生作答情况、教师批注等。该智慧教学系统还能通过行为数据挖掘学情信息，从而更好地开展个性化教学（荀恩东，2023）。

总之，整合重构优质资源体系，研发集成前沿技术，才能全面支撑国际中文教育智慧化的教与学。在课程体系的工程化建设中，需要推进教学规程规范化、方案标准化、内容模块化、资源平台化、技术先进化，以保证质量，提高效率，降低成本，促进产、学、研、用一体化发展，从而更有效地推动国际中文教育。

第四节　国际中文教育课程体系工程化应用案例

本节从宏观和微观两个层面展示国际中文课程工程化设计案例，希望加深大家对工程化理念的理解，推动其在教学实践中的应用。

一、宏观层面：来华留学生中文进修教育课程工程化设计案例

来华进修中文的留学生多出于个人兴趣、工作或生活需要等原因，他们

期望通过一至两年的学习，提高汉语综合运用能力，了解中国的现状、历史和文化。基于学生需求分析和国际中文教育培养目标，我们运用工程化的理念和方法，遵循工程化设计的整体性原则、适应性原则、灵活性原则和开放性原则，依据《国际中文教育中文水平等级标准》，设计出如下中文进修教育课程体系。

（一）进修教育课程体系

根据学生的汉语水平，课程体系纵向分为四个阶段：初级、中级、高级、高级研修。其中，初级、中级、高级又各分为上、下两级。按照教学目标，课程体系横向分为核心课、必修课和选修课三种课型。（见表 4-1）

表 4–1 汉语进修教育课程体系 （单位：门）

阶段	等级	核心课数量	必修课数量	选修课数量	学分要求
初级	上	1	1	/	20
	下	1	2	5	18
中级	上	1	1	8	14
	下	1	1	10	14
高级	上	1	/	13	12
	下	1	/	14	12
高级研修	/	/	/	36	4

从表 4-1 可以看出，汉语进修教育由初级到高级的课程设置总趋势是：保证一门核心课程，必修课数量基本持平，选修课数量逐渐增多；同时，完成课程所需的学分逐渐减少。这样设计主要考虑如下几点：

1. 核心课保证学生的语言知识学习和语言技能训练，以提高其汉语综合运用能力。

2. 选修课、必修课的增减，使学生有学习的主动权，学生可根据个人兴趣和需求进行选择。

3. 进入中高级阶段，学习的主要内容由语言向知识文化转化，课程难度加大，每门课需要投入的时间和精力更多。此时学分逐渐减少，可让学生集中精力聚焦感兴趣的课程，进行深入的学习和研究。

根据教学内容，横向课程体系可分为四种类型：综合技能型、专项技能型、语言知识型和文化知识型（见表 4-2）。

表 4–2　汉语进修教育课程横向体系教学内容分类　（单位：门）

阶段	等级	综合技能型	专项技能型	语言知识型	文化知识型
初级	上	2	/	/	/
	下	2	3	3	/
中级	上	2	6	1	1
	下	1	9	1	1
高级	上	3	6	1	4
	下	2	6	1	6

由表 4-2 可知，在初级（上）阶段，学生的汉语水平还不高，应集中时间和精力教授综合技能型课程，在最短的时间内有效提高其汉语综合运用能力。在初级（下）阶段，学生具备了一定的汉语水平，故新增专项技能型和语言知识型课程，注重发展学生的微技能，并使其掌握一定的语言知识。进入中级阶段后，因学生已有一定的汉语基础，故新增文化知识型课程，帮助学生了解中国国情与文化方面的知识。到了高级阶段，则设置更多的文化知识型课程，使学生能够根据兴趣进行深入的学习与研究。

（二）进修教育课程设置

1. 初级阶段的课程设置

本层次的教学对象为 HSK（一级）到 HSK（四级）的学生。HSK（三级）（含）以下或词汇量在 600 以下的学生进入初级（上）学习，获得 HSK（四级）证书或词汇量达到 1200 左右的学生进入初级（下）学习。（见表 4-3）

表 4-3 初级阶段的课程设置

课程类型	初级（上）			初级（下）		
	课程名称	周课时	学分	课程名称	周课时	学分
核心课	初级汉语综合（上）	10	10	初级汉语综合（下）	10	10
必修课	初级汉语复练（上）	10	10	初级汉语听和说	4	4
				初级汉语读和写	4	4
选修课				汉语语音	2	2
				汉字	2	2
				初级实用语法	2	2
				语言应用（HSK 四级）	2	2
				汉语口语	2	2

初级（上）阶段共开设 2 门课，均为综合技能型课程，综合学习语音、词汇、语法和汉字知识，并进行听、说、读、写等语言技能的训练。通过一个学期的学习，学生能够通过 HSK（三级）考试，或掌握词语 1000 个左右。

初级（下）阶段共开设 8 门课，其中综合技能型课程 2 门，即“初级汉语综合（下）”“语言应用（HSK 四级）”；专项技能型课程 3 门，即“初级汉语听和说”“初级汉语读和写”“汉语口语”；语言知识型课程 3 门，即“汉语语音”“汉字”“初级实用语法”。通过一个学期的学习，学生能够顺利进行日常交际，掌握词语 2200—2400 个。此阶段要求学生完成 18 学分，包括核心课 10 学分和必修课 8 学分，即可获得相应的等级证书；学生也可以根据自己的兴趣和需求，在提供的 5 门选修课中选择 1—2 门进行学习。

2. 中级阶段的课程设置

本层次的教学对象为 HSK（四级）到 HSK（五级）的学生。HSK（四级）以上或词汇量在 2000 左右的学生进入中级（上）学习，获得 HSK（五级）证书或词汇量在 3000 左右的学生进入中级（下）学习。（见表 4-4）

表 4-4　中级阶段的课程设置

课程类型	中级（上）			中级（下）		
	课程名称	周课时	学分	课程名称	周课时	学分
核心课	中级汉语综合（上）	6	6	中级汉语综合（下）	6	6
必修课	中级汉语听和说（上）	4	4	中级汉语听和说（下）	4	4
选修课	中文计算机应用	2	2	中文计算机应用	2	2
	普通阅读（上）	4	4	普通阅读（下）	4	4
	经贸汉语口语（上）	4	4	经贸汉语口语（下）	4	4
	汉语写作基础（上）	2	2	汉语写作基础（下）	2	2
	中国人文地理（上）	2	2	中国人文地理（下）	2	2
	实用语法分析	4	4	汉语词语辨析	2	2
	话题口语	2	2	视听说（上）	2	2
	语言应用（HSK 五级）	4	4	实况听力	2	2
				英汉翻译基础	2	2
				经济报刊阅读	2	2

中级（上）阶段共开设 10 门课：综合技能型课程 2 门，即“中级汉语综合（上）”“语言应用（HSK 五级）”；专项技能型课程 6 门，即“中级汉语听和说（上）”“中文计算机应用”“普通阅读（上）”“经贸汉语口语（上）”“汉语写作基础（上）”“话题口语”；语言知识型课程 1 门，即“实用语法分析”；文化知识型课程 1 门，即“中国人文地理（上）”。通过一个学期的学习，学生能够达到 HSK（五级）水平，掌握词语 3000—3500 个。此阶段要求完成 14 学分，即完成核心课的 6 学分和必修课的 4 学分后，学生可根据兴趣和需求，在 8 门选修课中选择 4—8 学分的课程进行学习。

中级（下）阶段共开设 12 门课：综合技能型课程 1 门，即“中级汉语综合（下）”；专项技能型课程 9 门，即“中级汉语听和说（下）”“中文计算机应用”“普通阅读（下）”“经贸汉语口语（下）”“汉语写作基础

（下）”“视听说（上）”“实况听力”“英汉翻译基础”“经济报刊阅读”；语言知识型课程 1 门，即“汉语词语辨析”；文化知识型课程 1 门，即“中国人文地理（下）”。通过一个学期的学习，学生能够掌握词语 5000 个左右。此阶段要求完成 14 学分，即完成核心课的 6 学分和必修课的 4 学分后，学生可根据兴趣和需求，在 10 门选修课中选择 4—8 学分的课程进行学习。

3. 高级阶段的课程设置

本层次的教学对象为 HSK（五级）以上的学生。HSK（五级）以上或词汇量在 5000 左右的学生进入高级（上）学习，获得 HSK（六级）证书或词汇量在 6000 左右的学生进入高级（下）学习。（见表 4-5）

表 4–5　高级阶段的课程设置

课程类型	高级（上）			高级（下）		
	课程名称	周课时	学分	课程名称	周课时	学分
核心课	高级汉语综合（上）	6	6	高级汉语综合（下）	6	6
选修课	中国报刊阅读	4	4	中国报刊阅读	4	4
	汉语写作	2	2	汉语写作	2	2
	汉语熟语	2	2	汉语熟语	2	2
	语言应用（HSK 六级）	4	4	语言应用（HSK 六级）	4	4
	走进当代中国	2	2	走进当代中国	2	2
	中国现当代文学作品选读	2	2	中国现当代文学作品选读	2	2
	中文计算机应用	2	2	中文计算机应用	2	2
	高级汉语口语（上）	4	4	高级汉语口语（下）	4	4
	中国国情（经济）	2	2	中国国情（社会）	2	2
	英汉翻译	2	2	英汉口译	4	4
	商务汉语	4	4	商务案例分析	4	4
	跨文化交际	2	2	文化专题讨论	4	4
	视听说（下）	2	2	新闻听力	2	2
				《红楼梦》选读	2	2

高级（上）阶段共开设14门课：综合技能型课程3门，即“高级汉语综合（上）”“语言应用（HSK六级）”“商务汉语”；专项技能型课程6门，即“中国报刊阅读”“汉语写作”“中文计算机应用”“高级汉语口语（上）”“英汉翻译”“视听说（下）”；语言知识型课程1门，即“汉语熟语”；文化知识型课程4门，即“走进当代中国”“中国现当代文学作品选读”“中国国情（经济）”“跨文化交际”。通过一个学期的学习，学生能够达到HSK（六级）水平，掌握词语6000—7000个。此阶段要求完成12学分，即完成核心课的6学分后，学生可根据兴趣和需求，在13门选修课中选择6—12学分的课程进行学习。

高级（下）阶段共开设15门课：综合技能型课程2门，即“高级汉语综合（下）”“语言应用（HSK六级）”；专项技能型课程6门，即“中国报刊阅读”“汉语写作”“中文计算机应用”“高级汉语口语（下）”“英汉口译”“新闻听力”；语言知识型课程1门，即“汉语熟语”；文化知识型课程6门，即“走进当代中国”“中国现当代文学作品选读”“中国国情（社会）”“商务案例分析”“文化专题讨论”“《红楼梦》选读”。通过一个学期的学习，学生能够掌握词语8000个左右。此阶段要求完成12学分，即完成核心课的6学分后，学生可根据兴趣和需求，在14门选修课中选择6—12学分的课程进行学习。

4. 高级研修阶段的课程设置

高级研修阶段所用时间为一学期，实行导师制。学生需在中高级课程中选择1—3门课，至少完成4学分，同时在导师指导下进行调研，完成并提交特定的中国专题研究报告后，方可获得高级研修证书。以下是中国专题研究的部分题目：中国文史哲研究、中国社会现状研究、中国经济现状研究、中国教育现状研究、中国现当代文艺研究、中国城市建设研究、中国旅游市场研究、中国企业研究、中国环境保护研究。

二、微观层面：来华留学生中文本科阅读课程工程化设计案例

（一）课程工程化设计的理念

面向汉语作为第二语言教学的汉语阅读课的学习内容主要是培养学习者的阅读技巧和阅读能力。阅读技巧包括朗读、默读、速读等，阅读能力则包括认读能力、理解能力、鉴赏能力、评价能力、迁移能力等。周健（2000）指出，阅读微技能包括：根据上下文推测词义和预测文章内容；辨识事实和细节，捕捉主要信息；抓住主题，利用词类和构词法线索探求词义；通过关键词和语法知识分析句子结构；理解段落和篇章结构，集中注意力于主要意思；理解比喻性语言和概念含义；检验和概括大意，理解文章风格和作者意图。周小兵等（2008）指出，阅读技能包括猜词、理解长难句、寻找主要观点和细节、抓标志词、预测、评读、不同文体的阅读等。

首先，遵循整体性和适应性原则，中级汉语阅读课的工程化设计在目标、内容、材料、方法、评价这五方面需依据系统工程理念统筹考虑。例如，应明确阅读课课前、课中、课后各个环节学什么、练什么，让学生收获什么（分别对应内容、材料和目标）；哪些内容适合机器做，哪些内容适合“人机协同”；哪些测评结果由机器自动反馈，哪些成绩由教师评定（分别对应方法和评价）。由此形成“以学定教、人机协同”的课程结构。其次，遵循灵活性原则，阅读课的工程化设计也需体现不同模块之间的“可插拔性”。例如，表 4-6 中文化模块的融课件也可插在课前或课中，如果课前预习效果不理想，生词和语法模块也可插到课中。

课程工程化设计中需考虑教与学的关系。“学”是教学的出发点和落脚点，“教”应围绕“学”分析、设计、组织并展开。“学”规定着“教”的性质和进程，体现着“教”的总体预设效果，“教”的任务是否完成要看学习目标是否达成，教学的中心在“学”而不在“教”，在教学中要把学习的权利和责任还给学生。

在智慧教学系统的支持下，大量学情数据可帮助教师对教学内容、步骤

进行科学决策和管理，实现“基于学习”的、“数据驱动”的教学。即通过全程动态学习数据分析，驱动教学流程和教学结构重构，实现教学的数字化转型和智能化升级。

（二）课程组织的集成创新

本部分探讨本科二年级传统阅读课的不足，并用工程化集成创新理念进行阅读课的改革实验设计。

1. 传统阅读课设计的不足

词汇量不足是中级汉语学习者在阅读中面临的首要难题，也被视为阅读障碍的核心原因。因此，词汇教学在阅读教学中占据着至关重要的地位（刘颂浩，1999；高磊，2005）。另一难题是缺乏文化知识和情感因素（陈珺，2003；范祖奎，2009）。陈珺（2003）在分析留学生的理解性偏误时提出，阅读中因熟语和惯用语导致的偏误常源于对语言文化背景的不了解，理解这些表达需要一定的文化知识和语境认知能力。范祖奎（2009）通过实证研究分析了不同国别学生在汉语阅读中的焦虑现象及其原因，发现主要原因包括语言文化背景、汉字认知基础、民族性格等。阅读中产生的焦虑情绪会形成情感屏障，影响学生的阅读效果。

有研究（祁连雪，2022；刘雨嘉，2022）指出，传统阅读课存在以下问题：（1）预习难落实；（2）重知识讲解，轻方法传授；（3）模式老：教生词语法，读课文，做习题，对答案；（4）学生积极性差，阅读能力弱；（5）缺少数据资源。教师通常会花 15% 的课堂时间讲解生词和语法，而这挤压了阅读技能训练的时间；此外，还存在课堂互动不足、教师给每个学生的即时反馈不够等问题。

2. 课程组织的集成创新

基于学生的学习需求和阅读课痛点，我们从资源、教法入手，以“国际中文智慧教学系统”为支撑，设计工程化解决方案，在三个平行班进行了课程改革。改革集成多种教学理念与策略（如泛在学习、翻转课堂、数据驱动等），优化了技术赋能、资源支撑的汉语阅读课智慧教学新模式。其创新点表现在：（1）课程组织上的集成创新体现为“课前翻转、课中聚焦、课后拓展”的阅读课新思路，明确了三个教学环节的学练重点，即课前侧重于生词的“学练评”，课中聚焦于阅读技巧和阅读能力的训练，课后侧重于篇章段落和文化背景知识的拓展训练；（2）开发了阅读课的专项新资源——“融课件”；（3）借助“融课件”，强化了阅读课的课前预习和课后拓展，使之摆脱了“盲盒”状态，获取的学情数据可驱动教师给予学生适当的监督和指导；（4）借助“融课件”，增强了课中的人机互动与师生互动，尤其是增加了每个学生的课中即时反馈次数。

总之，我们将课程目标、内容、对象、资源、技术、教师、学生等要素与各教学环节（备、教、练、评、管）进行匹配，通过优势集成最终实现了课程创新。（见表 4-6）

表 4–6　应用“融课件”的中文阅读课程创新分析

教学环节	课程内容	技术与资源载体：“融课件”	教改思路
课前	生词、语法	多模态词卡融课件	翻转
课中	阅读技巧、阅读能力	阅读技巧及阅读能力专项融课件	聚焦
课后	段落、文化	思维导图专项融课件	拓展

（1）课程组织的集成创新——“课前翻转”分析。本实验中的阅读课程把融课件作为沟通课前、课中、课后这三者的桥梁，用多模态词卡实现了精准反馈的课前翻转学习与泛在学习。表 4-6 中的课程内容“生词、语法”以融课件中的多模态词卡形式发放（见图 4-1 左图下方二维码），内有学、练、测等内容，实现了课前的“学练评”一体化。学生可随时随地扫码学习，进行多种训练，并通过客观题检测学习效果（见图 4-1）。教师的督促和指导也可以随时随地进行。

图 4–1　融课件及其练习示例

（2）课程组织的集成创新——“课中聚焦”分析。借助系列专项融课件，实现“讲练评管”一体化教学。在课中、课后环节，借助“阅读技巧”“思维导图”两个专项融课件，可实现线上线下、台上台下、课上课下的多时空联通。

第一，智慧系统的即时打分、即时统计和即时反馈，弥补了传统课堂练习后全班数据无反馈的不足。如表 4-7 所示，某班 15 名学生都做对了 2、5、7 这三道题，则教师只需讲解其他习题。

表 4–7　智慧系统每道题的信息数据（依正确率从低到高排序）

题号	类型	平均分	正确率	平均作答时间
1	判断	4.3/5	86%	3 分 25 秒
3	判断	4.3/5	86%	53 秒
6	判断	4.3/5	86%	39 秒

续表

题号	类型	平均分	正确率	平均作答时间
4	判断	4.6/5	92%	1 分 21 秒
8	判断	4.6/5	92%	1 分 7 秒
2	判断	5/5	100%	22 秒
5	判断	5/5	100%	9 秒
7	判断	5/5	100%	9 秒

第二，至于阅读课的学习内容之一“阅读技巧与策略”，教师可在讲解后立即使用“阅读技巧”专项融课件进行练习，即时评测。“思维导图”专项融课件能帮助教师更有条理地组织教学材料，同时帮助学生巩固旧知、拓展新知。

第三，系统可检测学生的课堂参与度。教师展示系统数据，可增强学生之间的竞争意识。如表 4-8 所示，一名学生做了两次练习，第二次得到了满分，进步明显。疫情结束后的 2023 年春季学期开展的是线下线上混合教学，多数学生能紧跟教学节奏完成练习；线下有个别学生未做练习，但看到教师几次刷新监测数据后，赶紧完成了练习（见表 4-8 最后一行）。可见，智慧系统实现了部分课堂管理功能，可督促学生见贤思齐，养成积极参与的良好习惯。

表 4–8 智慧系统对每个学生提交次数、时间及成绩的统计

作答次数	提交时间	得分
1 次	2023-04-18 14:46:36	35
1 次	2023-04-18 14:47:06	30
1 次	2023-04-18 14:48:13	35
2 次	2023-04-18 14:48:14	35
1 次	2023-04-18 14:50:52	20
1 次	2023-04-18 14:51:28	35

续表

作答次数	提交时间	得分
1次	2023-04-18 14:51:55	30
1次	2023-04-18 14:53:20	20
1次	2023-04-18 15:07:26	35

总之，具体课程的工程化、数智化设计，能切实帮助学生掌握学习方法，培养良好学风，提高学习能力和综合素养，展现出了提质增效的效果。

第五节　本章结语

本章探讨了国际中文课程体系工程化设计的优越性、课程集成创新的基本内容以及实现工程化的设计原则，并通过具体案例展示了中文进修课程工程化设计的规范化、模块化、多元化特征，以及阅读课智慧教学新模式的教改实验及成果。

虽然我们在国际中文课程工程化设计上取得了一些探索性成果，但我们也注意到，系统的国际中文课程工程化设计还面临很多难题。

（1）缺少集成创新的资源和工程化的基础。比如，对现有课程、教材、模式、教学法和教学过程等信息（尤其是海外和低龄学习者的中文教育信息）缺少全面了解，缺少整体鲜活的教学资源（周小兵、高雪松，2023）；对已有课程信息资源，不仅缺少基本的分类、加工、整合，更缺少最新数智化的处理和技术赋能，使集成创新仅仅站在国际中文课程体系工程化的门槛上，只能在某些领域或少量课程改革中看到某些效果。

（2）缺少创新团队的实质性合作，包括中文教师和教育技术人员的合作、国内和海外的合作、成人教育和少儿教育的合作等。在有些领域，如

“中文 + 职业技能”领域，跨界合作刚刚起步，现有信息、资源有限，尚未形成“集成创新”的物质基础。

（3）缺少对工程化理念的深入理解。在国际中文教育领域实施集成创新工程化理念的重要价值还未得到普遍理解。如何实施才能取得成效，还需要业界同人进行全面实验和深入探索。

站在新的历史起点上，国际中文教育已进入新发展格局，呈现出新发展样态，面临新的发展机遇和挑战。基于工程化理念进行教育教学探索，切实解决以上难题，真正发挥工程化设计理念的优势，将为国际中文教育可持续、高质量发展开辟一条新路。

第五章　国际中文教育教学模式工程化设计及应用案例*

国际中文教育领域有关教学模式的研究成果十分丰硕，教学模式也在教学需求多样化、数字技术进步的双重驱动下不断创新发展。经典的北语模式、明德模式等仍有广泛的影响力，个性化的项目式教学模式和新兴的智慧教学模式也开始运用到一线教学实践中并逐步成熟。但面对林林总总的教学模式，教师如何科学合理地选择或设计适合自身情况的教学模式，仍是教学中的重要问题。崔永华（2024）认为，国际中文教育学界“对教学模式的认识还有相当大的模糊性”，虽然成果众多，但仍需加强研究。本章将讨论工程化视角下的教学模式建设思路，以期为教师和研究者提供参考。

第一节　教学模式概述

人们在观察各种事物的时候，一般是从具体的事物或很少一部分事物开始的，然后经过长期积累，随着所观察到的事物或现象数量的不断增加，人的大脑中逐渐形成了一些概念。这些概念反映了事物或现象的不同或相似之

* 在本章写作过程中，北京语言大学崔永华教授提供了宝贵的指导意见，谨致谢忱！

处。这些特征或属性使人们对事物自然而然地进行分类，窥一斑而知全豹，即对一些事物或现象，不需要了解全过程，只需要根据事物或现象的部分特征就能认识事物，这些特征就是该事物或现象的标准样式，即“模式”。

一、模式的概念

“模式”也被称作方式、式样、范式，是主体行为的一般方式，如科学实验模式、经济发展模式、教学模式等。人们用模式来概括事物的标准样式，说明事物结构的主观理性形式，描述一个具体事物、一种情况或一桩事件。模式有的是在以往经验中形成的，有的是在面对具体现象时立即形成的。在社会学中，模式是理论和实践的中间环节，具有一般性、简单性、重复性、结构性、稳定性、可操作性等特征。在实际运用中，模式必须结合具体情况，实现一般性和特殊性的衔接，并根据实际情况的变化随时调整要素与结构，以使其具有可操作性。

二、教学模式的概念

美国教育家布鲁斯·乔伊斯（Bruce Joyce）和玛莎·韦尔（Marsha Weil）在合著的《教学模式》（*Models of Teaching*）（Joyce & Weil，1972）一书中提出了“教学模式”的概念。他们认为，教学模式是构成课程和作业、选择教材、提示教师活动的一种范式或计划。从这个定义可以看出，教学模式不是某一堂课的教学程序，而是可以长期实行的一种教学计划，或者是制订教学计划的模型。教学模式的构成要素包括课程设置、教材选择和教学活动等，这是从教学活动实施过程的角度给出的定义，属于广义上的教学模式。

国内关于教学模式的概念更倾向于狭义概念，即专指开展教学活动的一套方法论体系，是在一定教学思想或教学理论指导下建立起来的较为稳定的教学活动框架和活动程序。张志勇（1996）认为：“教学模式从本质上说是在一定的教学理论指导下，影响特定教学目标达成的教学活动诸要素在一定时空范围内形成的、以教学程序为其外在表现形式的一种教学实践活动结构和策略体系。它包括理论基础、教学程序和教学策略或方法三个方面的内容，缺少其中的任何一个方面，都不能算是一个完整的教学模式。”

教学模式有三个本质特征：一是系统性。从系统科学的观点看，教学是一个由教师、学生、教材、教学手段等要素构成的教学活动系统。教学模式是针对这一教学活动系统的图式化操作，本身就带有系统性特点。杨小微（1990）认为：“教学模式是在教学实践基础上建立起来的一整套设计和调控教学活动的方法论体系，它由教育（哲学）主题、功能目标、结构程序及操作要领构成。在这个意义上，把教学模式称作‘微型教学论’也未尝不可。”二是中介性。教学模式是沟通教学理论与教学实践的中介与桥梁，能有效促进教学理论的实践转换，是教学理论在实践中的具体运用方略。三是可操作性。教学模式是一种教学活动操作系统。教学模式的中介性特点决定了它有一套完整的、系统的操作程序或流程，提供清晰阐释的思想意图，以及明确的、易于把握的教学程序、环节、步骤、方法、要领等。

综上所述，我们认为，教学模式既是教学理论体系的具象化，又是教学实践经验的系统总结与归纳。

第二节　国际中文教学模式概述

教学模式的系统性、中介性和可操作性特征决定了它在类型和层次上一定是多样的、丰富的。教学单位或教师在面对不同的教学需求、教学目标、教学内容、教学对象时，可以采用不同的教学模式。

一、国际中文教学模式的层次

当前，国际中文教学的主流教学模式大致沿袭20世纪80年代形成的对外汉语教学模式。李泉（2006）指出，对外汉语的教学模式就是从汉语独特的语言特点和语言运用特点出发，结合第二语言教学的一般性理论和对外汉语教学理论，在汉语教学中形成或提出的教学与学习范式。这种教学（学习）范式以一定的对外汉语教学或学习理论为依托，围绕特定教学目标，提出课程教学的具体程式，并对教学的组织和实施提出设计方案。它既是一种形而上理论的反射体，又具体落实到教学中的一招一式，是细化到课堂教学每个具体环节、具有明确的可操作性的教学范式。这一教学模式同样具有层次性。吴中伟（2016）对不同教学模式的类型和层级进行了详尽的总结和归纳：

1. 根据教学理念的不同，可以分为结构主义理念下的教学模式、功能主义理念下的教学模式、人本主义理念下的教学模式等；

2. 根据教育教学的性质，可以分为业余培训模式和学历培养模式；

3. 根据教学类型的不同，可以分为长期进修教学模式、短期进修教学模式等；

4. 根据教学环境的不同，可以分为汉语作为第二语言的教学模式和汉语作为外语的教学模式；

5. 根据学生年龄的差异，可以分为幼儿教学模式、少儿教学模式、成人教学模式等；

6. 根据学生汉语水平的差异，可以分为初级教学模式、中级教学模式、高级教学模式等；

7. 根据学习动机和学习潜能的差异，可以分为精英模式和大众模式；

8. 根据专门目标的差异，可以分为职业汉语教学模式、学术汉语教学模式等；

9. 根据技能培养的类型，可以分为听力教学模式、口语教学模式、阅读教学模式、写作教学模式等；

10. 根据语言要素教学的类型，可以分为语音教学模式、词汇教学模式、语法教学模式、汉字教学模式等；

11. 根据课型，可以分为综合课教学模式、口语课教学模式、视听说课教学模式等；

12. 根据科技手段的差异，可以分为基于多媒体的教学模式、基于网络技术的教学模式等。

此外，不同角度的交叉组合也可以产生许多具体模式，例如：基于任务的少儿口语教学模式、欧洲孔子学院商务人士汉语短期速成模式等等。

二、几种有代表性的国际中文教学模式

（一）五环节教学模式

国际中文教学领域的课堂教学广泛采用凯洛夫提出的“五环节教学模式”。20 世纪早期，苏联教育家伊·安·凯洛夫（Ivan Andreevich Kairov）发展了德国教育家赫尔巴特（Johann Friedrich Herbart）的教育思想，把“传递——接受”型教学模式改造为“五环节”的课堂教学结构。凯洛夫的教育思想强调以“教”为主，即“以教师为中心”“以教材为中心”和“以课堂为中心”，按照“组织教学——复习旧课——讲授新课——巩固新课——布置作业”的环节组织课堂教学。其优势在于能够充分发挥教师的主导作用，教师直接控制教学的整个过程，可以在单位时间内系统讲授基本理论和基本知识；学生可以在短时间内掌握较多的理论知识，获取大量信息；在二语教学中，可以使学生在教师的指导下得到较好、较多的语言技能训练。凯洛夫的“五环节教学模式”对国际中文教学颇有影响，如今在课堂教学中依然普遍使用。

（二）明德模式

“明德模式”指的是美国明德暑校（Middlebury’s Summer Language Schools）举办的中文暑期项目所采用的教学及管理模式。

明德暑校中文教学思路的最大特点是创造严格的沉浸式教学环境（这一点与其他语种的教学相同）。其基本教学方法始自听说法（20 世纪 40—60 年代盛行于美国），随着二语教学法的发展和学生语言水平的提高，该教

学法逐步吸收了功能法、任务法等新的教学理念和方法。曹贤文（2007）将明德暑期中文项目教学法的发展变化过程概括为“以沉浸法为内核，并在发展中逐步加入了听说法、功能法和任务法的合理元素”，即以反复操练、重视听说为核心的沉浸式教学方法。尽管明德中文暑校本身并未将自己的教学管理方式定义为教学模式，但因其教学效果显著，国际中文教育领域有许多学者将其归纳总结为“明德模式”并加以研究，如施仲谋（1994），张喜荣、田德新（2004），汝淑媛（2006），汲传波（2006），曹贤文（2007）等。

“明德模式”的教学和管理实施过程，犹如一系列环环相扣的齿轮，课程、课型、教法、教材、评估、教师培训等环节在这个系统中有序设置，共同完成教学和管理工作。施仲谋（1994）对“明德模式”在教学方面的基本实施框架做过比较详尽的介绍：

1. 学期长九周，采用密集式上课方式。上午有大小班课，下午有辅导课，晚上有补习课；此外，学生预习、复习需四五个小时之多。整个学期的课程和学时相当于美国大学中文系一学年的课程量。

2. 按汉语水平和教学内容分为五个年级，一到三年级分别是初级、中级、高级汉语课程，四年级是文言文课程，五年级是中国思想文化课程。

3. 学生每周要结合课堂讨论内容完成作文和录音，交由教师批改。

4. 开展一系列课外兴趣活动，如书法、话剧、太极拳等，使语言和文化活动结合起来。

5. 暑校编写和选用的教材迎合了美国学生好奇、求新的心态，知识性和趣味性并重，颇受学生欢迎。初级教材以日常生活实际对话为主，中高级教材的话题富有争议性，能引发学生的热烈讨论。

6. 学生的总成绩由以下四部分组成：每天的听写占 30%，每天的作业占 20%，周考占 30%，两次大考（第五周、第九周）占 20%。

在管理方面，明德暑校主要通过五项管理措施来提高学生的学习效率。一是严格的语言誓约，学生在入学之初签署该誓约，保证只使用汉语作为交际语言。二是为学生创造汉语环境，校园内完全没有英语电视、广播和报刊。三是保持合适的师生比，师生比高达 1∶4。四是组织教师集体备课，保证同一年级教学步调一致，以便实现教学目标。五是对教师教学进行评估，学生要对每一位教师和整个项目进行期中和期末两次书面评估，暑校校长也要与每个学生逐一面谈一到两次，亲自听取学生对教学和管理的意见。学校办公室则把评估的结果和征询的意见汇总起来，及时反馈给教师和管理人员。学生的评估建议是暑校改进教学及聘请教师和管理人员的重要参考。（曹贤文，2007）

“明德模式”在短期强化教学方面效果显著，其师资培养方案也卓有成效。该模式严格的程序化特征也使其具有较强的可复制性。以美国在华汉语项目为例，CET、IUP、ACC、PIB 等项目完全由美方主导，采用明德模式，使明德办学方式下的“课堂被移到了北京这个大语言环境里”（朱志平，1996）。

明德中文暑校属于汉语第二语言教学中的“精英模式”（曹贤文，2007），其主要特点有：生源大多来自美国常青藤大学和各校优秀学生；九周获得一年学分，全美高校认可；校友中不仅有政府、军队及各种国际组织中的工作人员，而且不乏知名人士；学费昂贵；教师工作量大，薪酬高；环境幽雅，生活舒适。可见，“明德模式”从生源、师资选拔管理、教学形式和强度、生活管理、行政管理等各个方面都要满足特定条件，都有严格的制度保障，所以才能达到理想的教学效果。这些特点使它难以大范围推广，但其教学理念、教学方法、教师选拔培养、教学管理组织，确实有很多地方值得国际中文教育广泛参考和借鉴。

（三）北语模式

北京语言大学作为国际中文教育学科的开创者、奠基者和引领者，长期以来一直紧密结合教学实践进行中文教学理念、教学方法、教学模式的探索，成果丰硕。北语的教学理念、教学设计、课程设置、教学大纲 / 规范、教材、研究著述等，被国内外汉语二语教学界广泛采用。就教学模式来说，中国国内院校的教学类型分类、课程设置、课堂教学方法等，最早大都可以追溯到北语探索的模式。

那什么是“北语模式”呢？“北语模式”的内涵与特色究竟是什么？

崔永华（2018）从课程设置、课堂教学方法和作为教学模式载体的教材等宏观层面阐释了“北语模式”的本质特征。他认为，“北语模式”是一个广义的概念，不是某种具体的教学模式，而是基于汉语交际能力培养目标和以学生为中心、结构—功能—文化三位一体的二语教育理念构建的汉语作为第二语言的教学范式。“北语模式”包括教学类型的设置，如在海内外影响深远的本科教学模式、进修教学模式、短期速成强化教学模式、预科教学模式等；课程的总体设置，如下文讨论的讲练—复练模式、讲练—复练 + 小四门模式、分技能教学模式；建立在凯洛夫“五环节教学模式”上的综合课教学模式、听说读写各技能教学模式，以及相应的教学理念、策略、方法、管理方式等等。

从总体语言教学思路看，北语教学模式的发展主要经历了以下三个阶段：

1. 讲练—复练模式

这种教学模式源自 20 世纪 50 年代清华大学东欧交换生中国语文专修班和北京大学外国留学生中国语文专修班采用的“复习—讲练—练习”授课模式，即每天四节课，第一节是复习课，第二节和第三节是讲练课，第四节是练习课（鲁健骥，2018）。70 年代北京语言学院复校后使用《基础汉语课本》时，采用的是“讲练—复练”教学模式，即每天四节课，前两节为讲练课，以语言知识教学为主；后两节为复练课，复习前两节课的语言知识并进行操练；下午和晚上，学生要完成老师布置的作业。70 年代初到 80 年代初，国内各汉语教学单位基本都使用这一教学模式，至今仍有一些教学单位在初级阶段使用这种模式，海外很多大学和短期来华中文项目也大多使用这一模式。

2. 讲练—复练 + 小四门模式

为满足学生听说读写多项语言技能的培养需要，弥补“讲练—复练”

模式对专项技能训练的不足，自 20 世纪 60 年代起，北语逐步开设了口语课、听力课、阅读课、写作课、汉字课等辅助课程。这类课程当时被统称为“小四门”。80 年代前期，“讲练—复练 + 小四门”成为对外汉语教学普遍采用的教学模式。这种模式可以说是从“讲练—复练”模式向“分技能教学”模式发展的中间状态。鲁健骥认为，“小四门”实际上是综合模式的一种补充，但与分技能模式有很大的不同，不宜被看成一种独立的教学模式（转引自宗世海，2016）。

3. 分技能教学模式

分技能教学模式是一种复合型模式（崔永华，1999），是在上述两种教学模式的基础上，吸收功能法、交际法中的合理成分创立的一种教学模式。这种教学模式的特点是在传授汉语知识的同时，还强调知识向能力的转化，强调语言技能和交际能力的培养。具体措施是减少综合课的课时，增加语言技能类课程的课时。通行的课程设置包括综合课、听力课、口语课、汉字课、阅读课等。教学单元以综合课为核心，技能课与综合课的内容密切相关，但重在培养学习者的听说读写等技能。这种教学模式始于 20 世纪 80 年代初北京语言学院鲁健骥教授团队和李更新、李德津两位教授团队的两项教学实验，其成果分别为《初级汉语课本》和《现代汉语教程》。随着这两套分技能教学系列教材的出版发行，这种新的教学模式逐渐在国内对外汉语教学界普及开来，至今仍是国内对外汉语教学的主流模式。当然，这种教学模式也受到国际第二语言教学领域各种新理论和思潮的影响，一直在探索改革与创新之路，比如，将任务式教学理念与教学实践相融合，探索后方法时代的汉语教学法等。但其整体的课程体系框架相对稳定，培养学习者汉语交际能力的教学目标一直延续至今。

除课程设置外，“北语模式”秉持“结构—功能—文化相结合”的语言教学理念，践行以学生为中心、精讲多练的基本教学原则，坚持用目的语教学，保持利用目的语环境的自觉意识，这些都是“北语模式”的基础。

从历史发展看，“北语模式”建立在70多年不间断的实践和探索上，建立在对189个国家22万学习者多种类、多层次的人才培养实践上，建立在不断吸收国内外第二语言教学理论和实践精华的基础上，具有可操作性、开放性和与时俱进的特质，为国内外各种中文教学提供了多样化的参考，以及可以利用的理论、经验、平台和资源。

三、国际中文教学模式的构成要素

（一）国际中文教学模式的结构

国际中文教学模式应该是一个从中文自身特点出发，结合教学对象和教学环境的具体情况，指导国际中文教学实践的一套完备的教学、管理理念与策略方法体系，具有稳定性、灵活性、系统性、可操作性等特点。按照涉及范围等标准，可分为宏观层面、中观层面以及微观层面。当然，不同研究者对三个层面的定义和划分也有不同见解（详见本章第三节）。

（二）国际中文教学模式的构建程序

任何一种第二语言的课堂教学都是教师的教学理念、设计与教学实践互动的结果，都需要教师对教学对象、教学环境、教学资源进行全盘考虑。国际中文教学模式的构建，需要教学组织者和管理者首先确定培养目标及教学理念，然后在具体教学理念的指导下，结合教学对象、教学环境和教学资源的特点，在教学中提出教学（学习）范式及管理模式，最终形成一个完整的教学模式体系。

第三节　国际中文教育教学模式的工程化分析及设计

各种教学模式均是特定条件下确定的“最优组合”，其中的基本要素虽有差异，但明显具有共性。教学模式要素间的“最优组合”与工程化理论视角相契合，这也是工程实践的基本思想。其实，国际中文教育领域已经从这一视角出发思考教学模式的构建与优化问题。比如，刘川平（2009）提出，教学模式设计本身就是动态的系统工程，如果把教学模式比作“产品”，模式设计就是构思路径、设计“蓝图”、付诸生产，直至推出成品的整个研制过程。再如，吴中伟（2016）也提出，国际中文教育要对各种教学模式进行优化，并逐步形成教学模式的宏观体系，通过集成、创新最终实现预定的教学目标。这就意味着，以工程化理论为基础，结合教育工程的相关成果，能够在一定程度上解决国际中文教育中教学模式选择和集成创新方面的问题。

本节将在教育工程学理论框架下，参考以往研究成果，进一步抽取相关教学模式的基本构件，将构件架构为组织模块并形成模型，从而探寻国际中文教育教学模式的设计思路与流程，为国际中文教师、管理者、教辅人员提供参考。

一、工程化视角下的国际中文教学模式层次分析

教学模式所要达到的目标具有层级性特点，其中，“获得性”内容是基础，终极目标则是提高学习者的综合能力。进一步讲，“获得性”内容的内部成分也不是平面的、并行的，同样存在层级与递进关系：获得“信息”是最基础的目标，领会并获得“思想”则更高一级。根据教育领域中的“目标—手段”一致性原则，教学目标是复杂的、多层次的，教学模式也必然具有复杂性、层级性的特点。

首先，国际中文教育领域的教学模式是一个包含不同目标等级的层级系统。关于这一问题，学界有两种意见：第一种是“三层说”，即将教学模式系统分为“上位模式”“中位模式”“下位模式”三个层次，分别指向国际中文教育总体设计、课型设计和要素 / 技能设计三种教学模式（如刘川平，2009；李先银、魏耕耘，2016 等）；第二种是“二层说”，即从教学活动本身出发，将国际中文教育教学模式分为教学项目或课程的设置、课堂教学的

设计两大层面（如吴勇毅，2014；曹贤文，2016 等）。

虽然层级的命名与划分有所不同，但层级的上下位关系、适用范围的大小之分是较为明确的。一般来说，面向“课程”还是面向“课堂”，这是判别教学模式所属层次的主要标准，面向“课程”的教学模式涉及更多的内容和更为复杂的条件，它包含着下位的“课堂”教学模式。总体来看，国际中文教学模式可分为两大层面，即面向课程的层面与面向课堂的层面，前者还将国际中文教育课程体系设计以及具体课程设计包含在内（见图 5-1）。

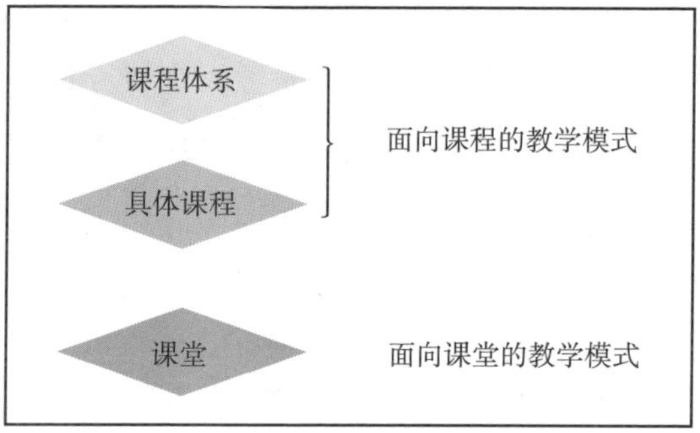

图 5–1 国际中文教育教学模式层级关系

其次，单一教学模式内部存在层级关系，上位内容会对下位内容起到指导与制约作用。张皎雯（2010）构建了汉语教学模式的三层次框架，即“宏观理论原则层”（语言观、语言学习观）、“中观教学设计层”（教学目标、教材等）和“微观课堂程序层”（教学环境、教学技术手段等）。这一框架按照从理论到实践逐步过渡的方式，展示了教学模式的实现过程。三个层面呈现出逐步细化的特点，体现出教学模式层层落实的具体方式，教学模式的构建与实现是“自上而下”演绎与“自下而上”归纳相结合的过程，是动态变化、不断完善的。同理，“课堂”层面的教学模式也存在顶层、中观层、微观层三个层级（郑艳群、陆凯英，2020；郑艳群、周梦圆，2020）。可见，教学模式内部并不是单线的、平面的推进过程，而是存在明显的层级关系。因此，教学模式集成的第一步就应该是划分层级，构建大框架。

教学模式的重要特点之一是具有直观性，能够通过图像或象征性的符号来反映，是一个比抽象理论更为具体的“框架”（万伟，2015）。要形成这一框架，首先要搭建整体的外在结构，即呈现“教学模式”这一教育产品的整体构成。此外，在研究、分析或者设计某一教学模式时，首先要明确这一教学模式是面向课程的还是面向课堂的，然后探讨这一模式内部各层次的具体内容。以明德模式为例，其中涉及教学理念、课程设置、操练方式等诸多方面，显然应归属于面向课程的教学模式。

二、面向课程的教学模式设计

本部分以面向课程的教学模式为例，在分析其基本构件的基础上，探寻其中必需的组织模块，为教学模式的架构提供必要的依据。

（一）课程教学模式的构件

所谓构件，通常是指系统中具有特定功能的组成部分。这一术语在国际中文教育领域也被称作“构成要件”或“因素”“要素”等（见表 5-1）。从工程化视角来看，构件更能体现教学模式各个组成部分“可插拔”的特点。

表 5-1　国际中文教育教学模式中的构件研究

相关研究	主要观点	具体构件
马箭飞（2004）	五个基本要素	理论基础、教学目标、操作程序、实现条件、评价
史有为（2008）	六个因素	教学法、教学目标、课程和课时、课程间关系、教学技巧和训练方式、考核和测试
汲传波（2014）	二层面四要素	理论层面：教学理念、教学目标
		实践层面：教学程序、管理体系
吴勇毅（2014）	多要素	教学和学习理论、教学目标、教学大纲、教学内容、教材、教学技术 / 手段、教学方法 / 策略、师生角色、教学活动和教学环境
谷陵（2017）	三层面九要素	宏观层面：理念、设计、实施
		中观层面：教学、管理
		微观层面：策略、程序、技巧、措施

虽然各家观点在数量上和分类上差异较大，但是从表 5-1 中也可以看出国际中文教育教学模式设计的基本思路是：确定某种教学模式的教学理论或理念，结合实际教学环境设定教学目标，围绕教学目标展开教学活动，并通过教学管理等手段保障教学活动的开展，最终实现教学目标。“教学理论 / 理念”“教学目标”是其中的中心构件，教学理念是教学的基础，更是教学活动的出发点和归宿。

除了理论方面的分析，随着来华中文项目的增多，来自一线经验的、从实践上针对各类项目的教学模式的探讨也日渐增多。对于这方面的考察也属于面向课程的教学模式研究。比如，毛悦（2010）在分析韩国 SK 集团高级管理班成员学习目的、认知风格等的基础上总结出了“课堂教学 + 语言实践 + 一对一辅导”三结合的教学模式；李先银、魏耕耘（2016）在充分考虑美国 AP 暑期项目特殊性的前提下，以社会文化理论为基础，提出了包括“课堂学习”“专题讲座”“实地考察”在内的七大模块教学模式。此外，除核心教学问题以外，由于项目式中文课程大多是合作型，因此合作与管理方式等方面的问题也引起了关注（王学松，2005），有关“教学 + 管理”“教学 + 科研”的教学模式探讨也越来越多（汲传波，2014；刘颂浩，2014；曹贤文，2016 等）。

可以说，无论是理论探讨还是实践总结，在分析教学模式时首先都要将完整的教学过程拆解为构件，使“教学”更为清晰，这样才能更好地使“教学模式”落地。这也为教学模式的集成提供了可供参考的思路。

（二）课程教学模式的组织架构

根据前人的研究，我们将教学模式构件归纳为“规划”“实施”“保障”三大模块。在此框架下，诸如教学理论 / 教学理念、教学设计 / 教学大纲等可对各个模块进行丰富与充实，形成教学模式的组织模块结构图（见图 5-2）。

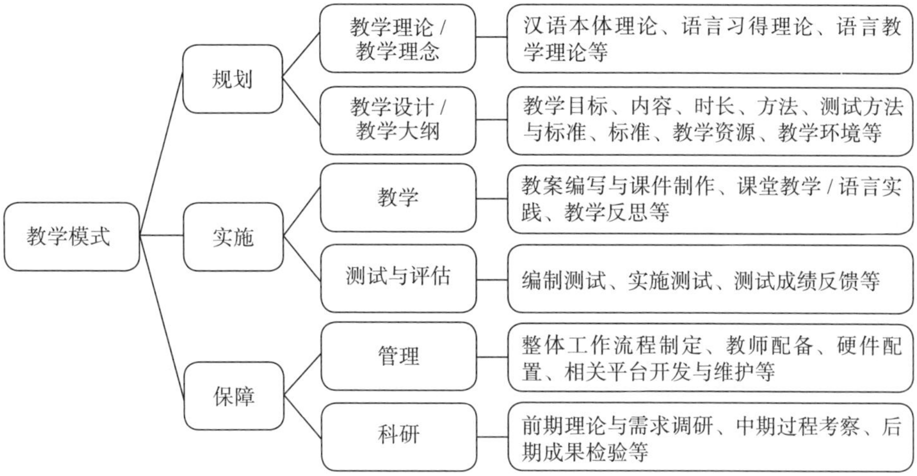

图 5–2　教学模式的组织模块结构

国际中文教学模式各构件之间存在着相互支撑、相互依存的空间结构关系。国际中文教育工程化实践中必须形成软件、硬件、规定标准等“产品”（施春宏，2022）。如果说教学模式研究的产品是流程化、模块化的理论总结，那么教学模式最重要的产品就是“教学活动”。因此，教学模式组织模块的三个层级中最重要、最直观、最终要呈现的就是“教学”，也就是“实施”模块。它可能辐射面最小，直接涉及的只有教师和学生两个群体，但它是教学模式中能直接观察到的最具特点的部分。“保障”与“规划”犹如房屋的地基与房柱，为“实施”提供各种形式的支撑。其中，“保障”是重要前提，是最不显著但却最基本的构件，在其他活动开始之前，保障先行，相关负责人对于理论、人员、设备等软硬件的调配是整个教学模式得以向前推进的基础，并在各个环节中起到稳固与纠偏的作用；而“规划”则是教学的顶层设计，对教学起着直接的指导作用。三个模块相互作用才能最终将静态的教学模式转化成不断调整、不断演进的教学活动（见图 5-3）。

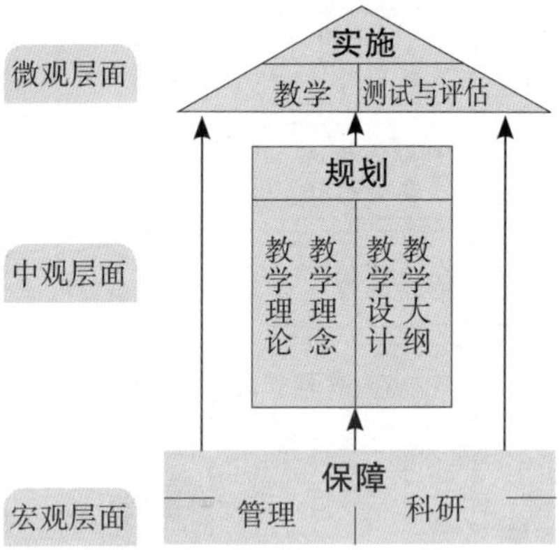

图 5-3 教学模式组织模块的结构空间

首先，从辐射面和影响范围来看，“实施”是一个教学模式的重中之重，但其时长相对固定，涉及人员相对有限，可预见性较高，属于微观层面的模块。其中的各个构件在具体实施时灵活性较大，每一次具体的教学对整个教学模式的影响较小。与之相对，“规划”与“保障”涉及面更广，需纳入考虑范围的人员和要素更多。特别是“保障”层面，无论是其中的管理还是科研，任何一方面的变动都会导致“规划”与“实施”的改变。举例来说，硬件配置、教学平台开发与维护属于“保障”范畴，使用不同的教学平台（如腾讯会议、ClassIn、Zoom、国际中文智慧教学系统等）进行在线汉语教学，必然会带来“规划”“实施”层面诸多方面的不同；同样，采用线上还是线下教学在选择和建构教学模式时也会存在差别。因此，“保障”属于宏观层面的组织模块；而“规划”仅针对与课程直接相关的因素，属于中观层面。

其次，三大模块存在时间上的先后，但又不是简单的线性时间关系。具体来说，教学模式总体上是以“规划”开始，然后进行“实施”，最后用以检查检验为目的的“保障”模块收尾，但中间存在各种交叉，特别是“保障”模块的各个构件穿插于三大模块之中（见图 5-4）。比如，在“规划”教学模式时，“保障”已开始发挥一定的作用，特别是涉及人员、设备、资源调配等问题时。以明德模式为例，参加此项目的学习者必须严格遵守“语言誓约”，此誓约的制定与修改、发放与签订、实施与监督均属于“保障”范畴，但它贯穿于“规划”与“实施”两大组织模块之中，而并非在项目结束之后才开始。

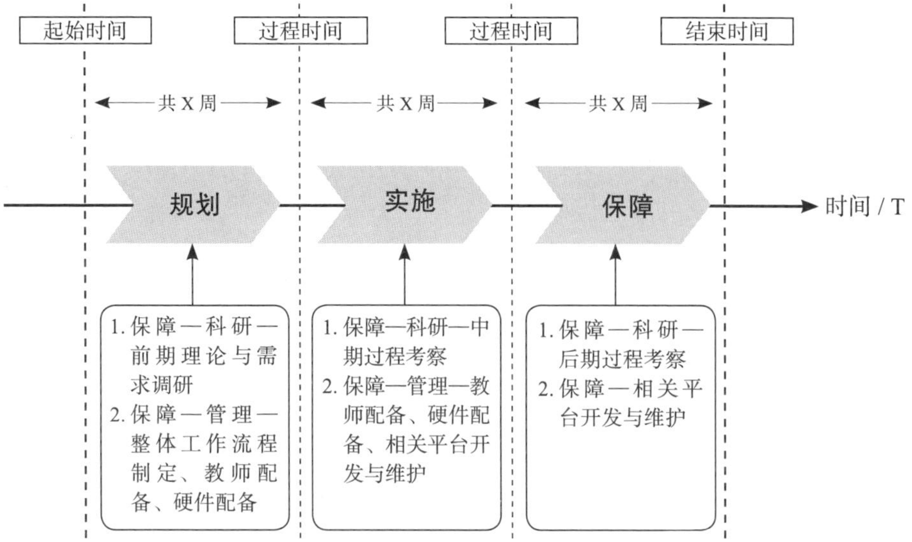

图 5–4　教学模式组织模块的时间关系

三、面向课堂的教学模式设计

（一）课堂教学模式的构件

如果说面向课程的教学模式是宏观的、上位的设计，那么面向课堂的教学模式就是相对具体的、微观的设计，其绝大部分构件包含在课程教学模式的“规划”与“实施”这两大上位组织模块中。

与课程教学模式相比，面向课堂的教学模式在组织方式、组织结构等方面的讨论更为丰富、具体（见表 5-2）。从这些研究可以看出，与课程教学模式相比，课堂教学模式时间序列的特点表现得更为突出。各个教学构件基本按照时间顺序被归纳为“课前”“课中”“课后”三大模块，即使有些研究没有明确按照时间模块进行划分，也表现出了明晰的时间线，如张璐（2019）将“确定教学主题—分解主题”列为第一步，这在时间上显然属于课堂教学之前的“规划”部分。郑艳群、周梦圆（2020）的研究主要集中在“课中”阶段，未涉及“课前”“课后”，但仍按这一理念对“课中”阶段进行了细致的时间划分。当然，学者们对于“课前”“课中”“课后”的界定并不完全一致，有的以是否在课堂上为切分点，如王瑞烽（2020），蔡建永、刘晓海（2023），有的以新课是否开始为切分点，如姜丽萍、吴倩（2018），郑艳群、周梦圆（2020）等，但面向课堂的汉语教学模式的时间结构均十分明晰。本部分从工程化角度出发，以明确的时间点为标准，将“课堂阶段”定义为“课中”，在此之前定义为“课前”，在此之后定义为“课后”。

表 5–2　面向课堂的教学模式构件研究

相关研究	教学模式	具体构件
姜丽萍、吴倩（2018）	初级综合课教学模式	七大教学环节：组织教学、复习检查、生词教学、语法（语言点）教学、课文教学、课堂小结、布置作业
张璐（2019）	汉语视听说课主题式教学模式	确定教学主题—分解主题，设定问题目标—选取主题资源，制定教学内容—布置主题活动，提示汉语素材—完成主题活动，展示活动成果—归纳知识要点，反馈并扩展—教学评估与课程总结
王瑞烽（2020）	汉语技能课线上教学模式	直播课前：课程团队录制标准化、高质量的教学视频
		直播课中：录播视频播放与直播互动教学融合进行
		直播课后：作业与及时答疑
郑艳群、周梦圆（2020）	汉语写作教学结构和过程理论模型	写作前：导入、知识讲解、范文分析、练习、总结
		写作中：布置作文、启发构思、学生写作、反馈、修改
		写作后：反馈、修改、知识讲解、练习、典型习作修改、发表
郑艳群、陆凯英（2020）	初级汉语口语课教学结构和过程理论模型	新课前：组织教学、复习旧课
		新课教学：导入话题、讲练生词、讲练语言点、综合练习
		新课后：总结、布置作业
蔡建永、刘晓海（2023）	国际中文智慧教育视域下的“三段九步”教学模式	课前：主题激活—自学评测—输出驱动
		课中：多样化情境导入—多层次任务示范 / 多线程任务表达—精准化总结点评
		课后：个性化作业推送—多元化立体评价

从表 5-2 中还可以看出，“课前”基本是课堂教学的设计与规划，尚未直接面对学生；“课中”“课后”都是教师与学生在不同时段、不同场所的教学互动，是教学实施阶段。在这三大组织模块下，我们将面向课堂的教学模式构件进行抽象归纳，可进一步总结出具体且有操作性的构件，即“课中”阶段包括组织教学、复习旧课、讲练新课、总结新课、布置作业五大基本构件；“课后”阶段包括针对学生的学习评价以及教师的自我反思；“课前”阶段则更多地体现为与教学理念相结合而产生的各种教学安排。

（二）课堂教学模式的组织架构

在对课堂教学模式的构件进行分析的基础上，可以进一步厘清其整体组织结构。按照时间线与上下位关系，我们将其总结为图 5-5：

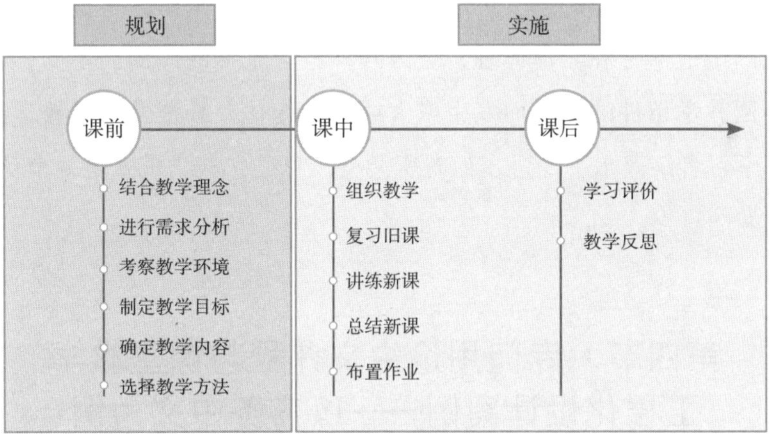

图 5–5　面向课堂的教学模式组织结构

可以说，以往研究者对“课中”阶段“段”“步”的环节划分，是对“组织教学”“复习旧课”“讲练新课”“总结新课”“布置作业”五大构件的细化，是“课前”备课阶段相关内容的实施；而课后的“学习评价”“教学反思”既是对“课中”实施成果的检验，又是对“课前”准备是否到位、是否可实施的进一步考察。可以说，这三个阶段是相辅相成的。三个组织模块的完成意味着一堂汉语课的结束，也意味着为下一堂课打下了实践基础。

每一次汉语课的设计与实施必须与整个课程的总体设计相匹配，因此，课堂教学模式的各个构件实际上是对课程设计的细化。总体课程教学理论、理念不同，课中实施的步骤和重点也必然不同。以明德模式为例，其理念为“全面沉浸”和“短期速成”，其大班操练的课堂讲练就遵循密集操练、循环往复的方式，即“教师面向全体学生提出问题（提问）→教师面向单个学生提出问题（独唱）→教师引领大家一起复述或回答（合唱）”（娄开阳，2016），高度追求全体学生的开口率、准确率以及一致的水平提升效果。与此不同的是，以数据驱动的精准教学为理念的国际中文智慧教育“三段九步”教学模式则更强调个性化的教与学，通过“自学评测”等步骤了解每位学习者的痛点，利用“多层次教学”解决学习者水平差异的问题（蔡建永、刘晓海，2023）。可以说，国际中文教育课堂教学模式是课程教学模式的组成部分和具体体现，会因各种教学条件的不同而不同；一种模式也会因教学条件的变化而发生或大或小的变化，甚至会随着教学内容的推进、学习者汉语水平的进步而有所调整。总之，教学模式是一个动态的、不断微调的过程。

第四节　专门用途中文课程与课堂教学工程化设计案例——以商务中文为例

一、商务中文课程教学的工程化设计理念

工程化设计理念强调系统性、可复制性和可量化性。课程设计首先需要明确课程教学目标，然后针对学习目标和学习者特点进行系统的教学设计，包括教学内容、教学材料、教学方法、教学活动、评估方式等。以商务中文课程为例，该课程属于专门用途中文课程，除了通用语言教学内容外，还涉及专门领域中文知识与技能的教学，其目的是培养学习者的跨文化商务交际

与商务实践能力，培养在跨文化环境中工作的商务中文应用型人才。课程目标包括商务中文语言知识与能力目标、商务知识与商务交际能力目标等。从工程化的角度出发，该课程设计需要重点考虑以下几个方面：

1. 商务中文课程学习目标的明确与量化。工程化设计要求明确定义商务中文教学的目标和学习成果。教育者需要明确学生应该达到的语言技能、商务知识和文化理解水平。这些目标应该与实际的商业需求和学生的职业发展目标相一致。

2. 商务中文学习者的学情数据分析。工程化设计借助数据和评估来不断改进教学方法。教育者可以收集学生表现数据，定期评估，并根据反馈信息调整教学方法。这有助于确保教育方案的有效性。

3. 商务中文教学资源的整合与分类。工程化设计理念鼓励创建多样化的教育资源，包括在线学习平台、模拟的商务场景、实际案例、虚拟的实习场景等。这些资源可以满足不同学习风格和需求的学生，并提供全面丰富的教育体验。

4. 现代教育技术手段的应用与创新。商务交际能力的培养对教学过程中的互动性要求较高。工程化设计推崇通过教育技术的应用来增强学习体验，包括智慧教室、视频会议、智能辅助学习系统等。这些技术可以提高学生的学习效率，增加互动性。

二、商务中文课程内容的模块化设计

为培养学习者的商务中文知识与实践能力，商务中文课程的教学内容主要包括以下板块：

语言知识类：包括词汇（以商务词汇为主）、语法及语体等；

语言技能类：包括商务环境下的听、说、读、写等；

商务文化类：了解中国的商务环境和商务文化；

商务知识类：了解商务交往中的非语言类专业知识；

商务实践类：在真实的商务环境中进行语言实践。

此外，按照商务交往的流程，教学内容可以划分为不同的模块，每个模块涵盖特定的主题或技能。商务主题模块包括招聘与应聘、考察与投资、推销与订购等，商务技能模块包括商务沟通、商务礼仪、谈判技巧、公文写作等（见图 5-6）。

语言文化模块	商务主题模块	商务技能模块
• 语言知识类 • 语言技能类 • 商务文化类 • 商务知识类 • 商务实践类	• 招聘与应聘 • 企业与管理 • 考察与投资 • 推销与订购 • 谈判与合同 • 货物与装运 • 商检与认证 • 支付与收款 • 保险与理赔 • 贸易与金融 • 互联网经济	• 商务沟通 • 商务礼仪 • 谈判技巧 • 公文写作 • 书面表达能力 • 团队协作 • 跨文化交际

图 5–6　商务中文课程内容的模块化设计

各模块通常有相关领域的主题词和常用表达，内容上具有相对独立性，便于教师根据学生的需求和水平选择合适的模块进行教学。在班级学习的模式下，教学内容通常会按照课程设置和教学计划来进行，学生可能无法完全自主地选择学习哪个模块。此时可以通过一些方式增加学生的选择权和灵活性，以满足不同学生的需求和兴趣，如差异化教学、提供补充材料、个性化辅导、项目驱动学习等。这些方式可以在一定程度上增加学生的选择权，提高教学的灵活性和针对性，从而更好地满足不同学生的学习需求。

三、商务中文课堂教学的模块化设计

商务中文的课程内容教学模块为课堂教学模块提供了整体框架和指导，确定了课程目标和内容，为课堂教学的具体实施提供了方向和依据。课堂教学模块是课程内容教学模块的具体实施，是课程内容在具体教学环境中的体现。教师可根据课程内容的设计安排每节课的教学活动，以完成课程目标。因此，商务中文课程内容教学模块和课堂教学模块之间关系密切，相辅相成，共同构建了一个完整的教学体系，确保了教学的系统性、连贯性和有效性。

基于商务中文课程的教学改革创新实践，结合蔡建永、刘晓海（2023）提出的“三段九步”教学模式框架以及商务中文课的特点，我们可以采用工程思维对商务中文课堂教学进行模块化设计。具体来说，可以将课堂教学按阶段划分为以下几个模块（见图 5-7）：

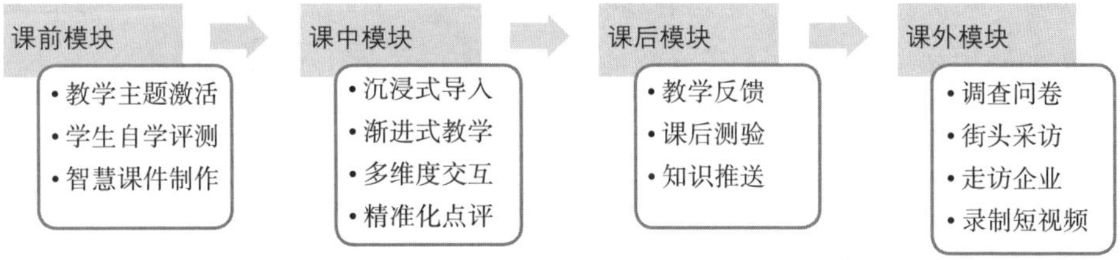

图 5–7　商务中文课堂教学的工程化教学模块

（一）课前准备模块

1. 教学主题激活：通过分享课前推送的文章或短视频，如商务会议、洽谈业务、咨询报价等，激发学生对相关主题内容的兴趣。

2. 学生自学评测：提供纸质或在线的商务中文生词学习卡和测试卡，让学生在课前自主学习并测试，帮助教师了解学生对教学内容的理解程度。

3. 智慧课件制作：工程思维下的智慧课件可以提供丰富的课堂活动模板，且易于使用，技术门槛较低。教师只需根据教学需要，发挥想象力，在模板内输入与课程内容相关的语言要素，就可以自动生成课堂活动或游戏。

（二）课中教学模块

1. 沉浸式导入：教师努力营造一个生动的、引人入胜的学习氛围，以激发学生的兴趣和好奇心。可以展示商务场景中的真实案例、播放相关音视频素材，让学生置身于实际情境中，激发其学习兴趣。这样的沉浸式体验可以帮助学生更加直观地理解商务中文的应用场景和实际的运用方法。

2. 渐进式教学：教师根据学生的水平和能力制订相应的教学计划，采用“字—词—句—段—篇—扩”的顺序开展教学，使教学过程更加系统、清晰。学生从最基本的字词开始，由易到难，从简单到复杂，慢慢扩展到句子、段落和篇章，这样可以逐步建立起对语言的理解和应用能力；扩展训练从课文内容延伸到其他商品、服务和场景，有助于学生将所学知识和技能应用到实际工作和生活中，提高商务活动能力。

3. 多维度交互：教师鼓励并促进各种形式的互动，包括师生互动、生生互动、人机互动以及小组协作等。通过提问、讨论、角色扮演等方式，激发学生的思维和表达能力，培养他们的商务交际能力和团队合作精神。同时，借助现代技术手段，如智慧教室、交互大屏、大语言模型、虚拟现实技术等，让学生获得更加丰富、立体的学习体验。

4. 精准化点评：教师通过实时观察和数据采集，对学生的学习表现进行及时的精准化点评和反馈，帮助学生认识自身的优点和不足，激发其持续进步的动力。同时，这些点评也可以记录并保存下来，分享给学生，供学生日后复习和反思之用，从而实现学习过程中的持续改进和提高。

（三）课后评价模块

1. 教学反馈：教师针对学生的表现进行个性化的反馈和评价，可以是口头反馈，也可以是书面评价，目的是帮助学生认识自己的优势和需要改进之处，从而更有针对性地进行学习。

2. 课后测验：小测验是一种常见的课后评估方式，可以检验学生对课堂内容的理解和掌握程度。这些小测验可以涵盖课堂所学内容的各个方面，包括词汇、语法、听力、阅读等。通过小测验，学生可以及时发现问题，有针对性地加以改进。

3. 知识推送：在评价阶段，教师还可以根据学生的学习情况和反馈，推送一些补充知识或资源，帮助他们进一步巩固并扩展所学内容。这些补充知识可以是相关的阅读材料、视频资料、在线课程等，其目的是为学生提供更广阔的学习视野和更深入的学习体验。

（四）课外语言实践模块

商务中文是一门应用性极强的语言课程，学生学习的目的是在商务场景中进行有效的交流，完成交际任务。语言实践能够帮助学生将所学知识应用到实际场景中，提高他们在商务交流中的语言能力，也有助于加深学生对商务中文课程内容的理解，并在实践中发现和解决问题，提高学习效果。常见形式有以下四种：

1. 调查问卷：学生可以设计并分发调查问卷，收集有关特定商务主题的信息，分析并汇总问卷结果，然后进行讨论或撰写报告。这种方式有助于他们了解市场动态、客户需求和竞争对手的情况。

2. 街头采访：学生可以前往市场、商业区或其他消费聚集地进行实地采访，如与商家或顾客交谈，了解他们的看法、需求和反馈。这种方式有助于学生锻炼口语交流能力，并能获取真实的商业见解。

3. 走访企业：可安排学生就近参观一些企业，亲身了解不同类型企业的运作方式。在访问过程中，学生可以与企业代表交流，提出问题，学习企业的组织结构、产品或服务的相关知识。

4. 录制短视频：学生也可以选择一个商务主题，制作短视频来演示或讨论相关内容。这种方式可以帮助他们锻炼口语表达能力和逻辑思维能力。这些视频还可以在班级中分享，与其他同学进行互动和讨论。

总的来说，上面提到的一系列模块化设计可以使商务中文课堂教学更加系统化，能有针对性地帮助学生提高口语和书面表达能力，同时也能更好地满足不同学生的学习需求，提高教学效果，激发学习动力。

四、商务中文教学的程序化设计

结合前面提到的商务中文课堂教学的模块化设计，具体的教学过程设计可以分为以下四个阶段：课前准备阶段、课中教学阶段、课后评价阶段和课外语言实践阶段。图 5-8 为基于工程思维的商务中文教学设计。

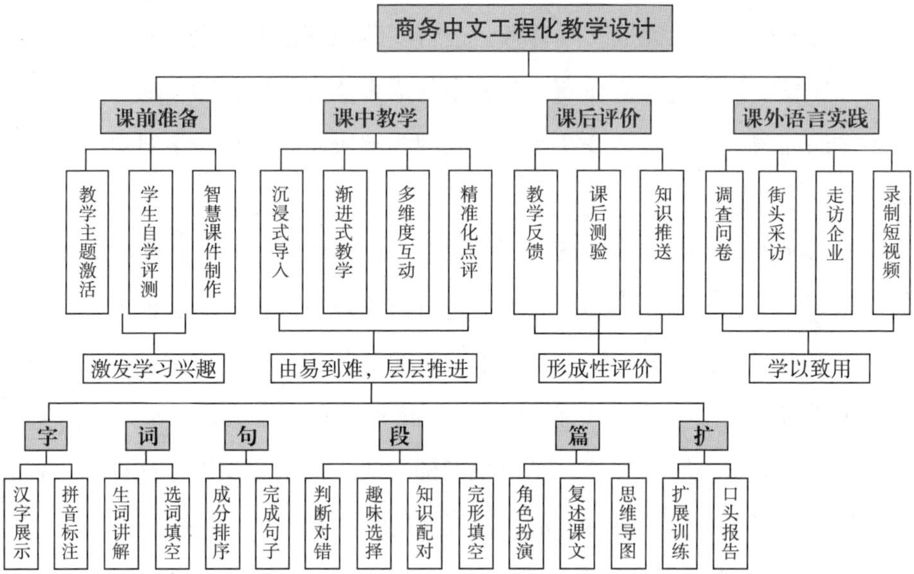

图 5-8　商务中文工程化教学设计

下面以“中国的互联网经济”专题为例，具体介绍商务中文课的工程化设计。该专题主要介绍近年来中国移动互联网的发展给普通消费者的生活带来的巨大便利。本专题信息量较大，涉及的教学内容包括电子商务、快递、O2O、团购、网约车、共享经济、移动支付、金融科技等诸多方面，具体教学程序如下：

（一）课前准备

1. 教学主题激活

为激活“中国的互联网经济”这一教学主题，教师课前可向学生推送中国人常用 APP 月活用户排行榜短视频。以精彩互联网经济视频导入引发学生兴趣，让学生记录关键信息，熟悉本课的基本内容，为接下来的课堂学习做铺垫，从而激发他们的学习动机。

2. 学生自学评测

在课前生词预习环节，生词表可分为生词、拼音、翻译、例句四个部分，教师利用问卷星或微信公众平台制作生词预习题发送给学生，然后根据课前预习任务完成情况，筛选出重点词语和知识点进行精准教学。表 5-3 是课前推送的单选题“传统行业积极＿＿＿＿＿互联网。”的作答情况。该题有两个选项——“创新”和“拥抱”。通过课前生词预习推送，教师可以了解此题在生词预习环节中的错误率高达 65.22%，因此要对这两个生词进行重点讲解。

表 5–3　课前生词预习题准确率

选项	人数	比例
创新（学生选择）	15	65.22%
拥抱（正确答案）	8	34.78%

3. 智慧课件制作

目前，大部分智慧教室都内置了智慧课件制作模块及模板，如拼音标注、汉字展示、笔画笔顺、英汉翻译、课堂活动、思维导图、学科工具等。教师可以利用这些模板来制作智慧课件，设计各种交互性强的课堂活动。而且这些课件会自动存储到云端，教师不需要携带 U 盘即可在教室内授课。

（二）课堂教学

1. 沉浸式导入

教师先播放一段市民骑着共享单车在中国城市街头疾驰的视频，然后介绍这一现象的背景和起源：在中国的大城市，由于交通拥堵问题日益突出，人们急需一种便捷、环保的出行方式。共享单车应运而生，人们通过智能手机 APP 实现租借和归还，这成了解决城市短途出行难题的新选择。通过这个案例，教师让学生思考共享单车背后所需的技术支持、商业模式和运营机制，并通过简单提问，引入本课所学内容——中国的互联网经济。

2. 渐进式教学

在商务中文课堂教学过程中，教师遵循的是“字—词—句—段—篇—扩”的基本教学流程。通过重点字词的讲解，让学生了解与互联网经济相关的常用词语搭配；通过课文中出现的简单句子或短语，介绍不同领域的互联网应用；通过判断、选择、连线等练习，让学生熟悉段落大意；通过角色扮演、复述课文、绘制思维导图等方式，让学生掌握课文整体内容；最后通过扩展训练和口头报告的形式，让学生触类旁通，进行国别差异讨论、行业对比分析、全球竞争与合作讨论等。这样不仅可以加深学生对互联网经济的理解，还可以培养他们的团队合作能力、分析能力和口头表达能力，从而更好地应对未来的工作挑战。

3. 多维度互动

随着教育技术的不断进步，“新一轮科技革命和产业变革深入发展，数字化、网络化、智能化赋能社会发展作用愈发凸显”（马箭飞，2022）。智慧教室在国际中文教育领域的使用也越来越广泛，以北京语言大学和语合中心共同建设的“中文智慧教室”为例，该教室是语合中心服务全球国际中文教学的新样态，它将互联网、大数据、云计算、物联网、人工智能、虚拟现实等新兴技术应用于国际中文教学，通过精选课程、资源平台与智慧大屏三者的有机结合，提供了一种适用于互联网时代的全新中文教学解决方案。

教师可以利用中文智慧教室内置的智慧教学软件，在不同的教学演示阶段，调用合适的“课堂活动”模板来设计丰富的教学互动，在教学演示、师生互动、人机互动等方面满足教师和学生的多样化需求。同时也可以利用教室内的可移动桌椅实现生生互动、小组协作学习，使学生获得沉浸式的学习体验，在潜移默化中帮助学生有效理解并迁移所学知识。

4. 精准化点评

在智慧教学环境下，教师能够充分利用多种手段实现精准化教学点评。

一方面，教师可借助智慧教室内置的强大功能，实时收集学生在课堂上的作答数据。这些数据就像是一面镜子，清楚地反映出了学生对知识的掌握程度。基于这些数据，教师能精准剖析学生在学习过程中的薄弱环节，进而给予有针对性的点评与指导。另一方面，教师可利用问卷星等便捷的网络工具精心设计课堂小测验，并通过手机快速分享到学生的客户端。这些小测验应用场景灵活，既可用于课前预习环节，帮助学生提前了解学习重点与难点；也能在课堂教学过程中适时开展，及时检验学习效果。在点评时，教师不仅要关注学生答题的准确率，还要留意答题速度，因为这能从侧面反映学生的思维敏捷度。同时，学生查阅排名情况后，会形成一种良性竞争氛围，进一步激发自身学习动力。

（三）课后评价

在课后阶段，师生互动可以采用多种形式，包括教学反馈、课后测验和知识推送等。这些互动形式有助于教师评估学生对知识的理解程度，并提供有针对性的反馈。

1. 教学反馈

“中国的互联网经济”专题课程完成之后，针对课堂上出现的大量信息和词语，我们设计了一个小调查（见表 5-4），该调查的有效填写人数为 19 人。这个调查不但能收集学生对课程的反馈与评价，同时也可以帮助学生对本次课程的重点词语进行复习。因为调查是全中文的，学生在勾选自己的课程兴趣点时，首先要了解字面意思，这也能让学生全面地了解本次课程的内容和基本知识点。

表 5–4　“中国互联网经济”专题热点话题调查

选项	人数	占比
1. 移动支付（支付宝、微信支付）	14	73.68%
2. 电子商务（淘宝、京东、拼多多）	11	57.89%
3. O2O（Online to Offline：美团、饿了么）	5	26.32%

续表

选项	人数	占比
4. 国家政策（金融监管、创业扶持）	1	5.26%
5. 物流服务（快递、外卖、闪送）	6	31.58%
6. 出行服务（滴滴、拼车、顺风车、共享单车）	3	15.79%
7. 区块链汇款（Blockchain Remittance）	2	10.53%
8. 社交网络（Social Network）	2	10.53%
9. 智慧城市（Smart City）	2	10.53%
10. 工业互联网（Industrial Internet）	0	0.00%
11. 物联网（IoT）	0	0.00%
12. 人工智能（AI）	3	15.79%
13. 语音识别（Voice Recognition）	0	0.00%
14. 图像识别（Image Recognition）	2	10.53%
15. 大数据（Big Data）	4	21.05%
16. 云计算（Cloud Computing）	1	5.26%
17. 无人驾驶（Auto Pilot）	1	5.26%

2. 课后测验

课后测验与课堂测验的目标和侧重点存在显著差异。图 5-9 是通过微信推送的课后测验，其难度要明显高于课堂小测验，同时也因其与实际生活经验密切相关，对学生更具有启发和促进作用。因此，课后测验不仅是一种评估手段，更是一种教学策略，旨在通过考查学生对课程内容的理解和应用，促使其深入思考并巩固所学知识。

3. 知识推送

课后，教师一般会将课程重要章节的 PPT 或教学过程中播放的短视频链接分享给学生，让其温故而知新。课后推送既可以有效地补充课堂教学内容，又可以加深学生对课程内容的理解和记忆，促进知识的内化和应用。

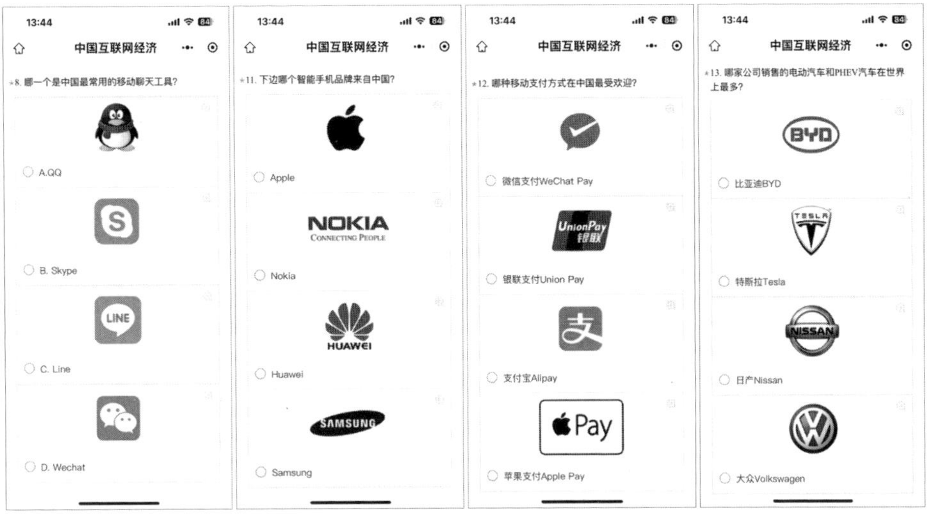

图 5-9　课后测验微信推送内容

（四）课外语言实践

为了让学生巩固课堂所学知识，体验真实的语言环境，感受中国移动互联网近十年的发展变化，我们利用学校周围资源，组织学生参加各种与互联网相关的语言实践活动，如走访企业、街头调查、参加展会等。

我们组织学生走访了腾讯视频北京分公司。作为任务型教学的一部分，教师要求学生尽量使用关键词与公司员工进行交流，如“微信、支付、红包、超级应用、社交网络、用户、手游、青少年、开拓、海外市场”等。教师还设计了一些问题让学生与工作人员互动，如：

（1）你觉得腾讯和脸书（Facebook）有什么相同点和不同点？

（2）微信支付是通过什么方式与支付宝竞争的？

（3）腾讯和阿里巴巴两大巨头在哪些行业和领域存在竞争关系？

（4）腾讯在海外市场的表现如何？打算如何开拓海外市场？

总的来说，上文提到的一系列模块化设计可以使商务中文课堂教学更加系统化，能有针对性地帮助学生提高口语和书面表达能力，同时也能够更好地满足不同学生的学习需求，提升教学效果，激发学习动力。基于工程化理念的“中国的互联网经济”专题教学设计，让学生不仅能在课堂上系统地学习商务中文知识，还能运用所学知识进行实际交流，提升自己的表达能力，拓展对互联网行业的认知，了解企业的市场竞争状况和海外发展战略，从而加深对中国互联网经济的理解。

第五节　本章结语

教学模式的研究对优化教学方法、提升教学质量、促进教育创新具有重要的推动作用。国际中文教育教学模式的理论成果与实际运用对本领域的事业发展、学术积累起到了积极的引导作用。在事业发展的不同阶段，以不同的视角分析、归纳国际中文教育教学模式是十分必要的。特别是在多元化、智能化、全球化的国际中文教育大背景下，从系统性、结构化的角度分析教学模式，能够更好地适应不同的需求。

参照教育工程化理论，本章首先梳理了“教学模式”的定义与性质，介绍了国际中文教育领域经典的教学模式。然后，在对国际中文教育教学模式层级性特点进行分析的基础上，以工程化视角解析、重构面向课程和面向课堂的教学模式，之后对其组织模块、构件进行了一定程度的集成性归纳，探讨了教学模式中“规划”“实施”“保障”三者的关系及组织架构，希望为未来构建新的教学模式提供参考。在实际教学需求的基础上，使用者可选择各组织模块及不同的构件进行重组、增补或删减，以构建新的教学模式。

当然，“教学模式的构建和完善是一个系统性工程”（吴中伟，2016），也是“动态发展过程”（崔永华，2024），无论是构建新的教学模式还是对已有教学模式进行总结都并非易事，还需要结合教学需求、教学环境，在研究方法与理论探讨方面不断突破、创新并进行科学的验证。需要强调的是，教学模式的研究与实践最终服务的对象是学习者，优秀的国际中文教学模式应该包含以下要素：融入、享受、成长（刘颂浩，2016）。教学模式是协助教师积极高效地实施教学的工具，应具有人文关怀，其最终目的是激发学生兴趣、提高语言水平、满足教学需求。

第六章　国际中文教育教学资源工程化建设及应用

“只要是系统，就可以工程化，越是复杂系统越应该工程化。”（魏晖，2022）国际中文教育教学资源建设是一个复杂系统，也需要运用工程思维，朝着工程化的方向快速推进。工程思维为新时期国际中文教学资源建设提供了新的视角和实践路径。本章在系统工程思维的统领下，尝试探讨国际中文教学资源工程化的基本内涵、实践原则及保障措施，以期为国际中文教学资源的高质量建设提供创新思路，也希望对丰富国际中文教学资源研究的理论体系有所助益。

第一节　国际中文教育教学资源概述

国际中文教育教学资源是国际中文教育事业发展和学科建设的重要内容。探讨国际中文教学资源的内涵、分类、现状等基本问题是开展国际中文教学资源工程化研究的基础和起点。

一、国际中文教育教学资源的内涵与范畴

（一）内涵与外延

辨析国际中文教学资源的内涵和外延，可为我们在国际中文教学资源工程化研究中所秉持的教学资源观奠定基础。

1. 内涵诠释

国际中文教学资源的内涵反映了其本质属性。通过范畴和学科两个基本路向可以厘清国际中文教学资源的内涵。

一是范畴路向：教科书→教材→教学资源。

教科书又称课本，是按照教学大纲要求编写的，能系统地反映学科内容的教学用书（中国大百科全书总编辑委员会《教育》编辑委员会、中国大百科全书出版社编辑部，1985）。狭义的教材就是教科书，但广义的教材泛指教师指导学习者学习的一切教学材料，除教科书外，还包括教师使用的教案、教师手册、教具、字词卡片等，也有学生使用的练习册、同步测试、同步阅读、汉字练习本等，这些也统称为教辅材料。[①] 教学资源是“支持教学活动的各种资源。包括人类资源（如教师、学习者同伴、校外专家、家长等）和非人类资源（如各种教学媒体材料、教学媒体设备、教学设施以及社会教育性机构等）”[②]。也有学者提出了教学资源的显性与隐性之分——显性教学资源包括文字材料资源和网络多媒体资源，隐性教学资源涵盖知识与能力资源和方法与策略资源（李泉、金香兰，2014）。我们认为，人类、非人类教学资源的范围比显性、隐性教学资源的范围更加宽泛。

从上述三个术语的基本界定可以看出，教科书、教材、教学资源是一个概念的连续统一体，虽然三者各有广义和狭义之分，界限十分模糊，但也可以看出教科书是这组概念的重要核心。随着教育的进步和信息技术的

---

① 教科书与教辅材料的集合构成了纸质教学资源的概念，即“广义的教材 = 纸质教学资源”。

② 定义参见术语在线：https://www.termonline.cn/index。

飞速发展，教科书的形态不断发生变化，其衍生物不断增多，逐渐形成了教学资源这一更为深广的概念。三者也构成了层层包含的同心圆结构，即教科书为核心圈，教材为中层圈，教学资源为外围圈。在这一结构中，教科书是教材，但教材并非仅限于教科书；教材是教学资源，但教学资源并非仅限于教材。

二是学科路向：教学资源→第二语言（外语）教学资源→国际中文教学资源。

“教学资源”是教育学领域的一个概念，适用于所有现代学科，即每个学科都有相应的教学资源。第二语言教学资源具有第二语言教学的性质，包括英语、法语、德语等多个语种作为第二语言的教学资源。国际中文教学资源是第二语言教学资源的一个分支，同样具有第二语言教学的性质，它是国际中文教育学科的专属概念，这就决定了它要符合国际中文教育的学科性质和专业特点。郭熙、林瑀欢（2021）提出，国际中文教育是指中文在全球的传播与传承工作，包括国内的对外汉语教学、海外的国际中文教学和海外华文教育。自此，国际中文教育“三领域说”得到学界认可。

但是我们也应看到，这三种概念在实际的教学资源建设应用中并非泾渭分明，特别是在由对外汉语教学、海外中文教学、海外华文教学三大板块构成的国际中文教学资源体系中，教学资源相互融合，相互促进，协同发展。

2. 外延辨析

国际中文教学资源的外延反映了其涵盖范围。辨析国际中文教学资源的外延可以了解“哪些是国际中文教学资源”和“哪些不是国际中文教学资源”。

本书所指的国际中文教学资源具有如下特点：（1）这是一个当代（1949年至今）意义的概念，新中国成立之前来华外交使臣、在华传教士、汉学家、商务人士编制和使用的中文教学资源不在本书讨论范围内。（2）指显性教学资源，包括纸质教学资源和数字教学资源两大部分，教师传授的知识、能力、方法、策略等隐性教学资源不在本书讨论范围内。（3）母语语文和民族语文教学资源不在本书讨论范围内。（4）主要是正式出版物，自编自用的教学资源不在本书讨论范围内。

结合上面对国际中文教学资源内涵的诠释和外延的辨析，本书所指的国际中文教学资源是以国际中文学习者为教学对象，以中文和中华文化为核心教学内容，以培养学习者中文交际能力和跨文化交际能力为主要教学目标的中文作为第二语言教学资源。

（二）分类与范畴

了解国际中文教学资源的分类与范畴，有助于我们认识不同类型教学资源的特点和用途，从而在国际中文教学资源工程化研究中明确调查和分析的对象。从资源形态来看，国际中文教学资源是纸质教学资源和数字教学资源的集合。纸质教学资源包括教科书、练习册、汉字本、读物、教师用书等，数字教学资源包括数字素材、数字教材、在线课程、数字应用等。

1. 国际中文纸质教学资源

国际中文教学的多样性决定了教材类型的多元性和复杂性。吴勇毅（2012）指出，国际中文教材可以从不同角度分为不同类别。我们对其分类进行补充完善，形成了如表 6-1 所示的国际中文教材分类体系。该体系涉及 10 个分类角度的 40 余种教材类型，每种教材类型的内容编写取向皆有所不同，有的教材会兼具几种教材类型的特点，比如主题式儿童综合型教材，体现了教材在编写理念、适用对象和交际技能方面的特点。该教材分类体系具有基础性，是国际中文教学资源分类体系中的主干体系；同时我们也应看到，该体系还具有开放性，随着国际中文教学和课程类型的不断丰富，该体系也将不断扩展。

国际中文教辅材料的界定和分类可以借鉴我国政府颁布的《中小学教辅材料管理办法》，将国际中文教辅材料定义为“与教科书（主干教材）配套，供国际中文学习者和国际中文教师使用的各类教学辅助的纸质出版物”，同时将其分为供学习者使用的教辅材料（包括练习类、作业类、试题类、读物类、工具类等）和供教师使用的教辅材料（包括教案类、教具类等）两大类。

表 6–1 国际中文教材分类

序号	分类角度	具体类别
1	教学性质	汉语言本科教材、预科教材、长期进修教材、短期速成教材
2	学习者年龄	儿童教材、青少年教材、成人教材
3	学习阶段	小学教材、初中教材、高中教材、大学教材
4	学习方式	常规教材（课堂教材）、个别辅导教材、远程教学教材、自学教材
5	中文水平	零起点教材、初级教材、准中级教材、中级教材、中高级教材、高级教材
6	交际技能	综合教材、专项技能教材（听力教材、口语教材、阅读教材、写作教材、听说教材、读写教材、视听说教材）
7	学习目标	语言教材、文化教材、专门用途教材
8	母语背景	通用教材、语别教材、国别教材、区域教材
9	学习环境	来华留学生教材、海外中文教材
10	编写理念	结构型教材、功能型教材、结构—功能型教材、结构—功能—文化型教材、主题型教材、情境型教材、任务型教材、内容型教材

2. 国际中文数字教学资源

数字教学资源是指经过数字化处理，可以在计算机或网络上运用的教学资源，包括数字教材、数字图书、教学课件、教学案例、教学软件，以及以文字、图片、音频、视频等形式呈现的课程资源等。中华人民共和国教育部发布的行业标准《数字教育资源基础分类代码》（JY/T 0644—2022）对数字资源类型进行了细致的分类，包括学习网站、在线课程（微课、慕课、网校课程、其他在线课程）、数字教材、教育游戏、教学工具软件、虚拟仿真系统、教学案例（教学设计、课堂实录、任务工单、例题、其他教学案例）、教学课件、习题（试题）及测评系统〔在线作业、在线试题、试卷、其他习题（试题）及测评系统〕、数字图书馆资源、数字化场馆资源、教学素材、教学参考资料和教辅资料、其他，共计 14 个大类。该分类同样适用于国际中文数字教学资源的类型区分。

二、国际中文教育教学资源发展现状①

（一）规模扩大，结构优化

自 1949 年至 2020 年底，全球共出版国际中文纸质教材 19530 种。其中，1981—1990 年共 1211 种，1991—2000 年共 1673 种，2001—2010 年共 7278 种，2011—2020 年共 8039 种，包括面向来华人士的对外汉语教材和海外中文作为外语的教材以及华文教材。注释语种达 80 个，其中欧洲语种 34 个、亚洲语种 30 个、非洲语种 13 个、大洋洲语种 3 个。82.42% 的教材以英语作为注释语种，以韩语和法语作为注释语种的教材数量位列第二、三位。很多语种版本的教材至今仍是一些国家和地区唯一的以母语为媒介语的中文教材。

国际中文教育“低龄化”需求受到重视，中小学中文教材数量有所增加，与大学中文教材的数量差距逐步缩小。2000 年至 2020 年底，全球共出版中小学中文教材 1449 种（其中小学教材多于中学教材）、大学及成人中文教材 1866 种。

教材类型涵盖综合、专项技能、语言要素、专门用途、文化、考试、工具书等，其中综合类通用教材占主体。2000 年至 2020 年底，全球共出版通用型中文教材 5778 种，专门用途中文教材 564 种，二者比例约为 10∶1。专门用途中文教材涉及商务、旅游、科技、医学、媒体、公务、交通、工业、体育、法律、国防、政治、军事、外交、航空、工程、金融等十余个专业和职业方向，其中商务（42.89%）、旅游（14.30%）、科技（14.23%）、

---

① 本部分内容主要参考《国际中文教育教学资源发展报告（2021）》（北京语言大学出版社，2021 年）中的相关数据。

医学（11.02%）中文教材数量位居前四位。文化教材有所拓展——文化教材共713种，其类型从课程类文化教材（20.62%）拓展到通识类文化教材（17.53%）和专题类文化教材（61.85%）。考试教材增长迅猛——2000年至2020年底，HSK、YCT、BCT、IB、CTCSOL等中文考试教材数量达到774种，其中2011年之后出版的考试教材占全部考试教材的68.09%。

在主管部门的政策扶持和引导下，在中外相关机构、数以万计的国际中文教育从业者的共同努力下，中文教学资源实现了规模化发展。据统计，截至2020年底，全球共有496家出版机构从事国际中文教材的出版发行工作，其中117家为中国出版社（含港澳台地区）；379家为海外出版社，分布在全球37个国家和地区。北京语言大学出版社、华语教学出版社、五洲传播出版社等10家国内出版社共出版发行国际中文教材11019种，占教材总量的56.42%，教材发行到世界101个国家的1200多个中文教学机构。这些出版社成为国际中文教材出版的主要力量。

（二）编研并举，质量提升

一直以来，国际中文教材编研并举，不断从国内外中文教学实践、教学和教材研究成果，以及第二语言教学和教材编写理论、实践中汲取营养，逐步从经验走向科学。1958年，《汉语教科书》正式出版，这是新中国国际中文教材发展的开端，它确立了以结构为纲的汉语教学路子；进入21世纪，以《新实用汉语课本》为代表的一批精品教材探索出了“结构—功能—文化相结合”的教学思路，丰富了汉语教学的内容。

从编写理念来看，教材编写吸收国内外第二语言教学和教材编写理论的精髓，结合中文特色，相继推出了功能法教材（如《说什么和怎么说?》，邱质朴著，1990年）、听说法教材（如《汉语会话301句》，康玉华、来思平编著，1990年）、视听法教材（如《家有儿女——汉语视听说教程》，刘立新、邓方编著，2009年）、任务法教材（如《汉语口语速成》，马箭飞主编，2000年）、体验式教学法教材（如《体验汉语》，陈作宏等主编，2005

年）、多元智能教学法教材（如《Cool Panda少儿汉语教学资源》，编写组编，2015年）、内容教学法教材（如《中国研习》，吴勇毅主编，2018年）、产出导向法教材（如《新时代汉语口语教程》，朱勇主编，2020年）等。近年来，在我国“教学有法，教无定法，贵在得法”的教育思想和外语教学“后方法”策略的影响下，教材编写更加注重多种教学路子、教学方法和技巧的兼容并包，编写理念更具开放性和灵活性。新版的《博雅汉语》《成功之路》《发展汉语》《长城汉语·生存交际》《汉语乐园》《快乐汉语》《轻松学中文》等都遵循了多元、综合的教材编写理念，同时也出现了以汉字、语义场、词汇、微技能、图片、故事、语感等为特色的各类中文教材。

从教学内容来看，人工编写的内容逐渐向真实语料扩展，话题、场景越来越贴近生活，语篇意识、语体意识开始彰显，活动设计的可操作性增强，辅助学习方式更加便捷。

从教材编写方式来看，大多数教材能够实现全流程配套，由简单的课堂教材扩展到贯穿整个教学流程的助学助教资源，如课前教案、课堂挂图、词卡、字卡、课后练习册、同步阅读、试题集等，为教学提供完整的辅助配套系统，逐步形成了体系化、现代化的编写模式。

（三）技术赋能，资源集成

在国际中文教学资源建设的诸多应用要素中，技术要素占据着举足轻重的地位。21世纪初，国际中文数字教学资源建设开始起步。时至今日，随着人工智能、大数据、云计算、区块链、5G网络等新技术的广泛应用，技术赋能的国际中文数字资源展示出了强大的资源集成效应。

据统计，截至2020年底，全球共有中文数字教材3679种，其中，中国开发的有1744种，占47.40%，国外18个国家[①]开发的本土中文数字教材共1935种，占52.60%。开设中文慕课的平台共有11个，推出中文教学慕

① 18个国家为美国、韩国、澳大利亚、泰国、俄罗斯、日本、爱尔兰、意大利、英国、印度尼西亚、新加坡、德国、哈萨克斯坦、西班牙、越南、阿联酋、法国、喀麦隆。

课485门，其中，国内慕课平台上线中文课程共364门，占总数的75.05%，国外慕课平台主要有Coursera和edX，共上线121门中文教学慕课，占24.95%。中文教学微课共有4865节，包括四大公开微课赛事3370节、“中文联盟”数字化云平台微课资源1265节、国内外视频网站上碎片化中文微课资源230余节。现有中文学习网站404个，开发者分布于全球5大洲25个国家。现有中文教学应用APP共334款，其中语言要素类APP最多，占总数的22.46%。

中文数字资源的“技术含量”越来越高，应用场景不断拓展，基本实现了“教、学、管、评、研、用”全覆盖，互动性越来越强，智能化产品越来越丰富。其一，334款教学应用程序中，有132款APP设计了与学习者互动的功能，包括自动批改功能和人工批改功能。有6%的APP具备问答功能，17%具备语音识别功能，18%提供答案纠错功能。21款APP设计了布置作业功能，通过评分、评语、评星的方式给予用户反馈；99款APP具备测试功能；61款APP对学习者设置了较为明确的激励机制。其二，中文数字教学平台利用语音识别、文字识别、语音合成、虚拟现实、人工智能、大数据等新技术，提供智能口语评测、沉浸式学习等学习工具，使中文学习更加智能化。例如，国际中文教学指南平台采用了自然语言处理技术；SuperChinese和SPKChinese采用了深度学习技术，能够结合大数据挖掘和分析，实现教学内容的智能推荐，定制个性化学习方案；体验汉语VR视听说教程、酷熊猫（Cool Panda）VR系统、虚拟仿真实验“新时代中国故事”等产品尝试使用虚拟现实技术，可让学习者获得身临其境的学习体验。

综上所述，国际中文教学资源建设通过一系列的实践活动，展现出了良好的发展前景。在此基础上，如何进一步加强国际中文教学资源的工程化建设，还需要我们廓清国际中文教学资源工程化的基本内涵。

第二节　国际中文教育教学资源工程化的基本内涵

国际中文教育教学资源是当前国际中文教育工程化转型的关键基础。本节我们将进一步探讨资源本身的工程化问题：为何资源工程化如此重要？我们需要特别重视哪些资源？

一、国际中文教育教学资源数据化

（一）数据资源及其重要性

随着数字经济时代的到来，数据成为新的生产要素，它既是基础性资源和战略性资源，也是重要的生产力。数据对于生产力提升的重要性在工程领域显得尤为突出。2020 年以来，党中央首次将数据作为一种新型生产要素写入中央文件，与土地、劳动力、资本、技术等传统要素并列。数据作为推动我国经济高质量发展的关键要素，在国家治理能力建设、国民收入分配、企业转型升级等方面发挥着十分积极的作用。

在具体的工程应用中，作为生产要素的数据资源也发挥着不可或缺的作用，并在工程活动的全过程中产生价值。具体可以概括为以下几方面：

1. 驱动决策：通过收集和分析相关数据，相关方可以做出更明智、更精确的决策，从而提高工程项目的效率和效益。

2. 优化工程流程：数据可以帮助评估不同的工程流程和方法，找出优化空间。通过对大量历史数据、行业数据等的分析，可以确定最佳实践方案，降低成本，并提高工程的可持续性和环境友好性。

3. 风险管理：通过数据分析，工程可以预测潜在的风险和问题，并采取预防措施。例如，通过对历史数据的分析，可识别出常见问题和风险模式，从而提前采取相应的防范措施。

4. 质量控制：通过监测、收集和分析各个环节的生产数据和环境数据，可以及时发现问题，纠正错误，并确保工程项目的质量符合标准和要求。

5. 设施维护和预测性维修：通过采集和分析设备和设施的运行数据，可以进行预测性维修，提前发现故障和老化问题，避免生产中断和成本增加。

6. 效率提高：通过对工程过程的数据进行分析，可以找出效率低下的环节和瓶颈，并采取相应的改进措施，从而提高工程项目的整体效率，节约时间和资源。

总之，在工程中应用数据可以提高生产力，降低成本，优化工程流程，提升质量，确保工程项目的顺利进行。数据驱动的决策和优化能够帮助相关方更好地应对挑战，实现更高水平的工程实施。

对应工程活动中的要点，数据在教育中的重要性不言而喻。

1. 数据可支持决策和规划：教育决策需要有基于事实和证据的依据，而数据正好提供了这种支持。通过收集和分析学生、教师和学校等方面的数据，可以了解教育现状、问题和需求，从而制定更加科学、有效的教育政策和规划。

2. 对应流程优化，数据可推动教学改进：教育是一个复杂的过程，涉及多个环节和因素。通过收集和分析学生的学习数据和教师的教学数据，可以发现教学中存在的问题及学生的学习需求，评估教学策略的有效性等。这些数据可以用来指导教学改进，优化课程设计和教学方法，提高学生的学习效果和满意度。

教学改革中的一个重要方面就是个性化教育，即因材施教，这也是数据要素发挥作用的重要方面。每个学生都有自己独特的学习特点、兴趣和需求，而传统的教学往往难以满足每个学生的个性化学习需求。通过数据分析和个性化算法，系统可以根据每个学生的学习风格和进度，为其提供定制化的学习资源、学习路径和学习建议。这种个性化教育能够更好地满足学生的学习需求，提高其学习动力和学习效果。

3. 对应风险管理和质量控制，数据可提供反馈和评估：教育过程中的反馈对于学生、教师和教育管理者来说都非常重要。通过收集和分析学生的学习数据和教师的教学数据，可以及时了解学生的学习进展和问题，为学生和教师提供个性化的反馈和指导。同时，数据还可用于评估教育质量和教育机构的绩效，为教育改革和政策制定提供依据。

总体而言，数据在教育中的重要性体现在支持决策和规划、推动教学改进和个性化教育，以及提供反馈与评估等方面。通过数据的收集、分析和应用，可以提高教育的科学性、有效性和个性化程度，促进教育的发展和进步。

具体到教学场景，教学用数据资源包含各类教学材料、教学案例、学员信息、学习成绩等以数据形式存在的资源。这些数据资源包括文字、图片、音频、视频等多种形式。教学场景中数据资源的重要性还体现在以下几个方面：

1. 为教师提供独特的教学工具，帮助他们创造丰富多样的教学内容。

2. 为学生提供更加个性化和多样化的学习材料，满足他们的学习需求。

3. 辅助学校和教育机构进行科学评估和绩效管理，提供科学依据，帮助他们进行决策和改进。

4. 为教育研究提供丰富的素材和数据支持，推动教育发展和教育改革。

这些方面在今天的教育，尤其是在国际中文教育的转型发展中，都格外重要。

（二）数据化理念

工程中的数据化理念是指将工程活动过程中产生的各类数据视为工程资源，通过采集、存储、处理、分析和分发共享这些数据，为教育实践和决策提供科学依据和支持。具体来说，数据化理念包括以下几个方面：

1. 对数据价值的认知：数据是工程过程中产生的有价值的信息，可以揭示工程实施状态、效果和质量等重要信息。数据可以通过各种途径收集，比如测评成绩、行为记录、维护记录和管理数据等。

2. 数据采集和管理：数据化理念强调对数据进行规范的采集和有效的管理，包括建立数据采集的标准和流程，以确保数据的准确性和完整性。同时，需要建立适当的数据管理系统，使数据的存储和检索更加便捷、高效。

3. 数据分析和应用：数据化理念强调通过对数据的分析和应用来发现工程问题，为工程活动提供支持，优化工程流程等。利用统计分析、机器学习和人工智能等技术，可以从海量的数据中提取有用的信息和规律，为工程决策和改进提供科学依据。

4. 数据共享和合作：数据化理念强调数据的共享和合作。通过将数据进行去标识化处理（脱敏），可以保护个体隐私，同时促进数据的共享和交流。共享数据可以为不同地区、机构和政府间的研究和工程实践提供更多的资源和参考。

以航空工业为例，航空安全事关全行业利益和社会福祉，数据化理念在航空安全实践中发挥着重要作用，具体体现在航空设备的性能监测与维护方面。比如，飞机的运行状态和维护需求是至关重要的。通过航空设备上的传感器和监测系统，可以实时采集飞机的各种数据，如温度、压力、振动、油耗等。这些数据可以反映飞机的运行状况和各项性能。通过对这些数据的收集、存储和分析处理，可以实现以下几个方面的应用：

1. 设备的预测性维护：如对飞机的传感器数据进行分析，可以实时监测飞机的性能。通过分析数据，如振动数据趋势的变化、油耗率的变化等，可以提前预测设备的故障和维护需求。这有助于航空公司和维修人员提前采取行动，避免设备故障对航班运行的影响，降低故障维修成本。

2. 故障分析和优化：对大量的飞行数据进行分析，可以发现设备中的故障模式和问题；通过对大数据的挖掘和分析，可以识别出一些潜在的故障原因和设备的设计缺陷，为改进设备设计和提升飞行安全性提供参考。

3. 节能与性能优化：通过对飞行数据的分析，可以识别出飞机在不同阶段（如起飞、巡航和降落等）的性能。通过对性能数据的对比和分析，可以发现性能下降的原因和潜在的改进空间，有助于航空公司和机组人员做出合适的决策，以提高燃油效率、降低飞行成本并减少对环境的影响。

从上面的例子可以看出，在航空工业中，数据化理念的应用提高了飞机的安全性、可靠性和经济效益，对航空工业的发展起到了积极的推动作用。

具体到教育领域，数据化理念将数据资源应用于教育尤其是语言教育的教学、管理和研究等各个环节，能够促进教育质量和效益的提升。教育数据化理念强调对数据的认知、采集和管理、分析和应用、共享和合作，具体分析如下：

1. 对数据价值的认知：在语言教育中，数据可以揭示学生的语言学习状态、语言能力发展、教学效果等方面的信息。理解数据的价值意味着教育者和学习者意识到数据可以为教学和学习过程提供科学依据和支持，帮助优化教学、提高学习效果。

2. 数据采集和管理：数据化理念强调对语言教育过程中的各种数据进行规范的采集和有效的管理，包括学生的语言学习成绩、评估数据、学习行为记录等。通过建立数据采集的标准和流程，语言教育者可以保证数据的准确性和完整性；同时，建立有效的数据管理系统可以方便教育者对数据进行存储和检索。

3. 数据分析和应用：数据化理念强调通过数据分析和应用来发现学生的学习问题，提供个性化教学支持，改进语言教学方法。利用统计分析、机器学习和人工智能等技术，可以从大量的学习数据中提取有用的信息和规律，为教学决策和个性化教学提供科学依据。例如，通过分析学生的学习成绩和学习行为记录，可以提供个性化的学习建议和反馈，帮助学生更好地理解和掌握语言知识。

4. 数据共享和合作：数据化理念强调数据的共享和合作。如将语言教育中的数据资源进行去标识化处理，可以保护个体隐私，同时促进教育数据的共享和交流。共享数据可以为不同学校、教育机构和语言教育研究者提供更多的资源和参考，加强合作与交流。例如，教育者和研究者可以通过共享数据，共同研究语言教育中的教学模式、学习策略和评估方法，推动语言教育的改进和创新。

从这些方面可以看出，数据化理念在语言教育实践中体现在对数据价值的认知、数据采集和管理、数据分析和应用、数据共享和合作等方面。这些方面的应用可以帮助教育者更好地了解学生的学习状态和需求，提供个性化的教学支持，优化教学方法，提高教学效果。

一个生动的例子是教学评估工程中的数据化应用。传统的教学评估通常使用问卷调查或观察等方法来了解教师的教学效果，而通过数据化理念，可以采集学生的学习数据，如学习行为记录、作业成绩等，对教学效果进行更准确的评估和比较。通过对大规模数据的分析，可以发现教学中的问题、学生的学习偏好，从而更好地评价教学策略的有效性。教师可以根据这些数据做出相应调整，优化教学过程，提高教学效果。这个例子体现了数据化理念在教学评估中的应用，通过数据的采集、分析和应用，可以用量化的形式客观地评估教学效果，为教学改进和质量提升提供科学依据。同时，数据化理念还强调数据的共享和合作，将教学评估的数据资源进行共享，可以促进教学研究和教学实践的合作与发展。

（三）教育大数据

大数据是来自IT行业的技术术语，指所涉及的数据量规模极为巨大，传统IT技术和软硬件工具无法在可容忍的合理时间内对这些数据进行分析、管理、处理并整理成人类所能解读的信息。大数据的核心特征常被概括为“4V”，即数据量大（Volume，一般认为在T级或P级以上）、类型多（Variety）、变化快（Velocity）和质量低（Veracity）。（Mayer-Schönberger & Cukier，2013）教育大数据是大数据的一个子集，特指教育领域的大数据。它是指整个教育活动过程中所产生的以及根据教育需要采集到的，一切用于教育发展并可创造巨大潜在价值的数据集合。（杨现民等，2016）教育大数据对教育过程中产生的大量数据进行采集、整理和分析，从中提取有价值的信息和规律，以支持教育决策、教学改进和学习个性化等方面的工作。

早在 2012 年，美国教育部就发布了《通过教育数据挖掘和学习分析促进教与学》的报告，对美国国内大数据教育应用领域和案例，以及应用实施所面临的挑战进行了详细的介绍，并提出了“数据驱动学校，分析变革教育”的口号。教育大数据的重要性由此可见一斑。

教育大数据本质上是一种由服务产生的数据，其目的是为服务赋能。服务方、消费方及其所涉及的环境、基础设施和其他资源都是其来源，其中又以服务方和消费方最为重要。这里将教育大数据的重要来源总结如下：

1. 学生学习数据：学生学习数据是教育大数据的主要来源之一，包括学生在学校或线上学习平台的学习记录，如考试成绩、作业完成情况、在线学习行为和交互数据等。

2. 教学资源：教学资源也是教育大数据的重要来源，包括教材、课件、多媒体资源、在线教学平台和学习管理系统中的教学内容等。

3. 学校管理信息：学校管理信息系统中的数据也是教育大数据的来源之一，包括学生的个人信息、注册信息、课程安排、班级管理等。

4. 外部来源：教育大数据还可以来自外部，如教育研究机构、政府部门、教育软件和应用程序等。这些数据可能涉及教育政策、教育发展趋势、学生群体特征等信息。

需要注意的是，由于教育领域的特殊性，教育大数据的来源必须严格遵守数据保护和隐私保密方面的规定。收集、处理和使用教育大数据时一定要确保数据的安全性和合法性，并注意保护学生的个人隐私。在进行教育大数据的分析和应用时，应该采取相应的数据脱敏和匿名化措施，以确保数据的隐私和安全。

教育大数据的应用也体现在前文所述的几个方面中，具体到教学实践，比较常见的有以下几类：

1. 个性化教学：通过分析学生学习数据，了解每个学生的学习特点和需求，提供个性化的学习建议和辅导。

2. 智能评估：通过对学生学习数据的分析，提供有针对性的评估和反馈，帮助教师和学生了解学习进展和难点。

3. 教学改进：通过对教师教学数据的分析，发现教学中存在的问题和改进的方向，提出改进教学的参考意见。

4. 教育决策：通过对教育数据的整合和分析，提供科学依据，支持政策制定和教育管理决策。

（四）教育资源数据化

在国际中文教育中，以当前的技术条件将教学场景中的资源进行数据化，应特别关注以下几个方面：

1. 教学材料的数字化：传统的纸质教材逐渐被电子教材所替代，这不仅方便了教材的存储和携带，也使得教材内容的更新和修改更加灵活。电子教材可以包含互动元素，如视频、动画和模拟实验，以增强学生的学习体验。更重要的是，数字化后的教材内容可以被各类教育技术所使用，解决各类技术落地中“无米之炊”的问题。

2. 教学案例的集成：通过将教学案例进行数据化处理，教师可以根据不同的教学目标和学生需求，快速选取并整合合适的教学案例。这些案例可以是静态的语言数据、教材内容等，也可以是师生行为数据，如作业中的偏误、优秀范文等。通过数据化管理，教师可以更系统地进行教学设计。

3. 学员信息的管理：对学员个人信息、学习背景、兴趣爱好等数据进行收集和管理，是实现个性化教学的基础。通过数据分析，教师可以更好地了解每个学生的特点和需求，从而制订更有针对性的教学计划。

4. 学习成绩的跟踪：学生的学习成绩和进步情况是教学效果的重要反馈。对这些数据进行系统化管理，教师可以及时了解学生的学习状况，调整教学策略；同时，学生也可以通过这些数据了解自己的学习进展，进行自我反思和调整。

5. 配套多媒体教育资源的开发：随着技术的发展，教育资源的多媒体化已经成为趋势。音频、视频、动画等多媒体形式的教育内容，不仅可以丰富教学手段，还可以提高学生的学习兴趣和学习效果。目前，国际中文教育中的大多数资源以文本形式存在，为这些资源配套相应的图片、音频和视频十分重要。比如，为大纲中的词语和例句配图，形成图解词典；为短文中的关键信息配上动画；等等。

除了几个大的资源类型，在数字化过程中，我们还需要特别关注资源的共享和安全。

1. 教育资源的共享与交流：在全球化背景下，教育资源的共享与交流变得越来越重要，这是教学资源数据化后效能倍增的关键环节。通过数据化管理，教育资源可以跨越机构和课程的限制，实现更广泛的传播和应用。这不仅有利于教育资源的优化和再利用，也有助于推动教育的国际化发展。

2. 数据安全与隐私保护：在教育资源数据化的过程中，数据安全和隐私保护是一个不容忽视的问题。数据加工生产全流程需要建立健全的数据保护机制，确保学生信息的安全，避免数据泄露和滥用。

关于以上两点，我们将在第四节做更详细的阐述。

二、不同类型国际中文教学资源的数据化路径

近年来，有关教学资源的理论研究和工程建设蓬勃发展。在本部分，我们将简单梳理国际中文教育领域主要的资源类型。

（一）国际中文教育教材数据

教材是当前最重要的一类资源建设工程化成果，它在教育的全流程中扮演着不可或缺的角色。教材也是大纲和规范标准得以投入使用的物质抓手和教学体现。从本质上说，教材是一个资源包，在教育各环节（尤其是工程化的教

育中）具有两个主要功能：基本教学资源的提供者、教学中串联资源的脚本。也就是说，资源包应包含多种资源，也包含资源间的关系，这些关系数据可以帮助用户了解资源的组织方式。

首先，教材作为教学资源的提供者，承载着丰富的语言和文化知识，为学习者提供了必要的学习内容和材料。大纲和相关规范标准所规定的语言要素（词汇、语法、篇章、交际任务等）可以通过教材系统地传递给学习者。教材还可以引导学习者了解和体验中国的文化和社会背景，促进跨文化交流和理解。在这一角色中，教材要确保语言要素的“保质保量”覆盖，并进行有限的扩展和解释。

其次，教材作为教学中串联资源的脚本，起着组织和引导教学过程的重要作用。教材的编排和组织要考虑到学习者的学习进程和认知特点，以便合理地安排教学内容和任务。教材的内容应该具有递进性和连贯性，能够帮助学习者建立起知识和技能的连贯体系；同时，教材还应该提供丰富的教学活动和练习，以促进学习者的参与和实践，帮助其巩固所学知识和技能。这也是对大纲和规范标准内容的体现和完善。

总而言之，在国际中文教育工程化中，我们要充分认识和发挥教材的这两个功能，通过科学的数据分析和工程化的方法，不断优化教材的设计和开发，以确保其质量和有效性。

教材数据工程化旨在利用先进的技术手段和方法，将大量的数据资源纳入教材的制作过程中，从而提升教材的教学效果，改善学习体验。国际中文教育教材的数据工程化需要注意以下几个方面的问题。

1. 教材数据工程化需要建立一个全面、准确的数据收集系统。这个系统应该能够收集和整理与学习者相关的多样化数据，包括学习者的语言背景、学习需求、学习进展等方面的信息。通过对这些数据的收集和分析，可以更好地了解学习者的特点和需求，有针对性地设计和开发教材。

2. 教材数据工程化需要注重数据的挖掘和分析。通过对学习者数据的挖掘和分析，可以发现其学习规律和模式，进而指导教材设计和优化。例如，通过分析学习者的错误类型和频率，可以调整教材的难度和练习内容，帮助学习者更好地理解和掌握中文知识。

3. 教材数据工程化还需要关注教材的评估和反馈。通过对学习者的学习数据进行评估和分析，可以及时发现教学中存在的问题和不足，迅速调整教材内容和教学策略；同时，教材数据工程化还可以为学习者提供个性化的学习反馈，帮助他们更好地调整学习策略，提高学习效率。

综上所述，国际中文教育教材的数据工程化是一项复杂而重要的任务。通过科学的数据分析和工程化的方法，可以有效提升教材质量和教学效率，为学习者提供更好的学习体验。在未来的研究和实践中，我们应该进一步探索和发展数据工程化在国际中文教育教材中的应用，从而不断推动国际中文教育事业的发展和创新。

（二）国际中文教育教学资源中的基础语言数据

本部分讨论的基础语言数据，主要是从母语和二语语料资源中抽取的语料及其相关的描述性和推理性产出。不同于语料库语言学重视对语料和语言现象的多种分析，在教学环境下，基础语言数据及其加工、组织是以教学需求为导向的。

基础语言数据在国际中文教育中扮演着重要的角色。首先，基础语言数据为学习者提供了真实且具有代表性的语言材料，使他们能够接触到真实的、多样的、典型的语言形式和用法。这些语料主要来自中文母语者的产出，包括书面文本、口语对话、新闻报道、电影对白等。这些真实语料也是编纂或修订辞书、大纲和相关规范标准的材料来源。通过接触和分析这些语料，学习者可以了解语言的实际运用情况，提升语言能力。

其次，基础语言数据的加工和组织需要根据教学需求进行设计。在教学环境中，基础语言数据不仅是一种语言资源，更是为教学服务的工具。教师可以根据学习者的水平和学习目标，从语料中选择合适的句子、篇章或对话，组织教学活动和任务。通过基础语言数据的加工和组织，教师可以创造出丰富多样的教学情境，激发学习者的学习兴趣和动机，促进他们的语言习得和运用。不同于语言学要问“是什么”“为什么”，教学工作更注重“怎么用”“怎么教”。

此外，基础语言数据的描述性和推理性产出也是教学中的重要组成部分。教师可以根据语料的特点和教学目标，提取出相关的语言知识和规律，进行描述性的分析和解释；同时，教师还可以引导学习者通过推理和归纳，深入理解语言现象的规律及其背后的逻辑。这种描述性和推理性的产出有助于学习者建立起对语言的系统性认识，提升语言分析和应用能力。

基础语言数据资源的采集、加工、组织和使用，本质上是一个工程化过程，而且可以用工程化的视角加以优化。

1. 采集数据资源：基础语言数据可以通过多种途径采集，包括收集书面文本、口语对话、新闻报道、网络文本等。可以利用现有的语料库资源，也可以通过网络爬虫等方式获取特定领域或主题的语料，还可以通过学习者的作文、口头表述等方式收集学习者的语言产出。

2. 数据加工和清洗：采集到的语料需要进行加工和清洗，以满足教学需求，包括去除噪声数据、标注词性和句法等基本语言特征信息、标记语体和交际目标等关涉语言功能的信息、添加文化点等附加标签。数据加工的目的是使语料更易于理解和使用，并确保其质量和准确性。

3. 数据组织和分类：将加工后的语料进行组织和分类，以便教师和学习者能够快速访问和利用。可以按照主题、语言难度、语言功能等进行分类，建立语料库或教材库；同时，可以利用元数据对语料进行描述和标注，以便检索。

4. 数据分析和挖掘：利用数据分析和挖掘的方法，从基础语言数据中提取有用的信息和知识。可以通过统计分析、语言学分析、机器学习等方法，探索语言现象的规律和特点。这些分析结果可以用于教学设计和教学活动的组织。

5. 教学设计和活动：基于基础语言数据的分析结果，教师可以设计并组织丰富多样的教学活动，包括词汇教学、语法教学、听力训练、口语练习、阅读理解等。教学设计应该考虑学习者的水平和需求，以及教学目标和任务的设置。

6. 技术支持和工具应用：在基础语言数据的工程化过程中，可以利用各种技术支持和工具。例如，利用网络技术和大数据工具进行数据采集和管理，利用自然语言处理技术进行语料加工和分析，利用推荐技术、知识图谱等技术实现"精标互联"，利用教学管理系统和学习平台进行数据组织和教学活动的实施，等等。

总之，在基础语言数据资源的采集、加工、组织和使用中运用工程思维，可以提高教学的效率和质量。教师可以更好地利用语料资源进行教学设计和活动组织，学习者可以通过真实且有代表性的语料进行语言习得和运用。同时，工程化的方法还可以促进教学研究和创新，推动国际中文教育的发展和进步。

（三）国际中文教育教学资源中的师生行为数据

如果说基础语言数据和教材数据属于静态数据的话，那么具体教学中的师生行为数据则是一种动态数据。师生行为数据指的是教学过程中教师的教学行为和学生的学习行为，以及两者互动所产生的数据，包括但不限于教师的教学内容和教学策略、学生的学习反馈、教学活动的进展等多方面的信息。对学生学习行为的数据汇总也就是常说的"学情反馈"，相应的还有"教情反馈"。以师生行为数据为代表的动态数据，在以往的教学研究中讨论得并不多，但也被视作一种特殊的教学资源。它对教学的支撑作用分为直接和间接两种形态。直接形态即师生可以以既有行为数据为参照开展教学活动。比如，教师选取学生作文中的范文进行讲解，就是利用了学生写作的行为数据；学生之间通过彼此既有的语言产出和教师批改开展自学、互学，也是利用了自己的行为数据。真实的行为数据往往能对教学起到更好的作用。间接形态表现为师生行为数据赋能各类教育技术，通过技术和产品支撑教学。比如，学情反馈数据可以对学生进行精准的资源推荐，对教师进行学情预警等。

对师生行为数据的收集和分析对于教学的改进和优化具有重要意义。通过收集和分析师生行为数据，教师可以了解学生的学习情况和需求，发现学生的学习困难和问题，从而及时调整教学策略和方法，以促进学生学习效果和语言能力的提升。同时，通过对教师教学行为数据的分析，可以评估教学效果，改进教学方法。

对师生行为数据的收集可以通过多种途径进行。例如，可以利用教学观察记录、学习者问卷调查、学习者作业和考试成绩等方式收集学生的学习行为数据；可以利用教学录像、教学日志、教学设计和教学评估工具等方式收集教师的教学行为数据。这些数据可以是定量的，如学习者的答题正确率、学习时间等；也可以是定性的，如学习者的口头表达、教师的教学反思等。

对师生行为数据的分析需要运用适当的统计和分析方法。例如，可以利用数据挖掘技术，对大量的师生行为数据进行模式识别和关联分析，以发现教学和学习的规律和关系；还可以运用教育评估方法，对教学效果进行评估和分析，为教学改进提供依据。

在国际中文教育教学资源工程化中，对师生行为数据的收集和分析应该与其他教学资源相结合，从而形成一个完整的教学支持系统。通过综合利用基础语言数据、教材数据和师生行为数据，教师可以更好地进行教学设计和活动组织，学生可以获得更有效的学习支持和指导。

师生行为数据的工程化集中在对师生行为数据的采集、加工、组织和使用上。下面是师生行为数据工程化的要点：

1. 采集师生行为数据：对师生行为数据的采集可以通过多种技术手段成规模地进行。传统的方法有教学观察、问卷调查、学习记录、作业和考试成绩等；在智慧教学过程中，多种传感器和多平台的数据记录，也可以全方位地采集师生的行为数据，如答题速度、停留时间、表情、发音等等。总的来说，采集师生行为数据需要明确数据目的和范围，选择合适的数据收集方法和工具，并确保数据的准确性和可靠性。

2. 加工师生行为数据：采集到的师生行为数据需要进行加工和清洗，以满足教学和研究的需要。加工师生行为数据包括数据的整理、标注、分类和归档等操作。这里需要第二语言习得和教学理论的指导，只有这样才能有的放矢地进行加工。此外，在这个过程中要注意利用好数据处理工具和技术，可通过数据格式转换、数据清洗和数据融合等操作，提高数据的质量和可用性。

3. 组织师生行为数据：组织师生行为数据是将数据进行分类、存储和管理，以便教师和研究者能够方便地访问和使用。可以先建立师生行为数据的数据库或数据仓库，然后按照不同的维度和标准对数据进行组织和分类。在相应理论的指导下，要尽可能地进行关联。同时，可以利用元数据对数据进行描述和标注，以便于检索和分析。

4. 使用师生行为数据：对师生行为数据的使用是指将数据应用于教学和研究。教师可以利用师生行为数据进行教学分析、教学评估和教学改进，以提高教学效果；研究者可以利用师生行为数据进行教育研究和数据驱动的决策，以推动教育领域的发展和创新。

在上述过程中，需要注意以下几个要点：

1. 隐私保护：在收集和使用师生行为数据时，要确保数据的隐私和安全。必须遵守相关的法律法规和伦理准则，采取严格的数据保护措施，以保护师生的个人隐私权。

2. 数据质量控制：在师生行为数据的采集和加工过程中，要进行数据质量的控制和验证。可以通过数据清洗、数据验证和数据校对等方式，确保数据的准确性、完整性和一致性。

3. 数据分析方法：在使用师生行为数据进行分析时，要选择合适的数据分析方法和工具。可以运用统计分析、机器学习、数据挖掘等技术，从数据中提取有用的信息和知识。

4. 教学改进和优化：师生行为数据的应用应该与教学改进和优化相结合。教师应该根据数据分析的结果，及时调整教学策略和方法，为学生提供个性化的学习支持和指导，以促进其学习效果和语言能力的提升。

总之，在师生行为数据的采集、加工、组织和使用中运用工程思维，可以为教学和研究提供有力的支持和指导。师生行为数据的工程化可以帮助教师和研究者更好地理解教学和学习的过程，优化教学设计和活动组织，提升教学和学习效果。

第三节　国际中文教育教学资源工程化的实践

在国际中文教学资源建设领域，虽然工程化的概念提出较晚，但工程化实践却由来已久，并且在“微观”“中观”和“宏观”不同的工程层次上均有涉及。工程的层次关乎工程的范围和尺度，从理论研究角度也可称为研究框架（李伯聪，2011）。从微观、中观、宏观三个层次探讨国际中文教学资源的工程化实践，有助于我们对工程化的认识从朦胧走向清晰，进而发现实践中存在的问题，并找到实现工程化的有效途径。

一、微观实践

微观的工程主要指项目。微观层面的国际中文教学资源工程是指个体（如中文教师、教材编写者、资源开发者）或项目组对国际中文教学资源的设计、编写和开发，如一套教材的编写、一门慕课的开发等。相较于宏观和中观层面的资源工程，微观工程的服务对象较为明确，主要是教学资源的使用群体，包括中文教师和学习者。教师作为编写者，受机构委托或自发承担教学资源的编写和开发工作，其优势在于他们熟悉特定社会文化中的教学场景和教学对象，善于把握教学特点，能够直接了解教学需求，并提供相应的教学思路。除上述外部因素外，教师的专业性和丰富的教学经验决定了他们更了解学科知识系统中哪些知识更重要、更基础、更典型，他们擅长将知识、技能、文化、策略、情感等教学内容要素通过教学逻辑进行网状、链状、环状、阶梯状、螺旋状的设计，从而形成教学资源的基本形态。

微观层面的工程化实践是教师作为编写者运用相对规范的程序进行教学资源研发的过程，主要包括前期准备、设计编写、资源配套、修订完善等步骤（见图 6-1）。

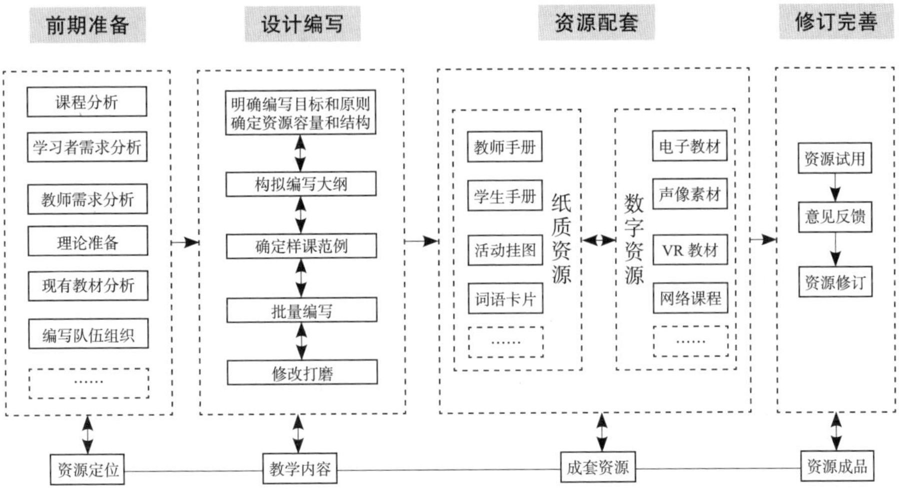

图 6–1　国际中文教学资源建设微观工程化实践

规范的研发程序可以保证国际中文教学资源建设工程的质量。在工程化实践过程中，研发者还应遵循以下原则。

（一）系统性

系统性一方面指教学内容的系统性，如内容编写要为中文学习者构建所学知识和技能的总体框架，语言和文化要相得益彰，语言知识与技能训练要平衡协调；另一方面指资源配置的系统性，包括课与课之间、册与册之间、初中高不同级别之间的顺畅衔接，难度的合理提升，教材与练习册、数字课程等配套资源之间的分工配合等，以确保教学内容体系的一致性和连贯性。系统性是国际中文教学资源编写的基本原则，也是工程建构的基础思维模式。只有从整体出发，依据系统性原则，遵循中文作为第二语言的教学规律和教学资源编写规律，优化整合多元复杂要素，国际中文教学资源编写工程才能实现结构化、功能化和高效化。

（二）适用性

适用性是指教学资源适于应用、便于使用的程度和水平。教学资源是由人编写的，也是为人所用的，因此“可用、适用、易用、有用”是工程建构的目标，也是资源价值的体现，反映了人本主义的教育理念，彰显了人文情怀。适用性原则一是要求教学资源创编要从使用需求和使用习惯出发，认真调研教学资源的客观应用场景，以及该场景中的课程设置、考试制度和教学设备等条件；二是要求准确把握受教者的文化背景、母语背景、语言水平、认知特点、学习风格、学习动机等信息；三是要求深入了解施教者的教学经验、教学风格、学术背景、教学资源观念和认知等要素。只有从上述三个维度充分地进行学情调查和分析，选取具有实用价值的调查分析结果，并将其落实在资源编写实践中，才能有效提升教学资源的适用性，最大限度地实现教学资源“为人所用、实用、好用”的工程目标。

（三）殊相性

殊相性即差异化。工程是以解决实际问题为导向的实践活动，而实际问题具有现实性、特定性和具体性，工程项目也因此表现出明显的差异化、特殊化和个性化等特征。例如，一套教材是由专门的编写人员在特定时间、为特定人群和特定目标编写的，包含不同的教学内容，采用不同的设计形式，冠以不同的品牌名称。简言之，没有完全一样的两种教学资源。即使某种教学资源在理念支撑、编写方式、设计元素方面具有引领性，但它仍然没有可重复性。此外，没有一套教学资源可以适用于所有的教学环境和所有的学习群体，教学资源的普适性只是相对的、理想化的。工程项目的殊相性原则对国际中文教学资源的编写开发带来了重要启示，即教学资源的编写应重视整体或局部的创新和特色。它可以是理论驱动下的创新，也可以是实践反思后的创意；它可以是课文选编上的特点，也可以是注音或图示方面的巧思。总之，国际中文教学资源要注重差异化，彰显亮点，提升吸引力。创编团队要增强创新意识，发挥创造性思维，发扬超越精神。只有这样，国际中文教学资源建设才能充满活力且富有韧性。

二、中观实践

中观的工程是指企业、行业、产业的工程实践活动。这里的企业主要指提供国际中文教学资源产品和服务的经营性单位，比如相关的研发机构、出版机构、科技公司等，行业或产业是此类经营性单位的集合。据统计，截至2020年底，全球共有496家出版机构从事国际中文教学资源的出版发行工作，越来越多的科技公司加入国际中文教学资源的建设队伍（教育部中外语言交流合作中心，2021）。可见，全球性的国际中文教学资源产业正在逐步形成。

经营性是国际中文教学资源中观工程的最大特色。虽然其服务对象同样是教学资源的使用群体，但更准确、更全面地说，其服务对象是教学资源的客户、消费者，包括教学机构、中文教师和学习者，甚至是低龄学习者的家长。与微观和宏观层面的教学资源工程相比，中观工程更加强调客户至上、需求导向、服务宗旨和效益为本。它通常以社会效益和经济效益的最大化和最优化为目标，希望在满足客户需求的基础上，为其提供最直接的产品和服务。经营性特点还决定了中观的教学资源工程必然是有组织、重流程的实践行为，主要包括市场调研、方案制定、资源开发、出版发行和营销推广等环节（见图6-2）。

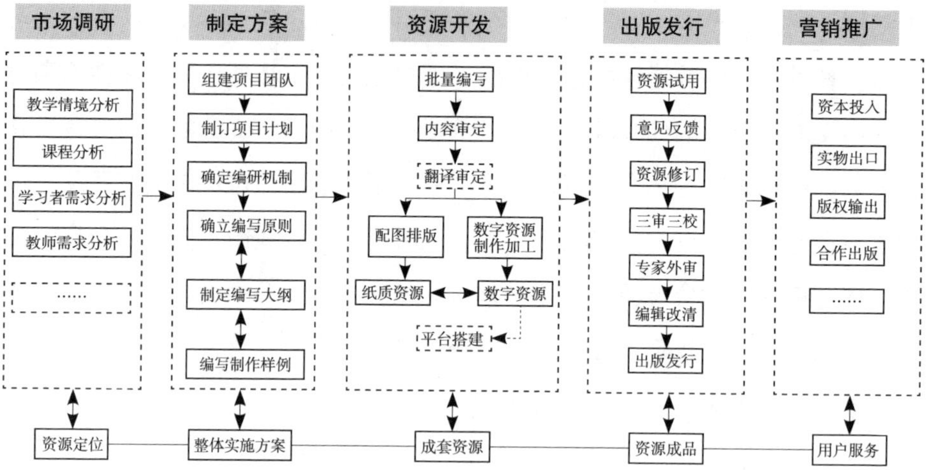

图 6–2 国际中文教学资源建设中观工程化实践

中观工程在国际中文教学资源工程系统中处于中枢位置，发挥着承上启下的关键作用。做好国际中文教学资源中观工程建设需要强化效率和效益，推动国际中文教学资源进一步朝着产业化方向发展。

（一）效率

效率是指利用特定资源（如时间、人、财、物等）完成特定任务或达成特定目标的能力。它强调在资源有限的情况下，最大限度地利用这些资源实现既定目标。例如：在不考虑编辑能力和经验以及所编教材复杂度的情况下，A 出版社某年投入了 50 位编辑和 100 万元经费，出版了 50 种国际中文教材，即 1 人和 2 万元的投入能够完成一种教材的出版；同年，B 出版社投入了 20 位编辑和 40 万元经费，出版了 40 种同类教材，即 0.5 人和 1 万元的投入就能完成一种教材的出版，由此可见，B 出版社的工作效率更高。国际中文教学资源的中观工程需要讲究高效率、高产能，以便快速满足不断变化的教学需求。为此，首先要在行业内加强制度建设，比如相关产品的选题论证制度、年度月度计划制度、过程监管制度、三审三校制度、专业人才培养制度等。通过建立系统性的制度管理体系，全面覆盖教学资源生产流程的各个环节，可以确保制度发挥规范引导和监督的作用，有效提升教学资源的生产效率。其次，要注重生产流程的规范化。相关企业要精心设计并不断优化国际中文教学资源的生产流程，规范化的流程管理不仅能为产品和服务的质量提供保障，还能确保生产过程的高效顺畅。

（二）效益

效益是指达成特定目标后所获得的效果和收益。效益可分为社会效益和经济效益。国际中文教学资源的社会效益涵盖了对特定群体的影响和价值，体现为教学资源的质量、编写创新和专业特色，对学科体系、学术体系和话语体系的提升，对中文和中华文化国际传播的推动，等等；国际中文教学资源的经济效益着眼于经济活动中的投入产出比，产出大于投入即能实现盈利。影响国际中文教学资源效益的因素很多，如教学资源的质量、成本、销量、价格、折扣、市场反馈、品牌声誉等等。仍以前文的两家出版社生产经营情况为例，如果 A 出版社出版的 50 种国际中文教材中，有 10 种教材获得了国家级奖项和资助，平均每种教材的销量为 3000 册，而 B 出版社出版的 40 种教材中，有 4 种教材为质量不合格产品，平均每种教材的销量仅为 1000 册，则显然 A 出版社的经营效益更高[①]。效益是一个企业、行业、产业存活的前提，没有效益，企业难以为继。从上述例子可以看到，高质量和高销量一定会带来更高的经营效益。为此，提升国际中文教学资源产品的质量和服务的品质，进而树立良好的市场口碑和信誉，是获取国际中文教学资源效益的基本保证。此外，考虑到国际中文教学资源市场呈现出分散型特征，企业应实施细分市场策略，以满足不同子市场的独特需求，达到精准营销的目的。同时，企业应建立完善的分销网络，确保产品能够高效快速地覆盖各个地区，从而提高产品的市场覆盖率和可及性。

（三）产业化

国际中文教学资源产业与其需求、产品、供给、消费紧密相关，其主

① 此处仅为示例，并未根据生产成本、价格、折扣等因素及比例进行严格的核算。

要目标在于不断满足全球范围内的消费主体对中文教学产品和服务的需求，通过规模化、专业化、现代化的生产过程和经济活动，追求国际中文教学资源生产和经营活动的高品质、高效率和高效益。国际中文教学资源的产业化是保证其可持续健康发展的关键。为此，在国际中文教学资源产业化的过程中，要重点关注需求调查、市场规模、生产供给体系、人力资源配置、市场营销和品牌建设等多方面因素的整合与优化。具体措施包括：一要深入了解目标消费者的需求和偏好，掌握他们对国际中文教学资源的期望。系统的市场调研和用户反馈有利于有针对性地开发和改进教学资源产品。二要准确评估市场规模，包括了解目标市场的容量、发展趋势和竞争格局等，以便企业制定合理的教学资源生产策略、定价策略和销售策略。三要建立高效的生产供给体系，包括资源研发的改进与创新、生产过程的监控与管理、物流配送的快捷与畅通等。四要优化配置人力资源，只有加强编者队伍、编辑队伍、技术队伍、营销队伍、发行队伍的建设与协同，才能保障中文教学资源建设中的人力资源充分发挥其效能。五要全方位考虑市场营销策略和品牌建设，对产品定位、推广策略、渠道拓展等方面进行合理规划与执行，对品牌形象进行积极建设与维护，这样才有助于保障教学资源产品在市场中的竞争力和影响力。总之，上述措施有利于促进国际中文教学资源工程进一步市场化、商业化和产业化，助力国际中文教学资源产业实现规模化的经济效益，从而提高产业整体的竞争力与盈利能力。

三、宏观实践

宏观的工程是指国家乃至全球范围内的工程。宏观层面的国际中文教学资源工程是指国家乃至全球范围内的国际中文教学资源建设工程，通常表现为政府或行政管理部门对国际中文教学资源进行顶层设计、整体规划或实施的重大资源集成项目。工程主体一般是主管国际中文教育（国外通常为外语教育）的行政性单位或公益性单位，其协同主体较为多元，包括海内外中文教学行政部门、组织、协会、基金会，以及教学机构、研发机构、出版机构、发行机构、科技公司等。相较于其他层面的资源工程，其服务对象的范围最为广泛，工程主体需要站在服务国家战略的高度，从国际中文教育学科建设和事业发展的角度出发，把握国际中文教学资源建设领域的前沿趋势，洞察利益相关者重要且具有共性的诉求，将资源工程最大限度地惠及领域内的利益相关者，主要涉及全球范围内的中文教学机构、科研机构、国际中文教学资源研究者和研发者、中文教师和学习者。宏观层面的资源建设工程目标通常是对一定时期内的教学资源建设工程提出总体行动规划或推出一系列国际中文教学资源集群，通过促进国际中文教学资源的集成创新，促进国际中文教育的高质量发展，最终达到服务国家战略的目标。

近年来，国际中文教学资源宏观工程层出不穷。在整体规划方面，《国际中文教育教学资源建设行动计划（2021—2025 年）》《“中文 + 职业技能”教学资源建设行动计划（2021—2025 年）》《国际中文在线教育行动计划（2021—2025 年）》《国际中文教育数字资源建设指南（试行）》相继发布。在重大资源集成项目方面，“基于《国际中文教育中文水平等级标准》教学资源建设项目”两年共立项 400 余项；首批“中文 + 职业技能”教学资源建设选题汇聚了国内 47 所“走出去”试点校、国家或省级“双高”[①] 建设校，共同打造了 57 个“中文 + 职业技能”教学资源建设项目。在中文教学资源支持海外国民教育体系中文课程建设方面，中泰教育部合作促进《体验汉语》和《创智汉语》系列中文教学资源成功纳入泰国国民教育体系，中阿教育部联合推动《手拉手》《你真棒》《跨越丝路》等品牌教学资源进入阿联酋百余所学校中文课堂。教学资源建设的宏观工程从启动到完成大致可分为前期策划、组织申报、评审立项、项目建设、结项验收、资源集成等阶段（见图 6-3），整个流程凸显了宏观思维、科学决策和组织协同等工程实施原则。

① “双高”指中国特色高水平高职学校和专业建设，也称“高职双一流”。

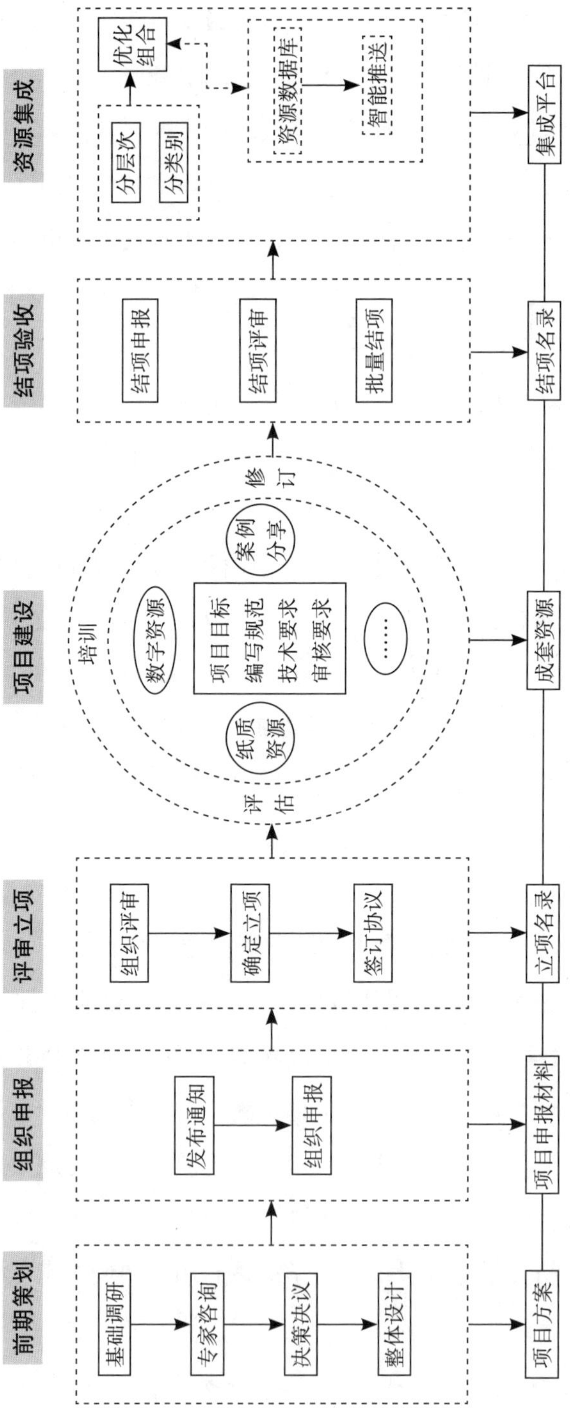

图 6-3 国际中文教学资源建设宏观工程化实践

（一）宏观思维

国际中文教学资源是对外展示、传播中国语言和文化的重要载体，其建设是一项重要的国家工程，具有服务我国强国战略、促进国际中文教育事业高质量发展、推动国际中文教育“三大体系”建设的功能（梁宇，2023）。基于此，工程主体需要从国家战略的高度，立足事业发展的需要，从学科建设的视角，全局性、前瞻性地规划国际中文教学资源建设的行动纲领，建构性、集成性地开展全球中文教学资源建设项目，积极主动地配合并支持海外中文教学资源的本土化发展。在这些方面，我国教育行政单位（如语合中心）责无旁贷，有义务担负起国际中文教学资源宏观工程的主体责任，推动教学资源建设朝着高质量、可持续的方向发展。与此同时，其他国家在制订包括中文在内的外语教学资源建设规划时，也同样进行着宏观层面的整体考量。从国家语言教育规划的角度来看，提供适用的教学资源是一个国家在其教育体系内引入一门外语课程的基本前提。而开展国内外语教学资源建设，需要综合考虑本国的自主研发能力、国际合作的可能性，以及人、财、物投入成本等多方面因素。总之，各国宏观层面的中文教学资源建设规划和行动都反映了其国家语言教育的战略方向与发展愿景，这一过程需要在多方的权衡与协调中进行，以确保教学资源建设项目朝着既定目标有序推进。

（二）科学决策

宏观层面的国际中文教学资源建设在发起和执行过程中都需要科学的决策管理。首先，科学的决策源于项目前期全面细致的需求调研与分析，只有深入了解教学资源利益相关者的实际需求，准确把握教学资源的供需关系，才能制定出切实可行的资源建设方案。其次，科学的决策管理必须设定明确的项目目标，并将宏观目标分解成具体可执行的阶段性目标，以可理解、可操作、可实现、可评价的目标指导实际的工程实践活动。再次，科学决策要贯穿项目实施的全过程，强调工程项目的全过程管理。例如，在全球400余个“基于《国际中文教育中文水平等级标准》教学资源建设项目”的开发过程中，工程主体采取了多项措施，增加了编写者培训、编写案例分享、中期检查等环节。通过这些过程管理活动，工程主体可以全面掌握项目实施情况，为科学决策提供参考。最后，在科学决策的过程中，妥协和折中策略显得尤为重要。这种策略能够在各方利益之间寻求平衡，有助于项目团队灵活应对复杂多变的内外部环境。适度的妥协和折中可以使决策更具可操作性，降低因执行困难而导致项目失败的风险。因此，妥协和折中不是放弃科学性和客观性，而是一种智慧的体现，能够帮助项目取得更好的成果。

（三）组织协同

宏观层面的国际中文教学资源建设工程需要多方共同参与，需要合理配置物质资源。在这个过程中，工程主体应具备高超的组织和协同能力，包括有效地协同其他机构或部门，以及巧妙地调配人力和非人力两类资源的能力。在协同方面，工程主体不仅需要在机构内部与其他部门（如财务部、法务部等）进行协调，还要协调国内外其他相关单位、组织和机构，如外方教育行政部门、海外中文教学组织、中文教学机构、研发机构等，以便齐心协力实现项目目标。在配置资源方面，不仅要合理安排各类人才，包括项目主管、专家、编写团队、制作团队等，建立高效的团队协作机制，以提升项目整体的执行效率，还需要科学合理地配置资金、物资、技术等方面的资源，以保障工程顺利进行。

总之，国际中文教学资源建设涵盖了微观、中观、宏观三个层面的工程化实践，且在不同的实践层面各有侧重点。但三个层面的工程化实践也体现出一些共性特点：一是问题导向。此类工程建设均以把握现实问题为基础，以解决问题为出发点。二是需求引领。此类工程建设均以发现需求为前提，以满足并引领需求为根本。三是目标驱动。此类工程建设一定设有明确的目标，具有可预见的结果，并为达到预期目标而努力。四是立足实际。此类工程建设均注重前期调研和过程管理，并制定可行性方案，以寻求约束条件下的最优解。此外，三个层面的工程化实践不是割裂的、分离的，相反，它们是一个不可分割且相互支撑的连续统，共同构成国际中文教学资源建设工程系统。宏观工程由众多中观、微观工程组成，没有中观、微观工程，宏观工程就是纸上谈兵。微观工程的质量直接决定了中观工程的品质，也影响着宏观工程的成败。可见，只有“三观”统筹联动，形成良性循环，才能推动国际中文教学资源建设工程系统的高质量发展。

第四节　国际中文教育教学资源工程化保障

一、国际中文教学资源的规范标准

（一）标准化的原则和对象

标准化是工程化的重要内涵之一，国际中文教学工程化本身就体现了规范化和标准化，因此规范标准的实施对象贯穿教育教学的全流程，教学资源也不例外。按照不同维度来分，教学资源的不同种类都是可标准化的对象，如教材、基础语言数据、师生行为数据等。教学资源建设、使用的过程也需要标准化，如资源的采集、加工、组织和使用等都对标准化提出了要求。

在标准化工作开展过程中，需要注意以下原则：

1. 统一性原则：规范标准要以统一性原则为基础，以确保教学资源的一致性和可操作性。不同教学资源之间应该能够无缝衔接，实现信息的共享和交流。

2. 可操作性原则：规范标准应具有可操作性，即能够被实际应用于教学资源的采集、加工、组织和使用等过程中。标准应该有明确具体的操作步骤和要求，以方便教师和研究者的实际操作。

3. 可扩展性原则：规范标准应具有可扩展性，能够适应不同教学资源的发展变化。标准应该具有灵活性，能够随着教学资源的更新和演进而进行调整和扩展。

4. 安全性和隐私保护原则：规范标准应注重数据的安全性和隐私保护。在教学资源的采集、加工和使用过程中，应遵守相关的法律法规和伦理准则，确保师生的个人隐私得到充分保护。

5. 效能性原则：规范标准应具备高效和有效的特点，能够提高教学资源的质量和可用性。标准的实施应能促进教学的改进和优化，提升学生的学习效果和语言能力。

在教学资源的不同环节，标准化的内容主要包括：

1. 教学资源的采集标准：规范教学资源的采集过程，包括教材的选择和评估、基础语言数据的收集方法和工具的选择、师生行为数据的采集方式等。标准应明确采集的目的、范围和要求，确保采集到的教学资源具有一定的质量和可用性。

2. 教学资源的加工标准：规范教学资源的加工和处理过程，包括数据的清洗、整理、标注和格式转换等。标准应明确加工的步骤和要求，确保加工后的教学资源能够满足教学和研究的需要。

3. 教学资源的组织标准：规范教学资源的组织和管理方式，包括建立教学资源的数据库或数据仓库、制定元数据标准和分类标准等。标准应明确组织的原则和方法，以方便教师和研究者的访问和使用。

4. 教学资源的使用标准：规范教学资源的使用方式和方法，包括教学分析、评估和改进等。标准应明确使用的目的和方法，帮助教师和研究者充分利用教学资源进行教学和研究。

（二）标准化的实施和现状

标准化的实施本身也是一个系统化的工程。标准化的实施是指将制定好的标准应用于实际教学资源开发、教学活动和评估过程的一系列工作。它能确保标准的有效执行，以达到提高教学资源质量和促进教学改进的目的。具体包括以下几方面：

1. 标准的制定：制定教学资源的规范标准需要广泛征求专家和从业者

的意见和建议，结合实际的教学需求和技术条件，制定出具有可操作性和可行性的标准。标准需要经过多样化的实际场景的试用，要对试用环境中的相关方进行充分的调研。

2. 标准的推广和培训：推广教学资源的规范标准需要开展培训和宣传活动，提高教师和研究者的标准意识和操作能力。可以通过开展培训课程、召开研讨会、组织示范教学等形式，帮助教师和研究者理解和应用规范标准，并不断积累标准应用案例。标准的吸引力最终还是取决于标准使用的范围和规模。一般说来，标准的使用规模会随着参与其中的相关方规模的扩大而呈现指数增长。

3. 标准的监督和评估：监督和评估教学资源规范标准的实施情况，及时发现和解决问题，不断完善和优化标准。可以建立评估机制和反馈渠道，收集用户反馈和建议，以不断提高标准的质量和适用性。

通过制定和实施规范标准，可以提高国际中文教学资源的质量和可用性，促进教学的改进和优化，推动国际中文教育的发展和创新。同时，规范标准的实施还可以促进教学资源的共享和交流，加强教师和研究者之间的合作和互动。

当前国际中文教学资源的标准化工作正在逐步推进，但整体而言仍处于初级阶段。标准化的实施环节反过来也促使我们反思当前国际中文教学资源标准化中存在的问题。具体如下：

1. 指导性文本的标准化：目前存在着多种多样的中文大纲、规范和教材，但缺乏统一的标准和评估体系。一些地区和机构已经开始制定教材评估标准和教材开发指南，但尚未形成普遍适用的国际标准。

2. 难度分级的标准化：难度分级的标准化是指对学习资源、教材或考试等进行难度评估和分类的一种规范化处理过程。从本质上说，这也属于指导性文件的重要组成部分，而且它对语言教育来说格外重要。其内涵在于通过系统化的标准和方法，将学习资源按照难度水平进行分类，以便教师和学生能够更好地选择和使用适合自己水平的学习材料，提升学习效果。然而，目前难度分级的标准化工作还存在一些缺陷和挑战，比如：存在主观性和局限性，缺乏一致性和可比较性，难度动态性和更新性差等。

3. 应用目标的标准化：应用目标的标准化是指对教育、培训或学习活动中的应用目标进行规范化处理的过程。其内涵在于通过制定明确的目标标准和指标，确保教育活动的目标具有可衡量性、可比较性和可操作性，以便教师和学生能够更好地理解和实现这些目标。所谓应用目标的标准化，就是提供一个统一的框架和指导，使教育活动的目标更加明确，即目标是可测量的、可达成的。这有助于教师和学生明确学习的方向和要求，提高学习效率。目前，应用目标的标准化也存在一些缺陷和挑战，比如：主观性和灵活性太强，缺乏一致性和综合性，目标评估具有复杂性等。

4. 基础语言数据的标准化：国际中文教育领域有关基础语言数据标准化的实践还相对较少。虽然一些研究机构和语言资源库已经开始收集和标注中文语料，但在数据采集、标注和格式等方面仍缺乏统一的标准。

5. 师生行为数据的标准化：在师生行为数据的标准化方面，目前还没有形成广泛认可的国际标准。一些研究机构和教育机构正在探索师生行为数据的采集和处理方法，但缺乏统一的数据采集标准和隐私保护标准。

6. 国际合作与交流：国际中文教学资源的标准化需要各国各地区的合作与交流。目前已经有一些国际组织和学术机构在开展国际中文教学资源标准化工作，但在跨国合作和信息共享方面仍需继续努力。

尽管目前国际中文教学资源的标准化建设还面临一些挑战，但各方已经认识到标准化的重要性，并在不同层面上积极推动标准化工作的开展。随着时间的推移和各方的共同努力，相信国际中文教学资源的标准化建设将逐步取得进展，为中文教育的发展提供更加稳定、可靠的支持。

（三）标准化的发展路径

标准化的发展路径可以包括以下几个关键步骤：

1. 制定标准：首先，需要由相关的教育机构、研究机构、专家学者等共同制定国际中文教学资源的标准。这一过程需要考虑各种因素，如教学目标、学习者特点、教学内容和方法等，以确保标准的科学性和实用性。

此外，在标准的研制和修订方面，相关机构还应该与国家标准化组织、国际标准化组织建立更深入的合作关系。比如，设立国家标准化组织相关技术委员会（TC）中的分委员会（SC），参与国际标准化组织的相关活动，畅通规范标准的制定和修订渠道，维护我国的“标准海关”。

2. 推广标准：一旦标准制定完成，需要积极开展推广工作，让更多的教育机构、教师和学生了解和应用标准。可以通过组织培训、举办研讨会、发布指南和编写教材等方式来提高标准的知晓度和应用率。国内相关机构要自觉贯彻规范标准，做规范标准的示范用户，打造国内规范标准先行示范区，以表率作用和示范联盟的方式推广规范标准。

3. 培训和提升：为了使教师和学生更好地理解和应用标准，需要进行相关的培训和提升工作。培训可以包括标准解读、教学实践案例分享、教学资源使用技巧培训等内容，以增强教师和学生的标准化意识和能力。

4. 监督和评估：为了确保标准的有效实施，需要建立相应的监督和评估机制。监督可以包括教学质量评估、教材审核、对数据采集和处理的监控等，以确保标准的执行。可以通过定期的评估和反馈机制收集各方意见和建议，以便进一步完善和优化标准。

5. 持续改进：标准化工作是一个不断发展和完善的过程。通过持续的反馈和改进，可以不断提高标准的适应性和实用性，使其更好地满足教学和学习的需求。这需要各方的积极参与和合作，以便共同推动标准的发展和改进。

总而言之，标准化的发展路径需要制定、推广、培训、监督和评估等多个环节的有机融合。通过这些努力，国际中文教学资源的标准化建设将逐步得到推进，从而为国际中文教育的发展提供更加稳定可靠的支持。

二、国际中文教学资源治理

（一）资源治理的维度

数据资源的治理是指对数据的收集、存储、处理、分析和使用过程进行管理和监督，以确保数据的质量、可用性、安全性和合规性。数据资源的治理通常包括以下几个方面：（1）数据工作的标准化；（2）数据的收集、存储和管理；（3）数据的质量和控制；（4）数据的使用（包括处理和分析）；（5）数据安全、合规和法律遵循；（6）数据共享和开放。

具体到国际中文教学资源领域，标准化是资源治理的重要内容，此外还主要包括以下几个方面：

1. 数据的收集、存储和管理：在数据收集过程中，应确保数据来源的可靠性和合法性。要制定明确的数据收集流程和规范，包括教学活动中对学生表现的评估、学习进展记录等。对于教师和学生个人信息的收集，需要遵守相关的隐私保护法规。

数据的存储和管理需要建立安全可靠的数据存储结构和管理系统，建立数据备份和恢复机制，防止数据丢失和损坏。同时，还要建立数据访问权限控制机制，限制数据的访问范围，保护数据的机密性和完整性。

2. 数据的质量和控制：确保数据的质量是数据治理的重要方面，应建立数据质量评估和监控机制，包括数据验证、数据清洗和数据质量指标等。对于教学数据，要确保数据的准确性、完整性和一致性，以提高数据的可信度和有效性。

3. 数据的使用：数据的使用包括数据处理和分析，它能为教学决策和教学改进提供依据。数据处理和分析的流程包括数据清洗、数据整合、数据挖掘和数据分析等。同时，要确保数据的使用符合教育伦理和法律法规的要求，避免数据滥用或算法歧视等问题。

4. 数据安全、合规和法律遵循：数据安全是保障数据资源的重要方面。

为确保数据的安全性和隐私性，要采取适当的安全措施，包括数据加密、访问控制、身份验证和数据泄露防护等，以防止数据被非法获取、篡改和泄露。

数据的合规和法律遵循是数据治理的基础。在收集、存储和使用数据时，需要遵守相关的法律法规和隐私保护规定，包括个人信息保护、数据传输和数据存储的合规要求。要确保数据的合法获取和使用，保护数据主体的合法权益和隐私权。

5. 数据共享和开放：数据共享和开放有助于促进教育教学的发展和创新。要建立数据共享机制和平台，鼓励教师和研究人员之间的数据共享和交流，推动数据的开放获取和合作利用。同时，要确保数据共享的合规性和个人隐私的安全性，避免数据滥用和侵权行为。

（二）资源建设中的质量保障

资源建设中的质量保障是确保国际中文教学资源有效性和可靠性的关键。除了遵循前文所列的质量保障原则外，在资源建设过程中，还应采取以下措施：

1. 以理论和目标为先导：要杜绝为生产资源而生产资源的现象，应该以真实目标和共识理论为先导，指导数据资源的建设和使用。

2. 组建专业团队：包括教育专家、语言学家、技术人员等，以确保资源的学术性和教育性。

3. 严格审核内容：对资源的内容进行严格审核，确保其准确性、全面性和科学性，以符合教学需求。

4. 提供多元化资源：包括教材、课件、习题、多媒体资料等，以满足不同学习者的需求。

5. 定期更新资源：资源应反映语言变化和教学需求的变化，要保证资源的时效性和有效性。

6. 精标互联：根据理论指导和目标需求，对数据资源实现尽可能多的连接，实现不同颗粒度数据之间的关联，做到可靠、可查、可用。

（三）资源使用中的权益问题

资源使用中的权益问题涉及资源的获取、使用和分发过程中的公平性和合法性，应注意以下问题：

1. 版权保护：尊重知识产权，遵守相关法律法规，确保资源的合法获取和使用。

2. 公平竞争：建立公平的竞争机制，防止垄断和不正当竞争，保护各方的合法权益。

3. 用户隐私：保护用户的个人信息和隐私，确保资源使用过程中的数据安全。

4. 开放获取：鼓励资源的开放获取和共享，促进资源的广泛传播和有效利用。

此处值得一提的是作为特殊数据资源的语言模型。根据目前北美和日本的司法实践以及我国相关的规章制度，语言模型本身的权益与开发者、使用者均密切相关。版权法一般不保护模型的训练数据。模型的产出数据一般不具有版权，但受到隐私、安全等方面的法规约束。引导模型产出内容的提示语（prompt）和算法是受版权保护的。在与模型的交互中，人类用户产生的内容（如学生用户的学情信息）也属于个人隐私。

（四）资源建设和使用中的安全伦理

国际中文教学资源建设和使用中的安全和伦理问题非常重要，我们可以从以下几个方面审视这一问题。

1. 安全保障：在资源建设和使用的过程中，需要采取适当的技术手段和管理措施来确保资源的安全性，包括数据加密和安全传输，以防止资源在未经授权的情况下被访问、篡改或破坏。同时，要建立数据备份和恢复机制，以防止数据丢失。

2. 信息伦理：资源的内容应当真实、可靠，不应传播虚假信息或违法信息。在资源的收集和编制过程中，应遵守信息伦理原则，确保数据的准确性和来源的可信度。同时，资源的使用者也应该对信息的真实性进行核实，以避免被误导。

3. 文化尊重：在资源建设和使用过程中，需要尊重不同文化的差异性和多样性。资源中的内容应当避免歧视、偏见或侮辱性的表达，应尊重学生的文化背景和价值观。教师和资源开发者应注意避免传递片面的、刻板的文化观念，应鼓励学生了解并尊重不同的文化。

4. 教学伦理：资源的建设和使用应符合教学伦理原则。教师和资源开发者应确保资源的教学目的和方法符合教育伦理和教学规范。资源的设计应有利于学生的学习和发展，避免过度商业化或追求短期利益而忽视教育本质等问题。同时，教师在使用资源时应根据学生的需求和能力进行适当的选择和调整，以确保资源的有效性和教学的质量。

除上述问题外，还应注意资源的版权和知识产权问题，避免侵犯他人的权益；资源的使用也应遵守相关的法律法规和合约规定。

总之，在国际中文教学资源的建设和使用过程中，安全和伦理问题应当得到充分的重视。通过建立相关的规范、准则和机制，可以确保资源的安全性、道德性和教学效果，从而促进国际中文教育的健康发展。

（五）资源建设和使用中的共享和市场

资源建设和使用中的共享和市场是促进资源交流和共同发展的重要机制，其关键在于共享平台、合作机制、市场规范和可持续发展等方面。

1. 共享平台：建立资源共享的平台和机制，促进不同主体之间的资源共享和交流。

2. 合作机制：建立国际合作机制，促进不同国家和地区之间的资源共享和合作，推动国际中文教学的发展。

3. 市场规范：建立资源市场的规范和监管机制，防止不正当竞争及市场失序，保护资源开发者和使用者的合法权益。

4. 可持续发展：鼓励资源的可持续发展，推动资源的更新和创新，以满足不断变化的教学需求。

关于数据资源的共享，特别值得一提的是“数据孤岛”问题。数据孤岛现象广泛存在，它指在数据形成、分析、使用过程中，因主体能动性、客体技术性以及政策环境、制度建设等不完备而导致的数据不对称、不连通、不开放的现象。在国际中文教育资源建设中也广泛存在这样的问题，为此需要做到以下几点：

1. 在国家层面推动知识数据开放，释放更多数据资源。促进优质中文内容数字化、在线化和开放化，是助力国际中文教学资源建设转型的重要抓手。应尽快推动国家层面的知识数据开放，尤其是高知识价值的科研论文、研究报告、古籍资源等数据的开放。这类资源大多由国家财政资金资助生产，向全社会开放具有内在合理性。此外，数据开放应由政府部门或机构建立统筹协调机制，达成内容开放共识，制定统一有序的数据标准和共享协议，逐步满足社会各个行业和领域的需求。国家语委的“国家语言资源服务平台”以及“国家语言资源监测语料库”都是极好的基础设施，应继续加强建设。

2. 发展以联邦学习为代表的分布式模型构建技术，对数据进行充分利用。联邦学习（Federated Learning）是一种分布式机器学习方法，可以在数据所有方不共享数据的情况下开展训练模型的工作，实现数据私有、训练分布；同时，其训练成果还能够整合并反馈给数据所有方，实现成果共享。这类分布式方法从技术层面克服了因种种原因造成的数据难以汇集和公开的问题，可以在兼顾数据训练量和保护数据隐私的情况下，有效利用中文语言资源。

3. 尽快建立开放、可信的语言数据交换市场，推动更大规模的语言资源供给。国家层面的开放机制是数据流通的基础，更大规模的资源供给仍需依靠开放、高效的语言资源市场。为保证资源交换的有序性，语言资源应做好数据确权和数据脱敏两方面的工作，具体如下：

（1）重视数据所有权和使用权的确定和保护，并对两者进行有效规定和清晰分离，利用区块链、数字水印等技术手段，帮助中文语言数据的流通和利用，克服现有商业模式和版权交易的限制，分离数据的所有权和使用权，让数据能够为全社会尤其是技术研发部门所使用。

（2）在数据所有权和使用权分离的过程中要高度重视数据脱敏。在保证语言数据可用的前提下，对其中的个人身份、隐私或其他敏感信息进行去标识化或加密处理，以确保其安全性和隐私性，并制定相应法规，加速中文语言数据以合法、标准、可控的方式实现善意使用。

综上所述，国际中文教学资源的治理需要关注资源建设和使用的多个维度，包括政策和法规、标准和指南、组织和机构、技术支持等；同时，也需要重视资源的质量保障、权益保护、安全伦理以及共享和市场机制建设等问题。综合考虑这些因素，可以促进国际中文教学资源的有效利用和规范发展。

第五节　本章结语

国际中文教学资源建设工程是运用系统工程的原理和方法，在需求引领下，明确产品价值目标和服务对象，遵循一定的规范和标准，采用集成构建的方式，有组织、流程化、动态优化地实施该目标的一系列相关活动的总称。深刻认识工程的基本属性有助于工程实践的规划和设计，同时，工程的内在属性只有通过工程化实践才能得到体现和验证。本章对国际中文教学资源建设工程化的内涵、实践和保障等方面进行了初步探讨，希望借助系统工程的理念，为未来国际中文教学资源建设的高质量发展提供一条工程化的实现路径。

第七章　国际中文教育教学评价工程化设计及应用案例

教育是一项系统工程，包含着多个相互关联、协同作用的环节与要素，而教育教学评价正是其中不可忽视的重要一环。教育教学评价的首要作用是作为教育质量与成效的评判标准；同时，由于其牵引性作用，教育评价往往制约着教育理念、教育制度和教育管理等各个方面的“卡脖子”问题，因此历来被视为教育这一系统工程的“指挥棒”和“风向标”。

随着中国经济实力与教育影响力的不断提升，近年来，汉语作为第二语言学习者人数呈现总体上升趋势；同时，汉语学习者的学习目标、学习需求、学习方式也日益多元化、个性化、精细化，这些都推动着国际中文教育的创新和变革。新时代背景下，国家提出了“扎实推进国际中文教育高质量发展”的新要求。对此，业界已取得广泛共识，高质量的国际中文教育及教学评价体系的建设有赖于数字化转型，植根于教学与评估理念的优化发展。以语言测试为核心的教学评价历来是国际中文教育领域的一个重要研究方向。国际中文教育的不断求新求变，无疑也对教育教学评价提出了新的要求，成为国际中文教学评价积极探索和创新发展的内驱力。我们认为，国际中文教育教学评价最重要的创新方向是工程化，只有通过工程思维并基于工程化原则和方法实现各个环节、不同要素和参与者之间的统筹结合、优势互补，才能实现整个评价系统的有机运作，形成可持续发展的长效机制。

第一节　国际中文教育教学评价概述

国际中文教育教学评价的工程化，是国际中文教育工程化的组成部分，其重要目的之一就在于构建一个标准化、规范化、流程化的教学评价系统，与国际中文教育其他领域的工程化建设一道，运用系统工程原理，形成更加科学、规范、开放、包容、高效的系统。本节将阐释对国际中文教育教学评价的基本理解，梳理国际中文教育教学评价的现状，概括国际中文教育教学评价工程化的必要性与可行性，为本章国际中文教育教学评价工程化的设计与案例分析奠定基础。

一、对教学评价的基本理解

（一）广义与狭义的教学评价

1. 广义的教学评价

教学评价是对教学活动的评价，是教学过程中的一个重要环节。

教学活动过程由教师课前备课、教师课堂教授、学生课堂学习、学生课外自学四个环节组成。通过这四个环节，教师与学生协同完成一定目标下的教与学的活动。概括地讲，教学活动是以传授知识、锻炼能力、培养素质为目的，由教师和学生两个主体构成，由备课、教授、学习和自学四个环节组成的一个有目标、有计划、有组织的教与学的过程。教学评价，即对教学活动及其效果的评价，是对整个教学活动过程或教学过程的一种价值判断。

2. 狭义的教学评价

广义的教学评价涵盖了对教学活动全过程的综合评价。本章将重点对狭义的教学评价展开讨论。狭义的教学评价是基于“狭义的中文教学系统”[①]的针对学生学习过程及成效、教师教学过程及效果的评价反馈，其中尤以对学生学习过程和所获学业成就的评价分析为主。“统一规范”是“狭义的中文教学系统”的突出特点之一。教学评价作为中文教学系统的组成部分，同样需要具备标准化的评价方案、规范化的评价要求、流程化的评价规程，能实现线上线下评价同时进行，具有可操作性和可推广性。

学生评价可以采用不同的方法，从不同的角度了解学生的学习情况。由教师作为评价主体的教学评价主要由教师收集学生的学习信息，主要目的是了解课程设置、教学方法和内容能否满足学生的学习需求以及有哪些方面需要改进，通常采用课堂小测验、课堂观察、问卷调查、学生访谈、作业分析等多种方式展开。对学生所获学业成就的评价还可以通过大规模水平测试、学校统一组织的期末测试、平时的成绩测试或阶段性测试来获取相关数据信息，这也是教学评价方式向统一规范特征发展的重要表现。以学习者为主体的教学评价是一种独特的视角，能够引导学习者更加自觉、深入地了解自身语言能力的特征和强弱项，有利于学习者更好地培养语言学习的元认知能力。由学生主导的语言教学评价主要包括档案袋评价、自我评价以及同伴互评等方式。

国际中文教育领域也在尝试从不同角度设计多维度、多样态的定量和定性评价方式，但是多年以来，由于受限于硬件设备、技术条件、空间跨度等因素，不能全面地开展数据取证与多元评估，因此在实践应用方面探索不足。数智时代到来后，随着技术的革新以及工程化思路的架构与实施，学界正在打破这种局限，快速推进国际中文教育教学评价的转型与创新。

---

① “狭义的中文教学系统”是指关注教学层次和学习层次的系统，由中文教学目标、教学内容、教学方法、教学资源、教学技术、教学平台等元素构成。详见第一章“绪论”的界定。

（二）语言测试与教学评价的关系

1. 语言测试

语言测试是指对学习者在语言学习后所获得的知识或技能等进行测量，按照一定的规则给考核的结果赋予数字的过程。具体到国际中文教育教学测试，则是指对中文学习者所学的中文知识、运用中文进行交际表达等技能进行测量，并予以量化描述。我们常见的期中考试、期末考试都属于国际中文教育教学测试的范围。

2. 语言测试与教学评价的关系

语言测试作为一种测量工具，与教学评价既有联系又有区别。

语言测试与教学评价在适用范围上有一定的差别。语言测试一般是通过特定的考试情境获取考生的语言表现样本，并根据样本的特征推断考生的语言能力。教学评价包含的范围则更为宽泛，正如上文所列举的诸多评价方式，教学评价既包括量化形式的语言测试，也包括课堂观察、档案袋自我评价、同伴评价等定性的语言评价方式。

显然，国际中文教学测试与教学评价的关系亦是如此。国际中文教学测试一般是通过特定的考试情境获取学习者的语言表现样本，并根据样本的特征推断学习者的中文水平。教学评价所包含的范围则更为宽泛，它通过收集多方面的资料作为证据，来做出事实判断或价值判断。从具体操作和实施来看，国际中文教学测试作为教学评价系统的一部分，同样具有标准化、规范化、流程化的特征，能够实现线上线下评价同时进行，具有可操作性和可推广性。同时，利用数智时代大数据分析技术提供的多维信息，为国际中文教学测试和教学评价的展开提供智慧化和工程化的系统，可以促进学习和教学双方的反思与提升。

二、国际中文教育教学评价现状

2020 年 10 月，中共中央、国务院印发了《深化新时代教育评价改革总体方案》，其中明确提出“创新评价工具，利用人工智能、大数据等现代信息技术”，“提升教育评价的科学性、专业性、客观性”。由此，“人工智能＋教育评价”逐渐成为人们关注的焦点和研究的重要领域之一。然而，技术是中性的，它有赖于先进的教育思想的引导。当前，国际中文教育教学评价同样面临智能化、工程化的转向与改革。究其根本，国际中文教育教学评价工程化需要在梳理当前现状与存在问题的基础上，进一步确立评价理念，明晰发展路径，从而实现数智时代国际中文教学评价工程化实践应用的理想图景。具体来看，当前国际中文教育教学评价的现状与转向突出体现在以下几个方面。

（一）教学评价理论由静态标签式评价向动态诊断式评价转变

正如本书第一章所提到的，数智时代的到来将改变国际中文教育的教学理念、教学方式，甚至教学内容。显然，数智时代同样会改变国际中文教育教学的评价理念、评价方式甚至评价内容。

在以往的教学模式下，唯分数的考试评价已成为教育评价领域（包括国际中文教育教学评价在内）的现实状态。此类评价侧重于对学生现阶段所取得成果的检验，属于贴标签式的静态评价，过度强调评价的选拔功能，容易忽视学习者渐进式的进步，以及学习者的身心健康、能力素质等其他重要因素，不利于学习者的全面发展。虽然学界已逐步认识到动态监测等评价理念的重要性与必要性，但是由于技术、设备的局限，目前无法实现对学习者学习过程的动态监测与多元信息的收集，相比之下，统一考试的一次性评价是最可行且最容易实现的途径。

随着人工智能技术的飞速发展，在线平台的涌现推动着国际中文教育不断向数字化、信息化的方向发展，学生学习呈现出碎片化与个性化趋势，教学评价理念转向动态诊断的方式势在必行。赵娟（2018）指出，人工智能时代的教育评价应结合环境和系统的变化进行视角转换，在综合评价基础上融入国际考试评价经验，以核心素养为中心，以大数据为依托，开展动态评价和静态评价相结合、阶段性评价和终结性评价相结合、国内和国际相参照的新型课程评价。张生等（2021）提出，评价应同时涵盖诊断和学习的目的，既要评估学生成绩，也要通过评估使他们得到提高。

过程性评价强调对学习过程和任务完成过程进行真实、全面的记录。现实评价实践中涌现出的档案袋评价、课堂观察评价、行为观察测量等测评方法显然都离不开新技术的支持。增值性评价与过程性评价一样，强调学生的进步与发展，它收集学生在一段时间内不同时间点上的标准化测验成绩，基于学生自身的测验成绩进行纵向比较，以每个学生的进步来计算学校或教师对学生学业增长的影响（辛涛等，2009）。

由此可知，过程性评价、增值性评价理念是指导国际中文教育教学评价工程化发展的重要思想。人工智能、大数据技术对于推进过程性评价实践的发展具有天然优势。通过跟踪和记录学生的学习过程并适时发起学习干预，能实时监控学生学业成就、情感、态度的发展变化，可为教师和学生提供动态、实时的评价反馈，有利于教师及时调整教学进程（杨宗凯，2020）。

（二）教学评价主体由单一向多元方向转变

在线教育平台的出现是国际中文教育工程化的重要体现。以往面向学生的教学评价中，教师通常是评价主体，对学生的学习效果具有绝对的评判权；学生在评价实践中处于被动接受的位置，其积极性得不到很好的发挥，缺乏反思自身言行的动力。

汉语学习者是国际中文教学的主体，也是教学评价体系的主体之一。从学习者的立场出发，注重学习者的学习主体地位，意味着在构建国际中文教育教学的评价体系、评价方案、评价标准等方面都要有学生的参与，满足学生自己的需要，由此完善国际中文教育教学评价体系。同时，国际中文教育作为一种语言教学，参与评价的主体是多元的，包括学校领导、高校专家、社会人士等。只有站在不同的立场上评价教学质量，充分听取评价各方的意见，展开多方对话协商，评估模型才会在多种因素的交叉作用下实现其综合评判功能。

随着教育评价理念的不断改进与转变，越来越多的研究开始关注如何建立激发多元评价主体积极性的评价机制。多方参与、多方对话的实现离不开技术的开发与应用。人工智能时代的教育评价有条件、有技术满足将多元群体加入评价系统的设计需求，可以提供虚拟开放的评价空间、人人平等的评价思维、数据互通的教育评价平台等，让不同的评价主体可以根据自身不同的评价需求获得不同的评价数据，从而开展不同的评价活动（彭波等，2021）。这一系列新技术的加持，为教学评价迈向统一规范的工程化模式提供了重要基础，将极大地促进国际中文教育教学评价主体的多元化转变与发展，同时也是数智时代国际中文教育教学评价新理念的实践体现。

（三）教学评价方式逐步趋向于多维化、智能化

在人工智能、大数据、互联网技术的大力助推下，传统教育评价在教育评价理念和评价主体上正在发生一系列转向，评价方式也相应地逐步改进、完善、创新。

现行的教育评价方式正在从单一、僵化，过于重视量化考核以及评价功能过窄等问题，转向全面的、多维的数据收集与管理，同时注重对数据的持续跟踪与动态获取。例如，北京语言大学研发的面向中文学习者的智能语音教学软件“SAIT 汉语”集“教、学、练、测”多功能于一体，实现了对学习过程的跟踪记录以及对感知范畴的检验等功能。主页面会呈现学生的学练进度，同时陈列若干配有发音练习项目的数字化中文教材，实用性较强（马瑞祾、徐娟，2023）。

评价工具使用上的智能化与自动化也体现了教育评价方式的转变。人工智能技术支持客观题自动阅卷、主观题智能阅卷以及口语考试等智能测评；自适应技术支持自适应测验，能针对不同测评对象的能力值智能调整测评方案，准确测评被测者的实际水平（彭波等，2021）。例如，中国语言智能中心研发的“IN 课堂”系统就改变了传统的基于浅层文本特征的机器学习方法，而是采用深度学习算法模型，较好地实现了作文的自动化评分和纠错功

能。总之，随着人工智能技术与教育评价的深度融合，教育评价方式正在逐步发生根本性转变。以上智能测评技术的开发是实现资源优化配置和评价管理提升的重要途径。

（四）教学评价结果向人性化、个性化方向发展

现行的教育评价结果呈现方式主要以量化的分数或排名为主，数据来源主要是考试分数，评价结果主要用于人才选拔或者各种比赛排名。伴随着教育评价改革的不断推进，教育评价结果的呈现方式和结果使用方式都在向人性化、个性化方向发展。教育评价结果的人性化特征突出体现在其呈现方式趋于可视化和动态化。

教育评价结果的个性化体现在注重满足多元评价主体的不同需求，为不同评价主体出具不同风格的评价报告，提高用户体验满意度和有效使用率等方面。仍以上文中提到的智能语音教学软件“SAIT 汉语”为例，为满足不同用户身份的需求，该平台提供了相应的功能和服务：作为教师的“助手”，平台可以满足日常教学和管理的需求，动态追踪每位学习者的语音能力变化；同时，作为学生的“语伴”，平台可以为学习者示范发音，纠正其发音偏误（马瑞祾、徐娟，2023）。

国际中文教育作为一个系统工程，在教学评价过程中同样注重工程思维。在构建评估模型时，尽可能全面地选择评价指标，才能对学生的学习过程以及所获学业成就做出更为客观的评价。相信通过工程化的方式，国际中文教育教学评价可以更好地适应数智时代的知识结构和测评需求，使评价过程更加系统、高效、实用。

三、教学评价工程化的必要性

工程化是指将工程原则和方法应用于某一特定领域的过程，包括设计、开发、测试和运维等环节。国际中文教育教学评价工程化，指的是将工程原则和方法应用到国际中文教育教学中，包括教学评价的设计、评价工具的开

发、评价测试和运行维护等环节。国际中文教育教学评价工程化研究与现实应用具有重要的时代价值、应用价值和现实意义。

（一）能够更全面地服务于教学与学习

1. 发挥信息技术的优势，为教学提供更加全面的评价和反馈

教学评价工程化研究可以通过大数据、智慧教育平台等数字资源的收集与分析，为国际中文教育建立科学、全面的评价体系，有助于教育质量的提升。国际中文教育相关学校或机构可以更准确地评价自身的教学水平，发现问题并进行改进，从而推动国际中文教育不断发展。

2. 教学评价工程化的运用将促进教学改进

工程化的实践可以通过评价学生在中文语言学习方面的表现，更加全面地评价学生的中文学习程度、沟通能力和文化意识等，帮助教师了解学生的学习需求和问题所在。基于评价结果，教师可以调整教学策略和方法，满足学生需求，提升教学和学习效果。

3. 教学评价工程化的运用将促进学生发展

教学评价工程化通过科学全面的评价和反馈机制给予学生个性化的学习评价，帮助他们了解自身的学习现状和发展方向，有利于学生提高中文语言能力和文化认知水平。

（二）能够更有效地提升管理效率和用户体验

在国际中文教育领域，工程化同样具有重要的应用价值。工程化通过建立规范化和标准化的流程，对工作进行自动化和优化处理，来提高管理效率和教学质量。工程化具有诸多优势和价值，能推动国际中文教育行业的发展和创新，带来显著的社会效益。

1. 能够提升评价的效率和质量

工程化的应用可以使国际中文教育教学评价的相关工作更加规范化、标准化。通过自动化、标准化和优化流程，可以减少重复劳动，降低错误率，从而提高工作效率和工作质量。

2. 能够降低运行成本

工程化的应用可以帮助整个国际中文教育界降低教学评价工作各环节的成本。通过自动化和标准化流程，可以减少命题、组卷、试卷分析等工作的人力成本，形成教学评价的模块化和优化集成系统，从而降低错误率和成本。

3. 能够提高可维护性

工程化的应用可以提高教学评价工具或服务的可维护性。根据系统工程的思维逻辑规则，通过统一的标准、流程和管理体系，可以提高代码的可读性和可维护性，减少维护困难等问题，实现资源的有效配置和优化，从而提高评价工具或服务的稳定性和可维护性。

4. 能够改善用户体验

工程化的应用还可以改善用户体验。通过自动化和标准化流程，可以提高评价流程和评价结果解读服务的质量和稳定性，从而提高教师和学生等用户的满意度和信任度。

四、教学评价工程化的可行性

（一）国际中文教育系统工程为工程化升级做好了充分准备

工程是人类为满足生存和发展需求而进行的改变自然状态的活动，在本质上是现实的、直接的生产力（李伯聪，2014）。只要是系统，就可以工程化。国际中文教育是一个涉及人才团队系统、教材教案系统、教学运行系统、质量保障系统、资源平台系统等的系统工程。我国在工程理论与实践方面取得了丰硕成果，这些成果将为国际中文教育的工程化提供理论指导和实践遵循（魏晖，2022）。教学评价系统是国际中文教育系统工程的组成部分之一，可在工程化理论探索和前期实践的指导下实现集成创新及各个相关要素的优化整合，即教学评价的工程化升级。教学评价在国际中文教育系统工程化的过程中充当着重要角色，但教学评价自身的工程化特征该如何在评估过程中体现出来，这是需要我们深入思考的问题。

（二）国际中文教育前期积累为工程化实现奠定了坚实基础

经过70余年的发展，国际中文教育在人才培养理念、教学模式、教学手段、教材建设、师资培养、国别区域发展等方面进行了系统性探索，积累了丰富的经验和宝贵的财富（魏晖，2022）。随着信息化时代的飞速发展，科技助力教育评价工程化已成为现实。近年来，国际中文教育领域在工程化建设方面进行了相应的开发与创新，比如国际中文智慧教学系统的研发、面向中文学习者的智能语音教学软件“SAIT汉语”的研发等等。可以说，国际中文教育前期的积累、科技的发展、工程化的现代化应用等都为国际中文教学评价工程化的实现奠定了坚实的基础。

第二节　教学评价工程化的实施内容

国际中文教育教学评价工程化，旨在用工程原理与方法开展教学评价，借助人工智能、大数据等技术手段，实现教学评价业务的协同优化、精准管理，达到科学高效的目的。因此，教学评价工程化在实施内容上首先要明确教学评价的主体与对象、教学评价的原则、教学评价的功能以及教学评价的内容，然后在此大框架下进行教学评价的工程化设计与应用探索。

一、教学评价的主体与对象

（一）教学评价的主体

教学评价的主体是教学评价的实施者和组织者，它回答的是“谁来评”的问题。不同主体有不同的价值立场，这会影响其对教学活动的价值判断。其中，教师和学生是教学价值的实践者，教师评价的目的主要是了解教学效果，及时调整教学；学生则是从自身身心发展需要的角度，对学校的教学条

件、教学过程等进行评价。（彭波等，2021）

数智时代的到来将改变国际中文教育的教学评价体系，工程化将推动国际中文教学评价与数智技术的融合。我们应结合在线教学新环境、新技术的外部特征，以及自主、协商和建构的内在属性，构建“多元交互”的在线教学评价指标体系。评价主体要从“评教”和“评学”两方面展开，包括管理者、督导、学生、教师、同行，形成“五元”评价主体。教师和学生在相互评价的同时，要分别进行自我评价和反思，使评价过程成为连续的自我激励和自我提高的过程。将同行纳入评价主体，可以更准确、更专业地对授课教师的教学能力和水平做出综合、中肯的评价和反馈，加强教学与科研的互融，增强教师的“教学共同体”意识。（李欣、张威，2022）显然，构建具有多元交互特征的评价主体，需要人工智能、大数据等技术支持与融合运用。教育评价工程化研发有助于实现评价主体的多元化。

（二）教学评价的对象

在探讨国际中文教育领域的教学评价工程化及其创新问题时，首先要明确的一个问题就是“评什么”，即教学评价的客体（评价对象）。如前所述，与多元交互评价主体的理念类似，教学评价的对象也是复杂多元的。其中，教学成效主要体现在对学生及其学业表现的评价上，因此，最受关注的教学评价对象是学生的学业成就。正如上文提到的，本章所探讨的是狭义的教学评价，将重点围绕对中文学习者所获学业成就评价的工程化展开。本章第三节和第四节将详细阐述此方面的内容设计与应用案例。

二、教学评价的原则

国际中文教育教学评价工程化的设计与实施原则既包含国际中文教学的原则，同时也兼具工程化设计的原则，主要体现在科学系统原则、以人为本原则、技术赋能原则三个方面。

（一）科学系统原则

教学评价能否对教学质量和学习效果做出合理的价值判断，取决于评价的科学性和系统性。科学系统原则要求教学评价工程化要落实动态诊断式评价的理念，注重对学生学习过程的动态监测与多元信息收集。在评价方式上，要将过程评价与结果评价、量化评价与质性评价相结合，确保评价结果客观、公正。在实践中，教学评价指标体系要具有可操作性，评价数据和信息要易于收集，评价步骤和程序要易于实施，以确保教学评价工程化能持续、有效地开展。

（二）以人为本原则

教学评价的根本目的是促进教师和学生的个体发展，教学评价工程化的实施也必须强调人本取向。应充分利用大数据技术的赋能与创新，为不同评价主体或学习者提供多样直观的评价结果，为数据解读和应用提供方便，树立以人为本的服务意识。同时，应结合多元评价主体的不同需求，选取合理的数据分析模型进行有针对性的分析并报告评价结果，为不同评价主体及时了解教学和学习状况，反思教学和学习效果，寻求新的改进方法及完善途径提供数据支持与改进依据，切实发挥数智时代教学评价工程化的优势。

（三）技术赋能原则

工程理论强调系统化的规划、设计和管理，以实现预定的目标。在国际中文教育领域，工程理论可应用于明确可执行的目标和规划，如明确教学目标、规范教学过程等，这同样也适用于建构教学评价体系。正如本书第一章“绪论”中所言：“人工智能、大数据等信息技术的发展为建设规范、可靠、好用的国际中文教学系统提供了有力支持 。”针对国际中文教育工程化建设的教学评价问题，我们应集合技术力量和工程化理念，构建统一规范的教学评价模块，将该评价模块有机融入国际中文教育工程化的整体中，实现技术赋能下的教学评价工程化建设，完善国际中文教育工程化的教学评价模块。

三、教学评价的功能

国际中文教育教学评价工程化是指在国际中文教育领域中应用工程化方法和技术，对学生的学习、教师的教学等方面进行评价和测量。这种工程化的评价方法旨在提高评价效率、准确性和可靠性，为学生的学习和教师的教学提供有力的支持和指导。其功能主要体现在以下几个方面：

（一）实现个性化的教学评价与反馈

国际中文教育评价的工程化探索是指应用工程化方法和技术，对国际中文教育的“教”和“学”等方面进行测量和评价的方法和工具的研究与应用。这项研究旨在提供可靠的评价体系，帮助教育机构和学生进行评价并提升中文学习的效果。“要建立合适的国际中文教育工程化模式，就要具有系统化、组块化、程序化、结构化、组织化、重反馈等思维方式和工作方法。”（施春宏，2022）

大数据时代，国际中文教育教学评价工程化将采用技术手段，如在线测试平台、自动化评分系统等，收集学生的评价数据和教师的教学数据，并应用数据分析技术（如数据挖掘、机器学习等）对数据进行分析和解释，实现对学生语言能力和发展的快速评价，并为学生提供个性化的反馈和建议。与此同时，实现对教师教学方法和教学效果的评价与反馈，为教师提供有针对性的教学建议与改进意见。

（二）实现教学评价的减负增效

国际中文教育是一个涉及各个教学环节的多系统的系统工程，这个系统的建设能够“推进教学规程规范化、教学方案标准化、教学内容模块化、教学资源平台化、教学技术先进化，以保证国际中文教育的质量，提高教学效率，降低办学成本”（魏晖，2022）。

国际中文教育教学评价工程化的突出功能，就是减轻教师负担，提高教学效率，降低教学成本。今天的智能教学系统可以在具体教学中替代教师的部分重复性劳动，比如，利用人工智能对学习行为数据进行深度挖掘，帮助教师准确把握学生个体的认知特征和班级群体的共性问题，从而开展更有针对性的教学实践，提高教学效率。同时，教学评价工程化的设计与实施可以发挥智慧教学平台等智能化系统的优势，通过建立知识图谱等积累，利用智能技术自动生成适合不同水平学生的试题和作业，并实现自动化批改，大幅减轻教师的工作负担，实现技术赋能下的减负增效，发挥工程化高效运行的重要作用。

四、教学评价的内容

教学质量是教学评价的核心。“多元交互”教学评价指标体系包含了对教师的评价和对学生的评价。本章将重点关注对学生学习过程及所获学业成就的评价与分析。

（一）教学评价标准和指标的建立

国际中文教学评价工程化研究的首要课题就是确定国际中文教学的评价标准和指标体系。这既要考虑学习者的语言能力、沟通能力、文化意识等，同时也要考虑教师在教学中所涉及的教学理念、方法、技术、素养等。提高评价指标的可理解性和可操作性有利于教学评价工程化建设的实施。

（二）评价工具和测试方法的设计

国际中文教学评价工程化研究还涉及设计和开发用于评价中文教学效果的工具和测试方法。我们应结合人工智能和大数据时代的技术优势，探索并设计多样化的评价工具，包括在线测试、语音识别技术、自适应测试和虚拟现实情境等，具体评价工具可以包括语言考试、口语和写作评价、听力和阅读理解测试等。研发准确可靠的评价工具，可以衡量学生在不同语言技能方面的表现，为学生学习和教师教学提供反馈。

（三）数据分析和结果解读的个性化实现

在数据分析方面，随着技术的不断进步，汉字书写自动教学与评判、语音自动跟读与评判等逐渐应用于汉语课堂，“教”与“学”的过程逐渐数字化、自动化、平台化（张崇，2022）。教学数据和评价数据的收集尤为重要，这是对学生语言能力和语言发展进行快速评价的重要基础。同时，要注重应用数据分析技术（如数据挖掘、机器学习等）对数据进行分析和解释，实现资源推送的智能化，以便提供更全面、更准确、更客观的评价结果，并为学生提供个性化的学习方案、课程和练习题等资源。

（四）教学改进和课程设计的反馈

国际中文教学评价工程化研究的目的之一是帮助教育机构和教师改进中文教学和课程设计。要结合学生学业成就方面的评价数据进行精准化分析，并将学习诊断结果反哺到教学实践中去（宋继华等，2023），帮助教师动态监测学生的学习过程、收集学业测试成绩等多元信息，从而有效识别学生的学习需求和问题，并相应地调整教学策略和方法。评价结果也可以为课程设计提供反馈和指导，以确保课程的质量和有效性。

总而言之，国际中文教育教学评价的工程化研究旨在利用现代科学技术，建立科学、客观的评价体系，为国际中文教学提供规范统一且有效的评价工具和方法，并通过数据分析和结果解读，为教学改进和课程设计提供指导。此举同时有助于确保国际中文教育的质量和有效性，能够提升学生的语言能力和文化认知，促进国际中文教育的国际化发展和全球化推广。

国际中文教育教学评价工程化的研究和实践过程离不开多种研究方法和技术，如问卷调查、实地观察、面试、语言测试等，同时还需要结合教育心理学、语言习得理论、教育技术等相关领域的知识，以确保评价体系的科学性和可靠性。随着国际中文教育的快速发展，工程化研究在推动教育质量提升、促进跨文化交流和语言学习成果认证等方面发挥着越来越重要的作用。通过不断的研究、实践与反馈，国际中文教育教学评价的工程化研究将逐步完善，为学生、教师和教育机构等提供更全面科学的指导与反馈，推动国际中文教育的可持续发展。

第三节 教学评价工程化的创新方向

作为国际中文教育系统工程的组成部分之一，教学评价系统的工程化是指从评价的设计、实施、操作、运行、管理等方面按照一定的逻辑规则和规范，通过整合、优化、集成等形成能够解决教学评价实际问题、满足新时代评价目标要求的工程化操作，其目的是提高教学评价的效率，降低评价结果的误差，从而有力支撑国际中文教育的教学运行，提升教学成效。传统的教学评价主要涉及教育系统内部的学校评价、教师评价和学生评价，是促进学生成长、教师专业发展和提高课堂教学质量的重要手段。一般认为，教学评价涵盖了对教学实施过程中出现的多项客体对象所进行的评价活动，其评价范围包括教与学两个方面（传统研究中大多通俗地称为“评教”和“评学”）。如前所述，本章所探讨的教学评价将始终围绕汉语学习者所取得的学业成就展开分析与评估。

一、国际中文教育教学评价工程化创新的理论依据与现实条件

（一）新时代教育评价改革的方向性指引

2020 年 10 月 13 日，中共中央、国务院印发了指导教育评价改革的纲领性文件——《深化新时代教育评价改革总体方案》（以下简称《总体方案》），该文件概括了教育评价的要义与精髓，为建立健全科学的教育评价体系指明了方向[①]。这也为我们在新形势下探索如何在原有基础上寻找语言测试新的学科增长点、深入中文测试理论与实践研究提供了总的基调；同时也指引我们重新审视国际中文教育领域中教学评价存在的不足与问题，思考应

① 《深化新时代教育评价改革总体方案》打破了以往的限制，突破性地从社会系统的五大主体思考教育评价改革，特别是增加了对地方党委和政府的教育工作评价、对社会用人的评价两个方面，注重置身于社会系统中改革教育评价。

如何以新时代教育评价改革为牵引，深入探究国际中文教育事业究竟需要什么样的教学评价、创新之路应该如何走等问题。换言之，教育评价作用于教育活动结果的规约，指导我们以新的思路与理念来明确“评什么”“谁来评”以及“怎么评”的问题。其中，“评什么”回答的是教学评价内容的问题，教育活动需要根据教育评价内容进行调整。教育评价“指挥棒”如何发挥作用决定了一定时期内教育活动的方向。“谁来评”回答的是教学评价主体的问题。不同主体所持价值观的差异同样会影响教育活动，教育活动需要根据教育评价传递出来的价值倾向选择活动的方向。而“怎么评”回答的则是教学评价方式的问题，着眼于新的教学评价方法与手段的应用以及对原有评价方式的优化调整。

《总体方案》首次旗帜鲜明地提出了“四个评价”，即改进结果评价、强化过程评价、探索增值评价和健全综合评价，并以此作为改革重点，在总体理念上为促进新时代教育评价转型提供了良方。对于国际中文教学评价创新而言，一方面，这是最有力的方向指引与理论支撑，《总体方案》中强调的“四个评价”为我们调整优化测验理念，推动教学评价更好地服务于国际学生的教学与培养指明了具体方向。另一方面，这也是深入探讨新时代教育评价改革这一重大国家举措在国际中文教育领域的落实落地，明确以“四个评价”牵引国际学生汉语能力测评机制创新的实现路径，服务于新时代新征程背景下“扎实推进国际中文教育高质量发展”的国家战略需求。

（二）“第四代教育评价”的理论支撑

基于心理建构的第四代教育评估理论提倡“共同建构”“全面参与”和“价值多元化”，强调评估过程中的“回应”与“协商”。在新一代评估理论的指导下，评估与测试理念发生了以下转变：评价活动从价值无涉到价值判断，评价主体从单一主体到多元主体（如增加学生自评和互评等方式）。同时，教学评价经历了对学习的评价（assessment of learning）、促进学习的评价

（assessment for learning）和作为学习的评价（assessment as learning）三种评价理念的演变，呈现出从“以评促学”到“学评融合”“教评融合”的理念发展趋势。基于此，各国纷纷从“教—学—评”有机融合促学、促教、促发展的角度出发，积极探讨有效处理三者关系并实现高度融合、共通的问题[①]。

20 世纪 80 年代以来，我国教育评价的理论和方法发展迅速，呈现出内容全面性、方法多样性、主体多元化、日益注重教育性和发展性功能等特点。在国际中文教育领域，以中文测试为核心的教学评价历经了 30 余年的发展，已经取得了一系列丰硕成果；而第四代教育评价理念为全球国际中文教育学科建设带来了新理念，这也促使我们以更科学的教学和评估理念展开有效教学评价。回顾以往，以 HSK 为代表的大型标准化水平测试强调“以评促教”，各类成绩测试也注重“以评促学”。在新的评价理念指引下，我们在国际中文教育领域的教学评价创新应努力从“以评促教 / 学”进一步优化升级为“教—学—评”有机融合。一方面，通过测验对教学的反拨作用提升教学质量，帮助学生改进学习过程和结果，更精准、更科学、更有针对性地服务于教学；另一方面，在教学与学习过程中收集的信息和建立的资源也能有效反馈于评估。此外，在国际中文教学实践中，很多测评手段完全可以融入日常教学中，如角色扮演、课堂辩论、语言实地调查等，这些手段既是真实性评估，同时也是任务型教学法常用的教学活动。

（三）数字赋能的教学评价转型

从理念层面来看，新时代教育评价改革方案和第四代教育评价理论为促进新时代国际中文教学评价的工程化优化升级指明了方向。而从实际操作的角度来看，伴随着新一代信息技术的创新发展，大数据的研究和应用也渗透

① 教育部《义务教育语文课程标准》（北京师范大学出版社，2012 年）针对教、学、评三者的关系给出了明确的建议，指出课程应采用科学、合理的评价方式和方法，对教学的过程和结果进行及时、有效的监控，以起到对教学的积极导向作用。而后，教育部在 2018 年的文件中再次强调，教师应处理好教、学、评的关系，以达到以评促教、以评促学的目的。

到了教育领域，互联网的迅猛发展、人工智能技术的飞速提升为传统考试的数字化转型、实现数智驱动的教育测评提供了良好契机和广阔空间。依托于网络的数字化测评具备高效、低碳环保等诸多传统测试所不具备的优点，测试与人工智能技术的结合将是今后教育测评的发展方向之一。

新时代教育评价的转型发展迫切需要先进技术支撑，而大数据为教育评价转型提供了重要的技术逻辑和实践方向。数字技术及人工智能分析技术将改变智慧化教学中语言测评的各个环节，在理想状态下，将形成“命题—测试—评价—反馈”这一良性互动的闭环。遗憾的是，在国际中文教育领域，尚未有建设成熟、运行稳定的全在线汉语考试网络系统，现有的几个网络考试也以纸笔测验为主，网考只是补充形式；因此，在疫情突如其来的特殊时期，大量国际化标准考试和我国的多个国家级考试纷纷停考，这也正是受限于传统考试形式的结果。此外，中文教学数据库建设一直落后于教学实践的需求，尤其是在测评用途的资源库开发方面；即使有中文教师自觉地采用了形成性评价的一些手段（如记录学生课堂表现、保留学生各阶段习作、整理学生学习进展情况等），也往往只能人工收集和保存信息，不仅效率低下、费时费力，而且难以规范化地分类管理信息，对这些数据信息的利用也十分有限。这也要求我们在信息化技术飞速发展的现实背景下勇于开拓创新，着力解决上述中文教学和测评的实际需求与网络资源库建设的“供需”矛盾问题。在教学实践中，各教学机构和教师也应积极对大数据时代下数字赋能的各类测验新手段、新方法展开探讨与实践，主要是围绕对标智慧中文教学，就如何有效运用测验新方法在国际中文教育领域展开数智化中文测评进行尝试。

二、国际中文教育教学评价工程化创新的目标与原则

以工程思维实现国际中文教学评价的创新，就是要凸显系统性、统筹性、集成性特征，把教学评价系统内部的各个相关要素以最合理的结构进行

解构与组合，形成一个由多要素组成的优势互补的有机系统。在这个工程化评价体系中，需要实现以下几个目标：一是从确定评估方案到实施测试与评估，再到收集评价结果并进行反馈的一系列环节的规范化；二是与教学评价相关的各级子系统的模块化，各要素和参与者之间既彼此独立又相互支持，比如中文测试的研发者、组织施测的执行者和测试结果的使用者 / 决策者三者之间的关系处理；三是从理念层面的评估价值观到实践层面的评估手段和方法，再到评估主体，都应具备多元化特征。

根据国际中文教学评价工程化创新的目标，我们探讨并初步确立了教学评价工程化创新的若干基本原则。其中最重要、最核心的一条就是实用性，即针对现状与问题所具有的应用价值。这也是一切创新与变革应具备的最本质的特征，否则所谓的创新便只是“为变而变”的空中楼阁。目前，在国际中文教育教学评价实践中，有两个层面存在亟待解决的突出问题：一是测验理念层面。多年来，传统的中文测试更多呈现的是“考学生”的理念，即往往以单一的评判者身份对学习者的中文能力进行评估，未能更加深入、有效地参与到教学中，使测评成为整个教育活动的一个有机组成部分。在传统的评价中，“教、学、评”三者彼此剥离，测验的应用也大多仅着眼于结果性评价，忽视了对过程的关注与评价；同时，学生在评价中的参与度不够，只是被评价者的角色；此外，以往的评价未能将学生的成长性、获得性与增值性纳入评估视野，存在着明显的局限性。显然，在工程思维指导下，将上述教学评价中的各要素与参与者纳入一个有机系统中，通过工程化的统筹集成使它们建立起有效联结，将有力地解决这一问题。二是实践应用层面。虽然中文测试与评估近年来在测验形式、测验方法和手段等方面已有了很大发展，但总的来说，施测方式仍以传统的纸笔测验为主流，为数不多的网络考试也往往是将测验试题从试卷搬到网络端，真正智慧化、个性化的测评功能尚未投入实践。对此，研究者一致认为，数智化教学评价将是国际中文教育未来的发展方向。其中，智慧中文教学与评估平台的建设是解决这一问题的重要途径。而基于信息技术的网络平台搭建正是工程思维的良好运用场景，需要将教学人员、学习者、测试研发人员和网络工程师等各方参与者协调并统一到一起，同时对平台所需的各类资源进行有效整合与集成。国际中文教学评价智慧平台建设人员架构如表 7-1 所示：

表 7–1　国际中文教学评价智慧平台建设人员架构

参与人员	角色与功能	具体说明与举例
教师和学习者	提供测评需求，主要涉及待评价的内容	包括基础性中文能力测评和专门用途、“中文 +”等中文能力测评、成人与少儿能力评估、主观性和客观性语言能力的评估，以及理解性与产出性语言技能的评估等
测评专业人员	作为考试与测评的研发人员提供评价方案	在教学范围和待测内容中进一步圈定测评内容、选定测验任务、确定测评方式、明确测评标准、提供评价反馈信息等
网络工程师	作为专业信息技术人员提供技术支持	与测评专业人员沟通，理解测评设计的底层逻辑，通过技术手段实现测评方案，保障评价实施，提升用户友好度和体验感等

此外，现有的国际中文教学评价工作还存在着忽视事前评价、忽视教育内在价值、评估主体和评估手段单一等问题。基于此，我们认为教学评价工程化还需从以下几个方面入手，明确相关原则。（1）评估标准方面：重新构建教学评价标准，让教学评价重视过程考察，多维度地设立评估标准并实现评估主体、评估手段的多元化，以此推动评估模型的科学构建和评估工作的转型发展。（2）评价实施方面：凸显定性和定量相结合原则，不局限于考试这一种评价方式，不满足于分数或等级等单一的数字化结果，而是有机结合质性评价与量化评估，使得对学习者的评估具备更丰富的内涵、更明确的意义，更加具有针对性和诊断性。例如，帮助学习者了解自己在中文听说读写分项技能方面的语言能力发展状况，为学习者提供语言要素等知识层面的掌握情况，分析学习者技能发展不平衡的具体表现与成因，等等。（3）系统兼容性方面：将教学评价置于统一的国际中文教育体系中，使评价与反馈成为一个相对独立的应用模块和子系统，同时又能有机融入国际中文教育工程化的整体中，完善国际中文教育工程化的教学评

价模块。（4）凸显结合性方面：体现出在多元化基础上不同要素的结合性。例如，从评价指标覆盖的完整性角度来看，要注重线上线下相结合；从综合评价的视角来看，基于多元评估、多维度结合的评价能在很大程度上降低教学评估的主观性和随意性。

三、国际中文教育教学评价工程化创新的内容与实施

如前所述，国际中文教学评价工程化创新主要围绕两个层面展开：一是以新时代教育评价改革思路为指引，基于“四个评价”核心内容，结合第四代评价理论，以工程思维推动国际中文教学评价理念的革新，实现评估理念从关注结果向支持学习的转变，树立并践行“教—学—评”融合的理念；二是在实践应用层面，顺应数字化和人工智能发展的新态势，对标智慧中文教学，探索集成具有多模块功能和工程化系统的国际中文教育数智化评价体系，主要是基于数字化测评拓宽评价手段，包括真实性评估、互动性评估、即时性课堂评价等。以上两个层面的有机结合，有力支撑着我们从教学评价新理念的革新和数字赋能新方法的运用等维度全面探索国际中文教学评价的工程化创新机制，助力国际中文教育高质量发展。

《总体方案》明确提出的“四个评价”属于教育评价体系中不同类型的评价方式，在实践中有着各自的应用场景和职能，既能独立运用，也可根据评价目标和评价对象的具体情况组合运用。《总体方案》对“四个评价”的应用做出了新的解读与方向性指引，这既是理念创新，也是路径创新，突出了评价的动态性、诊断性、多元性。以“四个评价”为指引，以数字化转型为方向，基于工程化理念探索国际中文教学评价创新可以从以下几个方面实施。

（一）改进并优化传统结果性评价

我们首先要从根本上明确评价目的的转变：教育评价的目的不是证明，而是改进教学，更好地促进被评价者的全面发展。改进结果性评价，就是要

改变以往仅仅提供单一分值或者以孤立的分数等级作为评价结果的做法，丰富评价结果信息，充实反馈内容；同时，要注重结果评价呈现方式的优化，除了以量化的方式呈现，还要增加质性评价工具的运用，通过观察、访谈、语言技能以及发展平衡性问题分析、真实性测试任务等方式实现评价方案的调整。在此基础上，还应基于语言能力评价的特点，理清语言知识和语言交际能力的考查方向。例如，避免以往在针对某一主题（如购物主题）时多考查与主题相关的词汇和语法项目等知识性内容的做法，而是考查综合性运用以及在真实情境或模拟情境下对知识的运用（如根据送礼对象的特征，通过咨询购买推荐和讨价还价完成选购一件价格和类型都合适的礼物的交际任务）。此外，当我们采用工程化方法解决问题时，需要关注系统的全过程以及系统的协调性；相应地，国际中文教学评价工作应当覆盖教育的全过程，不能只注重教育结果的评价，而是要将事前评价也纳入考虑范围。同时也要明确，结果性评价需要优化改进而不是彻底被取代，其评价思路和评价方法本身并没有问题，只是在实际应用中，其作用和传达的信息往往被夸大了，加上对评价结果缺乏深度分析，使得反馈内容失之单薄或流于表面，容易对评价结果的使用产生误导；此外，在命题研发、施测与评分等方面还存在不足，需要我们进一步优化和改进。

（二）注重并强化过程性评价

过程性评价注重学习与学习者发展的动态性和诊断性。从时间的纵向发展来看，过程性评价关注的是整个学习过程，而非选取某个节点来回溯之前的情况，具有持续性；从时效性来看，过程性评价注重及时性，需要对学生的学习行为和学习状况进行及时评估、及时反馈；从评价目标来看，教育过程与教育目标、教育结果并重，而非只看教育成效；从评价对象来看，过程性评价不局限于传统的对能力与水平的评估，而是涵盖了对学习者的学习态度、学习动机、投入度等与学习过程密切相关的因素的考量。以往过程性评价难以深入发展的最主要原因是过程性数据的收集和管理难度较大。过程性评价需要教师收集多样化的评价信息，包括考试成绩、作业情况、课堂表现等方方面面，仅靠教师一人之力很难收集到全面的数据；而且不同类型的数据也给教师的整理工作带来了相当大的难度。在国际中文教育领域，在教学评价中强化过程性评价，凸显其反馈性、形成性功能，离不开大数据及基于网络的信息技术的应用。值得注意的是，在线评估技术不应将精力全部放在对学生学业的监督上，而应从学生的课堂参与、课堂作业、在线考试中收集学习信息，了解、分析教与学的进展，以帮助学生更高效地学习。大数据和信息技术的运用能更好地实现教学评价的实时性和形式的丰富性，有效应对后疫情时代国际中文教育在教学实施、教学管理与教学评估等方面的现实问题，而基于测试平台提供的测验成绩和学习者表现，也能更有效地推进过程性评价。例如，采用形成性评价的测验方式，通过加强课堂观察、建立学习者学习档案袋等方法，真正推进过程性评价，实现国际中文教育实践中测试的动态性、过程性，避免仅依赖一次或几次测验成绩就得出最终结论的做法。同时，在评价过程中要对国际学生存在的学习困难和问题进行有效诊断分析，及时给出反馈，以帮助学习者顺利完成学业。

（三）积极探索增值性评价

相较于其他三种评价方式，增值性评价在国际中文教育领域属于新生事物。增值性评价能体现学习者的动态性、成长性和增值性，《总体方案》中引入增值性评价的目的在于“育人”，增值性评价是“自己跟自己比”的纵向评价。对于学历教育而言，基于统计模型的增值性评价不如平均分、升学率等指标清楚明了，因此容易陷入社会认可度偏低的困境。但国际中文教育领域往往不受升学率、淘汰率等竞争性评价的影响，我们可以将关注点主要放在学习者的成长层面。增值性评价尤其适用于非学历教育和进修生的中文教学评价，因为在这类教学中，由于学习者背景和学习起点的差别，同一个教学班级或年级内不同学习者的中文水平往往参差不齐，异质性程度较高，某些学习者即使竭尽全力也难以达到其他学生的同等水平。此时积极探索增值性评价的运用，从个人纵向发展和提升的角度出发，向学习者展示其中文技能的提升和语言要素知识掌握数量的增加，能更好地引导学生看到自己的成长，增强其获得感和成就感，激励学生积极向学。探索并践行增值性评价、关注学生努力程度和进步表现离不开对学习过程的监控[①]。而一切过程监控的实现都有赖于以工程思维搭建创新性国际中文教学评价平台，因为即使再尽职尽责的教师也无法通过个人的关注和传统的人工记录来实现完整的纵向观察与评估。这样的工作量过大，实现起来很难，收效也很有限，尤其是难以推广。因此，我们需要通过国际中文教学评价的工程化创新，基于网络和信息技术，建设教与学过程的纵向数据库，收集包括学生个人信息、测试数据、学习过程数据、学习表现与投入程度数据等在内的“全域数据”，为全面准确地判断学生学业成就的变化提供数据支持。其统计分析对象不限于学生考试成绩，还应包括学生是否知华友华以及跨文化交际等情感态度方面的全方位数据，从促进学生发展的角度重点关注每一名学生的进步程度，并利用多种反馈手段及时反馈学生各方面的努力程度和进步表现，激发学生学习的内部动力。

（四）以多元化思维建立健全综合性评价

综合性评价是多元评价的一种，其核心特征是信息资源的集成整合，最终形成准确、全面、有效代表对象待测评特质的总体性结果。我们认为，综合性评价应用于国际中文教学评价，应凸显其“多元化”的核心特征，通过评价内容及其标准的多维化、评价主体的多元化以及评价手段与标准的多样化践行综合性评价。首先，要注重评价内容及其标准的多维化，避免以往评价标准过于单一的弊端。既然将国际中文教育视为一个系统工程，那么在教学评价的过程中就应当注重工程思维的运用。在构建评估模型时，要尽可能全面地考虑各评价要素，不遗漏评估指标，只有这样才能对教学工作进行更为客观的评价。除了传统的对语音、词汇、语法、汉字等语言要素的考查

① 过程监控是指运用人工智能、大数据等技术收集和分析学生在学习过程中各方面的变化情况，并运用这些伴随性数据的分析结果来调整学生的学习行为。

外，还要综合考虑国际学生听、说、读、写不同维度语言技能的发展状况与具体水平；此外，还应考虑跨文化交际能力、知华友华的文化认同感以及语言实践能力等综合性的评价内容。评价标准也不应仅限于测验分数或中文水平等级，可以结合质性评价，设置多元化评价标准。其次，要在理念上转变思路，改变以往教师考学生、学生被动接受各类测评的传统，实现评价主体的多元化。中文学习者是国际中文教学的学习主体，在实践中，教学评价主体除教师外，还应包括学生自己。不应仅局限于教师评价的单一维度，要尊重学习者的主体地位，争取每一次活动的评价方案、评价标准、评价落地都有学生的参与，满足学生个体的需要；同时，要将学生评价（自评和小组评价）、教师评价和学生评价相结合等形式融入日常教学评价中，完善国际中文教学评价体系建设。最后，还应注重评价手段与标准的多样化。应避免过分依赖考试成绩、过度关注评价指标的做法，要跳出期中考试、期末考试等传统阶段性、结果性评价手段的思维定式；同时，可大力发展并践行档案袋评价、课堂观察、自适应测试等多样化的评价手段，突破教学评价方式过于单一的现状。

第四节　教学评价工程化应用案例

国际中文教育的工程化在理论上是一个有待深入探讨的新问题，但在实践中，以工程思维组织和实施教学评价已在不同应用场景下展开探索，如应用于慕课、微课、在线课堂及翻转课堂等教学模式中，以及各种类型教育资源库的搭建与知识库的建设中，这些都为我们在国际中文教育领域开展教学评价的工程化建设提供了可借鉴的案例和具体做法。下面将结合目前以工程化思路探索教学评价的实践与现状，通过对相关应用案例的分析，说明教学评价工程化的实现路径与具体做法。

一、数字赋能下教学评价工程化的实践与现状

在我国中小学基础教育中，已经出现了一些运用大数据和信息技术建构的数字赋能的课堂评价系统，这些系统赋予教学评价体系集成化和系统化的特质，体现了教学评价工程化的创新理念。例如，杭州第十一中学引进的智慧课堂行为管理系统、清华大学附属中学利用大数据技术开发的学生综合素质评价系统，以及科大讯飞公司为中学教学开发的智慧课堂信息化平台等。同时，学者们也陆续基于教学评价的工程化实践应用展开了相关研究。刘建达（2015）分析总结了广东外语外贸大学利用大数据平台，以工程化思路进行形成性教学评估的设计理念与实践方案，这也是我国高等教育领域对二语教学评价工程化创新的一次有意义的探索。李艳萍、汪玉芳（2022）通过课前、课中和课后的分段式设定，探讨了超星学习通平台下混合式教学过程性评价的具体操作方案及其相关指标。

在国际中文教育领域，以工程思维展开的相关实践探索也取得了一系列成果。在传统的教学评价中，口语和写作这类主观性测验的评分一直是焦点，同时也是难点；而我们欣喜地看到，国际中文教育的智慧化测评正迎难而上，积极有效地展开应对，并在实践和应用中体现出集成优化等工程化特征。例如，北京语言大学研发的“SAIT 汉语”智能语音软件通过平台的搭建，将“教、学、练、测”等多项功能有机结合在一个系统中，并将教学评价所涉及的相关要素纳入统筹协调体系，既服务教师又服务学生，既助力教学又面向测评，较好地实现了“教—学—评”三者的融合。此外，作文自动评分技术的应用日益广泛，如中国语言智能中心研发的“IN 课堂”、澜科语言科技开发的“汉语二语作文智能批改”和科大讯飞研发的“国际中文智慧教育云平台”等，都不同程度地实现了包含多项维度和多元指标的作文自动评分。遗憾的是，这些平台目前在课堂教学中的应用仍较有限。

二、典型案例介绍

徐晓羽、李蕙彤（2023）基于理论探讨和数据分析，以翻转课堂为例构建国际中文教学评价工程化体系，为国际中文教育领域以集成创新的工程思维优化升级教学评价的实践探索提供了典型案例，形成了典型经验。

（一）针对教学实践需求构建教学评价创新模型

在实践中，翻转课堂这种教学模式已被应用到中文作为二语教学领域，但与之相匹配的评估标准和体系尚未建立。新的教学模式急需新的评估标准。针对这一教学实践现状，研究者充分考虑翻转课堂线上和线下相结合的特点，构建出中文翻转课堂教学评估模型并确定了指标权重。其目标是将模型应用于各国际中文教学单位进行教学评估，为一线教师实施教学和检验教学效果提供参考思路，提升中文教学质量和学习效果，以评促教，以评促学，推动国际中文教育事业的发展。

（二）翻转课堂教学评估模型的构建过程与实现路径

在构建评估模型①的过程中，研究者明确了所依托的相关理论，主要以第四代教育评价理论作为研究的理论支撑。此外，研究还根据目前中文教学评价中存在的具体问题，进一步梳理了模型构建需遵循的相关原则。具体而言，中文翻转课堂教学评估模型的构建采用的评估研究属于课程教学评估，即以提高课程教学质量为目标的评估。研究以中文二语教学的翻转课堂作为评估对象，规避中文教学评价中存在的忽视过程性评价、评判维度过于简单以及主体单一等问题，遵循科学的评估原则，让教学评价重视过程考察，多维度地设立评估标准并实现评估主体、评估手段的多元化，以此推动评估模型的科学构建和评估工作的转型发展。研究最终确定了评估模型建构需要遵循的若干原则，包括定性定量结合、指标完整覆盖以及多元评估结合等。

---

① 评估模型是指依据评估原则，按照一定的评估方法对评估对象涉及的各要素进行统计分类、构建层次结构并置于同一体系下而形成的模型。

在评估模型建构的实证研究阶段，研究者主要采用“专家咨询法”和“层次分析法”，构建了中文翻转课堂的教学评估模型，该模型包含目标层、约束层、准则层、指标层四个层级，共计 3 个一级指标、11 个二级指标和 29 个三级指标，每个指标均有具体描述，同时确定了各评估指标的权重系数。

三、典型案例分析

通过对此案例的分析与探讨，我们认为该评估模型有效针对中文翻转课堂教学评价的实践需求与存在的不足，通过构建指标体系的方式对教师、学生、平台等多个要素展开系统性评估，并赋予各评估指标相应的权重。其实质是实施教学评价时对不同评价对象及其待评估特质重要程度的区别性界定，体现出全面观照教学评价过程中各大要素与构件、合理设定不同要素成分间相互关系的系统化思维，在一定程度上展现了教学评价工程化建设的理念，对国际中文教学评价的工程化创新具有积极的借鉴意义。

以我们前文所探讨的国际中文教学评价工程化的内容与实施为例，该教学评估模型在以下几个方面较好地体现了工程化创新的理念与特征：一是该评估模型具有明显的系统化构建思路，并且具备良好的层级性与结构性，而系统化与结构化正是工程化的核心特质；二是该评估模型充分考虑到教学评价所涉及的主客体，包括教师、学生和在线平台等，将多个要素有机统一在整体化的评价体系中，体现出统筹协调的工程化设计思路；三是该评估模型以第四代教育评价理论为指导，避免了传统评价中评判维度和评估主体过于单一等不足，具有良好的理论支撑；四是该评估模型以技术赋能教学评价为导向，运用“互联网 +”的现代教育技术和大数据监测手段实现了多元化评估。但严格来说，对标真正具备系统化和创新集成特征的国际中文教学评价工程化体系，该模型与典型的工程化体系相比还有明显的差距。首先是在理念指导上，并未形成成熟的工程思维，仍处于个人探索与实践的阶段；其次是缺乏对评估模型的成效反馈与质量监督机制。

事实上，工程思维特别重视过程和效果的评价反馈机制（施春宏，2022），而该评估模型主要围绕模型的建构展开探讨，未对模型的应用结果予以反馈。最后，该模型虽然在评价维度设定上涵盖了“课前课后学习”“课中参与”等过程性指标，但并未明确以教育评价改革为导向，也未将过程性评价纳入评价体系，且缺乏对增值性评价和综合性评价的正面体现。

第五节　本章结语

国际中文教育是我国整个教育体系的重要组成部分，也是我国教育国际化的重要体现。经过多年的建设，国际中文教育事业发展至今，规模上已达到世界级水平，未来必将在提升质量、铸造品牌方面下功夫。从教育大国到教育强国、从规模扩张到内涵式发展是一个系统性的跃升和质变，必须以改革创新为动力，而对教育改革方向的把握和教育成果的检验都离不开教育评价。在新时代教育评价改革的深远影响下，在大数据和人工智能极大推进数智化测评的浪潮中，我们需要通过评价机制的改革力促国际中文教育事业高质量发展，而国际中文教学评价工程化正是革新发展的必由之路。

工程化的核心特质之一就是集成创新。所谓集成创新，并不是多个要素松散无序的组合，而是要经过主动优化、选择搭配，并以最合理的结构形式彼此结合在一起，形成一个由恰当要素组成的、各种优势互补或匹配的有机体，只有这样才能称为集成。有研究者明确指出，在国际中文教育实践中，由于缺乏工程思维，缺乏团队支持和分工协作，教师几乎成了“全能型人才”，短时的疲于应付可以，但不可持续（魏晖，2022）。只有通过工程思维实现各个环节、不同要素和参与者之间的统筹结合、优势互补，才能形成整个系统有机运作且可持续发展的长效机制。教学评价一般由为什么要评、由谁来评、如何评价和评价结果如何应用等基本要素组成。在工程化的创新思维下，通过对各个要素与评估环节的集成优化，能基于模块化、流程化、规范化的工程化特征在应用层面提高评价的效率和质量；更能在评估理念层面以新时代教育评价改革为指导来发挥评价的牵引作用，关注整个教学过程，为学习者提供更为全面、更加个性化的评价与反馈，从而不仅改进教学，而且促进学生发展，真正凸显教育教学评价的核心要义。因此，国际中文教学评价工程化研究与应用具有重要的时代价值和现实意义。以工程思维锚定教学评价的变革方向，不仅能沿着深化教育评价改革的方向推进学科发展，落实国家政策导向，而且能在实践中更好地运用数字化测评手段实现“教—学—评”的有机融合，将评价系统作为国际中文教育工程化体系的一个有机环节，实现其服务于教学、服务于教师、服务于学习者的目标。

第八章　国际中文教育质量保障工程化设计及应用案例

国际中文教学质量保障体系是一个涵盖多个方面的综合性系统工程，包括教学标准化、过程跟踪和质量审核、关键文档规范化等多个环节。本章在系统工程思想的统领下，尝试以标准化思路为主线，将教学资源、教学过程、教学文档的标准化建设贯穿于整个教学质量保障系统之中，通过对这三个维度的深入分析，构建全面系统的国际中文教育质量保障体系，以期为教师和研究者提供参考。

第一节　国际中文教育质量保障概述

一、质量保障概念

在工程管理中，质量保障（Quality Assurance，简称 QA）是一系列有计划的、系统化的活动，其目的是确保工程项目符合特定的质量标准或要求。质量保障包括制定质量政策、标准和程序，以及实施有效的监督和审核机制，以确保所有工作按照既定标准进行。这些活动贯穿项目的整个生命周期，从规划、设计、施工到验收、维护都离不开质量保障的支持。质量保障在工程管理中是确保项目成功的关键因素，它不仅关乎产品或服务的质量，也涉及企业声誉、客户满意度和长期的经济效益。实施有效的质量保障措施可以提高项目的质量水平，降低风险，提高客户满意度和市场竞争力。

二、标准化与质量保障的关系

标准化是指在经济、技术、科学和管理等社会实践中，对重复性的事物和概念，通过制定、发布和实施标准达到统一，以获得最佳秩序和社会效益的过程。交换是标准化实施的动力。这里的交换既包括系统内不同步骤间的交换，也包括系统外市场上的交换。两种环境下的标准化工作都与质量保障息息相关，并扮演着至关重要的角色，为确保产品和服务的质量提供了基础保障。标准化提供了一个共同的技术和质量基准，使所有参与者能够对项目的期望和要求有明确的理解。通过采用标准化的流程和方法，组织能够以更加高效且一致的方式进行工作，这有助于减少误差，提高生产效率，确保每个产品或每项服务都达到相同的质量标准。标准化的语言和流程有助于不同团队和部门之间的沟通和协作，尤其是在大型项目或跨国项目中。质量保障需要遵循国内外相关的标准和规范，要建立国内外认可的质量管理体系，以确保产品或服务符合质量标准要求。因此，在国际中文教育工程化的过程中，标准化是质量保障体系设计的核心与基础。2021 年，中共中央、国务院印发《国家标准化发展纲要》，指出“新时代推动高质量发展……迫切需要进一步加强标准化工作”。标准化在推进大国语言战略和语言文化传播中发挥着基础性、引领性作用。新时代推动国际中文教育工程化建设，迫切需要标准化的支撑，而且越早越好。

国际中文教育目前缺乏国内外普遍认可的质量管理体系。前文已对课程系统、教学模式和教学资源的工程化做了深入阐释，本章将以标准化思路为主线，将教学资源、教学过程、教学文档的标准化建设贯穿于整个国际中文教育质量保障体系之中。

第二节 国际中文教育质量保障的基本内涵

质量保障在国际中文教育中扮演着至关重要的角色，它对国际中文教育质量进行管理和监督，以确保学生接受高质量的教育。国际中文教育教学质量保障体系包括国际中文教学标准化、国际中文教育教学质量过程跟踪和质量审核、国际中文教学关键文档规范化等内容。

一、标准化是国际中文教育质量保障的基础和保证

《教育部关于完善教育标准化工作的指导意见》（2018年发布）指出："标准是可量化、可监督、可比较的规范，是配置资源、提高效率、推进治理体系现代化的工具，是衡量工作质量、发展水平和竞争力的尺度，是一种具有基础性、通用性的语言。"标准化是为了在一定的范围内获得最佳秩序，对现实问题或潜在问题制定共同使用和重复使用的条款的活动。进入新时代，国际中文教育事业步入高质量发展阶段，关键要素标准化的重要性日益凸显。我们必须增强标准意识，提升运用标准的能力和水平，形成可观察、可量化、可比较、可评估的工作机制，充分发挥标准的支撑和引领作用。标准化是国际中文教育质量保障的基础和保证，有助于提高教育质量、确保教育一致性、促进教学研究创新、提升国际认可度。只有通过标准化，国际中文教育才能迈向更高水平，才能更好地满足学习者的需求，促进文化交流与理解。

当前，国际中文教育标准体系还不健全，标准供给还存在缺口，关键要素标准还有缺失；标准化工作的规范性还有待进一步提高；教育标准的国际影响力还不强，在国际上的认可度也不高。国际中文教育标准化工作的任务包括制定教学内容组织、教学资源存储、教学服务等系列标准，并对上述标准的制定和实施进行监督。制定上述教育标准应当在科学技术研

究成果和教育改革发展实践的基础上，“深入调查论证，广泛征求意见，保证标准的科学性、规范性、时效性”[①]。制定教育标准要处理好必要性和可行性、统一性和特色化、刚性约束和鼓励创新的关系，要充分考虑区域特点和国别差异。

二、过程跟踪和质量审核是国际中文教育质量保障的必要环节

国际中文教育过程跟踪和质量审核是指对培养方案设计、教学方案设计、教学实施、教学评价、教学总结的全过程进行跟踪和审核，通过专家监督与评价、学习数据收集、学生反馈收集、学情分析等方法，促进教学实施单位不断提高中文教育质量。

过程跟踪和质量审核可以保证国际中文教育实践符合标准。跟踪和审核可以确保项目按照既定的质量标准和规范进行，避免偏差和错误；定期的跟踪和审核有助于及时发现潜在的风险和问题。过程跟踪和质量审核可以提供反馈数据，使教育组织能够不断改进教育质量，确保国际中文教育与时俱进，满足学生和市场的需求。过程跟踪和质量审核还可以确保学习者的权益得到保护。通过监督教育组织的教学过程和内容，可以防止低质量的教育，推动国际中文教育获得更广泛的认可。

尽管过程跟踪和质量审核在以往的学科评估等活动中已经有所体现，但随着国际中文教育步入数字化转型新时期，过程跟踪与质量审核还需以新的样态有效植入数字化教学平台，在过程数据获取、评价需求细化、评价方法创新、反馈效率提升、反馈效果增强等方面进一步探索，为实现国际中文教育高质量发展目标提供保障。

---

① 《中华人民共和国标准化法》，参见 https://www.sac.gov.cn/zt/xxddbzhfzsbb/dt/art/2017/art_d28583fbe87041a1a4ebf198e4ceda9b.html。

三、关键文档规范化是国际中文教育质量保障准确理解的工具

国际中文教育关键文档规范化是指对国际中文教育领域的关键文档按规定的标准进行组织和整理，以提高其准确性、一致性和易用性。关键文档通常包括教学计划、课程设计、课程大纲、教材、考试试卷和成绩单等。

关键文档规范化是提升国际中文教育教学质量的有效途径，也是实现中文国际传播的重要保障。国际中文教育覆盖范围广，涉及全球197个国家和地区，不同国家的师资、学生、教材、考试等存在明显差异。关键文档规范化可以制定统一的标准，确保中文国际传播全球化，让全球教育机构、教师和学生可以在不同的地方接受标准化的国际中文教育，以减少教育机构和政府部门的烦琐工作，提高教育管理的效率。规范化的文档能够使评估机构更容易判断教育机构是否符合标准。

随着中国软实力的增强，越来越多的国家将中文纳入国民教育体系，这对实现未来区域合作和提升教育管理水平提出了更高的要求。未来的国际中文教育体系将会更开放、更包容，但同时也面临着教育规范化转型和学科建设的挑战。国际中文教育通过关键文档规范化，可以共同制定、实施和改进中文教育标准和规范，促进跨国交流与合作。

第三节　国际中文教育质量保障体系的工程化设计

从工程化设计的角度考虑，国际中文教育质量保障体系可如图8-1所示进行设计。

下面对相关内容逐一加以阐释。

一、国际中文教学标准化

国际中文教学标准化是指对国际中文教育领域的教学进行规范和统一管

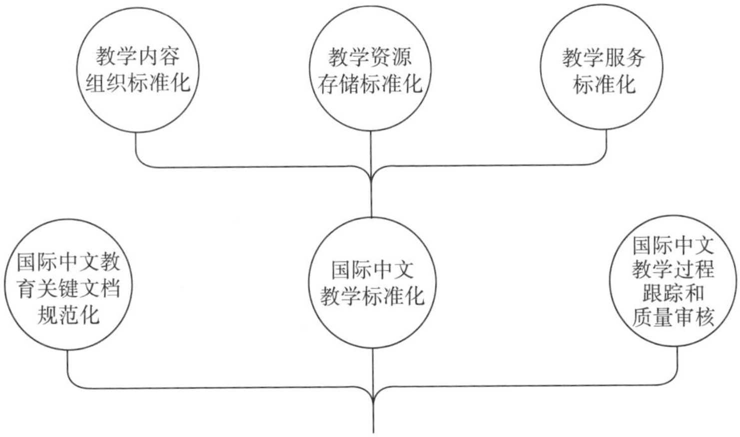

图 8–1 国际中文教育质量保障体系工程化设计

理，包括制定和实施统一的教学内容、教学资源等标准，以便评估中文教育的质量和水平。

（一）教学内容组织标准化

教学内容组织标准化是指对教学内容建立统一的分类体系，从适用年级、学科类型、资源类型等方面进行组织，以便更好地实施教学活动。教学内容的组织包括汉语言本体教学的组织、汉语言技能教学的组织、中国文化教学的组织和专门用途中文教学的组织四个方面（见图 8-2）。

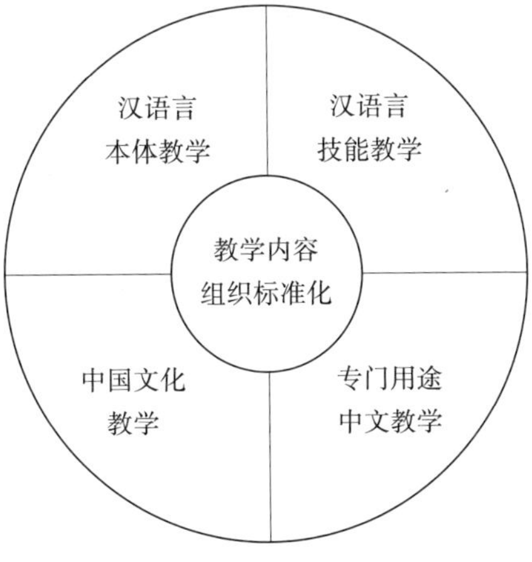

图 8–2　教学内容组织标准化的四个方面

1. 汉语言本体教学的组织方式

汉语言本体教学分为语音教学、汉字教学、词汇教学、语法教学、语篇教学等几类。各类汉语言本体教学内容的组织均有若干环节。汉语语音教学由感知、模仿、操练等环节构成；汉字教学由导入、汉字学习、汉字书写练习、巩固汉字练习等环节构成；汉语词汇教学由展示生词、操练生词、测试生词等环节构成；汉语语法教学由导入、范例、讲解、操练、真实交际等环节构成；汉语语篇教学由语篇背景分析、语篇理解分析、语篇生成训练等环节构成。

2. 汉语言技能教学的组织方式

汉语言技能教学分为听力技能教学、口语技能教学、阅读技能教学、写作技能教学、翻译技能教学和其他等几类。各类汉语言技能教学的组织均有若干环节。汉语听力及口语技能教学由热身模块学习、词汇模块学习、语法模块学习、课文模块学习、真实交际模拟、总结等环节构成；汉语阅读技能教学由主题导读、全文粗读、分段细读、阅读练习等环节构成；汉语写作技能教学由写作热身、学生写作、作文批改、作文讲评等环节构成；汉语翻译技能教学由翻译理论学习、翻译技巧训练、翻译实践演练与反馈等环节构成。

3. 中国文化教学的组织方式

中国文化知识的教学内容包括中国饮食、服饰、建筑、器物、宗教、伦理、制度、风俗、人文社会、文艺审美等方面。这些内容可以按照文化点的难易程度和文化背景进行组织，比如从简单的文化点开始，逐渐过渡到复杂的历史背景和社会文化现象。中国文化教学由背景介绍、课堂讲解、案例分析、体验互动、讨论等环节构成。

4. 专门用途中文教学的组织方式

专门用途中文教学分为：（1）与日常生活应用相关的生活中文教学，如餐饮中文、购物中文、酒店中文、旅游中文、娱乐中文等；（2）适用于职业应用的中文教学，如法律中文、商务中文、科技中文、医学中文、媒体中文等；（3）其他针对特定用途的中文教学。各类专门用途中文教学的组织均包括若干环节。如生活中文教学由热身模块学习、词汇模块学习、句型模块学习、生活场景语言操练、总结等环节构成；职业中文教学由热身模块学习、词汇模块学习、句型模块学习、职业场景语言操练、总结等环节构成。

上述细致的教学内容分类和组织使得整个教育过程可以像工程项目一样进行管理：通过明确地将教学内容分为汉语言本体教学、汉语言技能教学、中国文化教学和专门用途中文教学几大类别，并对每个类别进行详细的分解，我们能够确保教育内容全面覆盖、系统有序；每个类别下的教学内容都包含了详细的教学环节——从基础知识的传授到语言技能的实际运用，这使得教学任务能够得到有效落实，从而提高教学效率和学习效果。通过这种方式，国际中文教学变得更加系统、有序，有助于确保学生全面、深入地学习中文及中国文化，促进了国际中文教育质量的整体提升。

（二）教学资源存储标准化

教学资源存储标准包括存储介质、存储方式、存储周期等方面的规范。制定此标准有利于保证教学资源的安全性和持久性，防止资源丢失或损坏。上述标准通常包括数据的存储、元数据管理、备份、恢复、安全性、持续性访问以及数据格式等方面。数字化教学平台更应注重数据的存储、备份、管理及更新。

教学资源存储标准化涉及教育技术及信息管理的诸多方面，见表 8-1。

表 8–1 教学资源存储标准化内涵

教学资源存储标准化分类	教学资源存储标准化内容
技术	格式标准化
	元数据标准化
	存储架构标准化
	互操作性

续表

教学资源存储标准化分类	教学资源存储标准化内容
管理	访问控制和权限管理
	可持续性和备份
	培训教师和管理人员
伦理	遵守法律和伦理标准

1. 格式标准化。即确保所有的国际中文教学资源都以一种易于访问和共享的格式存储。资源类型可以包括文本、视频、音频等。采用通用格式有助于资源的跨平台使用和长期存储。

2. 元数据标准化。即为每个国际中文教学资源提供标准化的元数据，如标题、作者、创建日期、内容描述、关键词等，这样有助于更有效地组织、搜索和检索资源。这是国际中文教育工程化有效管理的方式之一。

3. 存储架构标准化。即开发一个统一的存储架构，以便于国际中文教学资源的管理和访问。其中可能包括文件夹结构的标准化、统一命名规则等。

4. 互操作性。考虑到国际中文教学资源可能会在不同的系统和平台之间共享，所以确保资源的互操作性是非常重要的。这就意味着国际中文资源应能在不同的软件和硬件环境中无障碍地使用。

5. 访问控制和权限管理。即确保国际中文教学资源的访问控制符合隐私和安全标准，应包括对何人可以查看、编辑或分享资源的明确规定。

6. 可持续性和备份。即确保国际中文教学资源的长期可持续性，包括定期备份以及在不同位置存储副本，以防止数据丢失。

7. 培训教师和管理人员。实现国际中文教学资源存储的标准化，需要培训相关的教师和管理人员，以确保他们了解并遵守相关的存储规范和标准；同时，也要为他们提供必要的工具和技术支持，以帮助他们更好地管理和利用国际中文教学资源。

8. 遵守法律和伦理标准。在存储和共享国际中文教学资源时，要遵守相关的法律和伦理标准，包括著作权法以及与数据安全相关的法律规定。

实施这些标准化措施可以提高教学资源的可用性、可访问性和一致性，同时也保证了资源的安全性和合规性。随着教育技术的不断发展，这些标准也可能需要不断更新，以适应新的需求和挑战。

（三）教学服务标准化

教学服务标准化是指通过建立一套明确的、共同的标准和程序，来确保国际中文教育和培训的效率与质量。国际中文教学服务标准化具体包括：

1. 国际中文教学服务流程标准化。即制定清晰、规范的教学服务流程，包括学生入学、课程安排、教学计划、课堂管理、考试与评估等环节，各环节应遵循标准化的流程，以提高服务质量和效率。

2. 国际中文教师认证标准化。即制定严格的教师资质认证标准，确保教师具备必要的专业背景、教学经验和语言能力；同时对教师进行定期的专业培训和考核，以保证其专业水平和教学质量。

3. 国际中文教学质量监控标准化。应建立教学质量监控体系，与教育部学科评估形成双轨监测机制，定期对教学过程和效果进行评估和反馈；还应通过听课、学生反馈、教学评估等方式，及时发现问题并采取措施加以改进。

4. 国际中文教学考试与评估标准化。即制定明确的考试与评估标准，确保考试内容的科学性、公正性和可比性；对学生的学习成果进行全面、客观的评估，为国际中文教学提供反馈和改进依据。

通过以上措施，国际中文教育可以实现教学服务标准化，提高教学质量和效率，同时为学习者提供更加优质的教育体验。

二、国际中文教学过程跟踪和质量审核

国际中文教学过程跟踪和质量审核是确保国际中文教育质量的关键环

节，包括教学过程跟踪和教学质量审核两个方面。教学过程跟踪是对教学活动进行实时监控和评估的过程（见图 8-3），其目的是及时发现并解决教学质量问题，提高教学质量。教学质量审核是对教学活动的结果进行评估的过程，其目的是确保教学质量符合预期目标和质量标准。

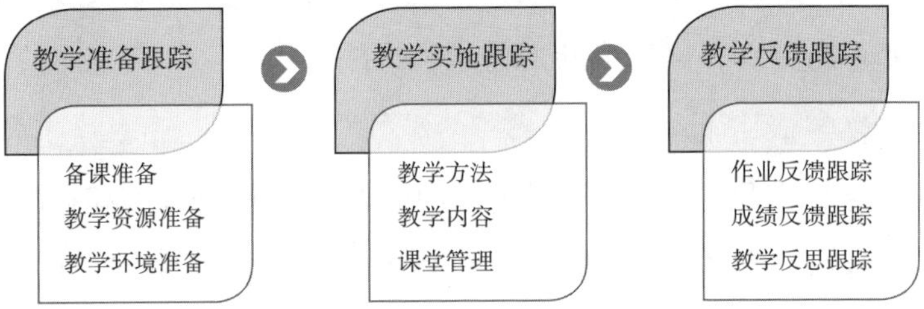

图 8–3 国际中文教学过程跟踪环节

（一）国际中文教学过程跟踪

1. 教学准备跟踪

指对教师教学准备情况进行跟踪，包括备课准备、教学资源准备、教学环境准备等，以确保教师能够充分、有效地开展教学活动。具体内容包括：

（1）备课准备：要求教师撰写详细的备课教案，包括教学目标、教学重点难点、教学内容、教学方法、教学步骤、教学环节、教学反思等，以便对备课过程进行监督和评估。备课应充分考虑中文学习者的需求，课堂活动要具有趣味性，设计要真实自然；教师同时还应考虑线上线下教学的差异，提前做好分组准备。

（2）教学资源准备：要求教师准备充足的教学资源，包括演示材料、教材、教具、教学设备等，以确保教学活动顺利进行。教学资源应满足不同中文学习者的需求，具有针对性和实用性。

（3）教学环境准备：要求教师对教学环境进行适当的布置，以便为学习者提供沉浸式的中文环境。线上教学应充分利用平台功能开展互动性教学。

2. 教学实施跟踪

指对教师的教学方法、教学内容、课堂管理等实施跟踪，实时接收学习者反馈，及时发现并解决教学中存在的问题。具体内容包括：

（1）教学方法：要求教师根据国际中文教学标准，采用多元化的教学方法，提高学习者的学习兴趣和积极性，激发其学习热情和创造力。

（2）教学内容：要求教师根据教学目标选择合适的教学内容，并在国际中文教学标准的框架下及时更新和调整内容，以确保教学质量。教学内容应具有针对性和实用性，符合不同课型的内容要求与组织标准。

（3）课堂管理：要求教师注重课堂氛围的营造，积极引导学生参与课堂活动，提升学生的学习效果，营造活跃的课堂氛围。教师应注重线上线下课堂管理的差异，针对不同中文学习者的特点，提升自身课堂管理能力。

3. 教学反馈跟踪

指对教学反馈情况进行跟踪，包括学习者考试成绩、教师对教学活动的反思等，以便及时掌握学生的学习效果和教师的自我提升情况。具体包括：

（1）作业反馈跟踪：要求教师布置适量的作业，并及时批改和反馈作业情况，以便了解学习者的学习情况和问题。作业应具有针对性和实用性，能够巩固和拓展学习者的学习成果。线上课堂可以充分利用技术手段，实时布置和点评作业。

（2）成绩反馈跟踪：要求教师定期组织考试并分析考试成绩，以便了解学生对知识的掌握情况和学习效果。考试成绩应客观、公正、透明，能够真实反映学生的学习情况。线上教学平台可提供成绩反馈跟踪功能，帮助教师全方位、全过程跟踪学习者的成绩和表现，有效地管理和评估学习者的学习进度。

（3）教学反思跟踪：要求教师根据课堂教学实施效果、学习成绩反馈和考试成绩反馈进行反思和总结，及时发现并改进教学中存在的问题，提高教学质量，为教师的自我提升提供有益的参考。

（二）教学质量审核

1. 教学计划和实施过程审核

指对教学计划和实施过程进行审核，以确保其符合国际中文教育教学标准的相关要求。具体内容包括：教学目标是否明确；教学进度是否合理；教学方法是否得当；教学内容是否满足学习者需求；课堂氛围是否活跃。

2. 课程质量审核

指对课程进行定期评估，以了解其有效性和适用性，并根据评估结果进行必要的调整和改进。具体内容包括：定期对课程进行评估，以了解课程的完成情况和效果；收集学生和教师的反馈意见，以了解课程存在的问题和改进方向；根据评估结果进行必要的调整和改进，以提升课程质量和教学效果。

3. 教师评估和培训

指对教师进行定期评估和培训，以提高教师的教学水平和专业素养。具体内容包括：定期对教师进行评估，以了解教师的教学水平和专业素养；针对评估结果进行必要的培训和指导；鼓励教师参与专业研究和学术交流活动；不断提升中文教师的信息素养，以适应在线教学的需求。

通过以上教学过程跟踪和教学质量审核的内容设计，可以实现对国际中文教育教学质量的全面监控和管理，及时发现和解决教学质量问题，提高教学质量，为培养高素质的国际中文人才提供有力的保障；同时，我们也要不断加强教学质量管理机制的建设与完善，以确保教学质量管理的有效性和可持续性。

三、国际中文教育关键文档规范化

国际中文教育教学关键文档是指在教育教学过程中，对教学质量和效果产生重要影响的一系列文件和资料（见图 8-4）。

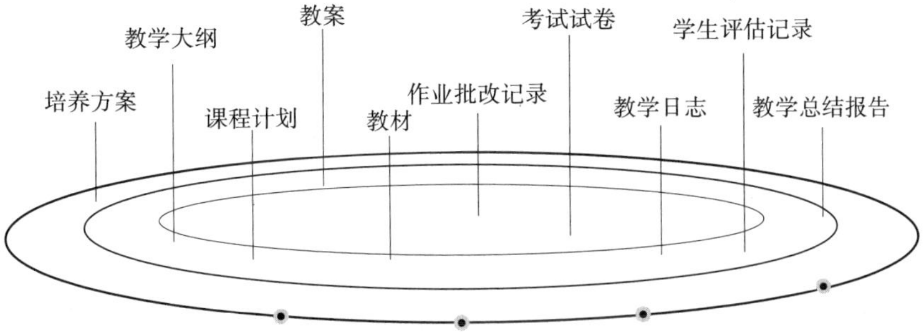

图 8-4　国际中文教育教学关键文档的内涵

1. 培养方案：培养方案是学校或教育机构制定的关于国际中文教育培养目标和计划的总体规划，包括培养目标、课程设置、教学计划、评估效果跟踪等内容。

2. 教学大纲：教学大纲是国际中文教育学科的指导性文件，包括对课程目标、教学内容、教学方法、教学资源等方面的规划和说明。

3. 课程计划：课程计划是教师根据教学大纲和培养方案制订的具体教学计划，包括对教学目标、教学重点和难点、教学内容、教学方法、教学资源、教学进度等方面的规划。

4. 教案：教案是教师根据课程计划和教材内容编制的教学方案，包括教学目标、教学重点和难点、教学内容、教学方法、教学步骤、时间分配等内容。

5. 教材：教材是国际中文课堂教学中必不可少的教学资源和素材。教材可帮助教师有效地传授知识，促进学生的学习和理解，从而实现教学目标。

6. 作业批改记录：作业批改记录是教师对学生作业进行批改、评价和反馈的记录，包括学生作业的完成情况、错误分析、成绩评定等方面的内容。

7. 考试试卷：考试试卷是对学生学业成绩进行考核的试卷，包括试题内容、评分标准，以及对考试时间等方面的规定。

8. 教学日志：教学日志是教师记录每天教学情况的日志，包括教学内容、教学方法、学生表现等方面的内容。

9. 学生评估记录：学生评估记录是对学生进行综合评价的记录，包括学业成绩、平时表现、综合素质评价等方面的内容。

10. 教学总结报告：教学总结报告是对一学期或一学年的教学工作进行总结的报告，包括教学质量评估、问题分析、改进措施等方面的内容。

上述关键文档是国际中文教育质量保障体系的重要组成部分。国际中文教育组织应对以上关键文档的编写、存档、审查做出统一要求，做到标准化管理。具体如下：

1. 确保文档格式和结构的统一性。所有文档应遵循统一的格式和结构，这样有助于提高文档的可读性和易理解性。

2. 确保内容的准确性和完整性。所有文档应详细并准确地记录必要信息，无论是操作步骤、质量标准还是其他重要数据。

3. 易于访问和检索。所有文档应存储在一个易于访问的位置，文档命名应利于迅速检索，也可以使用电子文档管理系统。

4. 设计审查和批准流程。应对文档的审查和批准设计适当的流程，确保其在发布前经过适当的审核。

第四节　国际中文教育质量保障体系工程化应用案例

国际中文教育质量保障体系是一个涵盖多个方面的综合性系统工程，包括教学标准化、过程跟踪和质量审核、关键文档规范化等多个环节。在这一体系中，课堂教学质量保障是核心要素。国家社科基金重大项目“基于‘互联网+’的国际汉语教学资源与智慧教育平台研究”的核心成果《基于新标准体系的国际中文教育教学语法资源建设研究》（上、下）（北京语言大学出版社，2022 年）运用工程思维，对国际中文教学中的重要语法点进行了标准化描述与引导。该应用案例能满足国际中文教育从粗放传播阶段向精耕细作的深度传播阶段发展的需要，是国际中文教育学科体系建设的重要支撑，也是交叉学科背景下集体智慧的结晶，集中体现了北京语言大学一线教师运用新技术、新方法建设教学资源的新思路。这种设计可为语法课堂教学提供规范化的实施案例，也可为国际中文教育课程标准化提供清晰的思路。下面我们将深入研究这一具体应用案例，以展示第三章提出的工程化方法在国际中文教育质量保障体系建设中的实际应用成果。

一、需求分析

语法教学在初等国际中文教育中占据重要地位，它不仅是语言学习的基础，也是提升学生语言运用能力的关键。然而，当前语法教学面临着一系列挑战，尤其是课堂教学流程和标准等方面的缺失在一定程度上影响了教学质量。中文教师，特别是志愿者教师和初入职场的海外中文教师，对于如何有效地讲授语法往往感到无所适从。他们的课堂话语可能过于复杂、不规范，且过分依赖个人经验，这些都不利于学生的理解和吸收。

赵金铭（1994）明确指出，教学语法与理论语法有着本质的区别，对外汉语教学语法是教外国人的语法，不是理论语法，而是教学语法。教学语法是从意义到形式，而不是从形式到意义；不仅是分析的语法，更是组装的语法；不仅是描写的语法，更是讲条件的语法；不是孤立地讲语法，而是在语际对比中讲语法。杨玉玲（2014）从国际中文教学的角度选取了初级阶段出现频率最高的 62 个语法项目，并将其分为四大模块：（1）词类；（2）句子成分；（3）特殊句式和固定结构；（4）句类。每个语法项目都包括知识扫描、常见偏误、教学提示等具体内容。冯胜利、施春宏（2015）参考对外汉语教学语法大纲和词汇大纲等，并结合教学实践，选择 260 余条初中级常用条目作为分析对象，从“形式结构”“功能作用”“典型语境”“注意”“比较”等五个维度对语法点的教学进行分析。以上这些纸质版语法教学资源在国际中文教学中起到了重要的指导作用，也显示出初步的工程化意识，但距离有效落实到课堂教学实践仍有一定距离，对语法知识点的描述尚不能做到模块化设计，需要进一步发展和完善。

工程化意味着将教学内容、方法和资源系统化、标准化，从而提高教学效率和质量。特别是在全球化背景下，为非母语环境下的中文学习者提供清晰、系统的学习路径，制定全面的教学大纲，开发模块化的教学资源，建立标准化的教学流程，不仅是提升教学质量的必要手段，而且也是满足国际中文教育需求的关键。通过这些措施，可以为中文教师提供明确的指导，为学生创造更加高效、系统的学习环境，最终推动国际中文教育质量的不断提高。我们可以采用模块化、工程化的方法构建教学语法资源，为一线教学提供直接的参照和模式范本，为课堂语法教学的质量提供保障。

二、目标确立

在需求分析的基础上，该案例确定了教学语法资源知识库建设的目标，即从理论和实操两方面为教师提供参照和模式范本。该案例以对核心语法项目的梳理为基础，结合联通主义、认知语法、习得理论，融合一线教师的多元教学方法和实例，构建出一个以语法为纲的开放型、互动型教学知识库，以期实现静态语言知识和动态教学实践的有效联通。

资源建设中的所有属性字段都包含两部分：静态和动态。静态部分的描写结合了目前关于教学语法的最新研究成果，目的是协助教师了解语言点的教学知识，用通俗易懂的语言传授教学语法知识；动态部分做到了教学过程形式化、教学语法理论知识形式化、中文课堂教学流程（步骤）形式化。

三、语法点结构设计

为实现上述目标，该案例采用联通主义思想下的教学知识资源设计方法。联通主义学习观认为，学习在混沌、复杂、网络化的情境下发生，学习是建立外部和内部网络的过程。王鸿滨（2021）指出，教师的作用在于激发学习者将第二语言信息与自身的语言文化背景等各方面的信息进行有效联结的能力，在这一过程中，教师也可以实现教学语法理论知识与课堂教学实践的有效联通。基于联通主义的教学知识资源可为语言学理论研究成果向教学应用转化提供思路和渠道，教学知识资源建设可为中文教师组织课堂教学提供实用方案。

联通主义教学模型是把静态语言知识和动态语言知识进行有效整合，通过教学导入、范例、操练、课堂活动设计等环节，以及各种情景的变换、刺激，联通学习者已有的各方面知识，帮助他们消化新的语言点，创造、生成并输出新的言语的教学模型。在课堂教学中，联通主义教学模型能最大程度地发挥学生的主导作用，根据学生的实际水平实施个性化教学，真正实现因材施教。

该案例通过前期深入调研，统计了广泛使用的10套国际中文教材，汇聚了2106项语法点，结合一线教师丰富的教学经验，基于联通主义，结合“词库—构式”互动研究成果，把静态语法和动态语法加以有效整合，完成了教学语法知识库一期共100项语言点的建设任务。

该案例继承了《现代汉语语法信息词典详解》（俞士汶等著，清华大学出版社，1998年）的设计思想，采用［属性：值］二维关系来描述语言点。每个条目下包括［语法项目名称］［语法意义及功能］［语法知识储备］［教学核心思路］［偏误］［课堂描述］［导入］［肯定范例及结构］［否定范例及结构］［疑问范例及结构］［操练］［课堂活动］［练习与测试］等模块（见图8-5）。

该案例的［语法项目名称］［语法意义及功能］［语法知识储备］［教学核心思路］［偏误］等模块从理论方面为新手教师提供了汉语教学语法的基础知识，包括汉语作为第二语言教学中语言点的整体教学思路和常见偏误分析，而这正是国际中文教师的根基。［课堂描述］［导入］［肯定范例及结构］［否定范例及结构］［疑问范例及结构］［操练］［课堂活动］［练习与测试］等模块从教学实践层面为新手教师提供了中文课堂教学的具体流程和步骤，并提供了经验丰富的中文教师实际操作过的课堂活动和操练方式的案例。因为教学对象是非中文母语者，深奥的语言学术语不适合在二语课堂上出现，所以该案例还提供了简化后的课堂描述，而这也是国际中文教师的另一个根基。

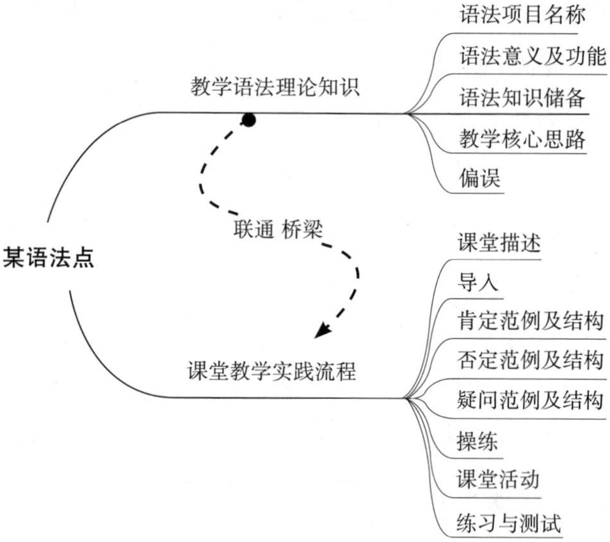

图 8–5 国际中文教育教学语法资源语法点属性结构

四、语法点实例

下面以语法点“紧缩复句：一……就……”为例，展示如何以标准化的形式对语法点和教学内容进行描述。

【语法项目名称】列出语法点名称。

紧缩复句：一……就……

【语法意义及功能】概括描述语法点的句法、语义、语用等知识。

“一……就……”是紧缩复句的一种，表示前后两个动作紧接着发生，以及某种条件下一定会出现某种结果。

【语法知识储备】详细描述教学时所需的语法知识。

1. 两三个分句紧缩在一起，中间没有停顿，这样的句子叫紧缩复句。“一……就……”是紧缩复句的一种，表示前后两个动作或事件紧接着发生，间隔时间非常短，中间没有停顿。

2.“一……就……”有两种语法意义：一是表示后一个动作紧接着前一个动作发生，如“我一到北京就给你打电话”；二是表示前一个动作或行为引起后一个动作或行为的发生，如“老师一讲我就明白了”。

3.“一……就……”的主语可以是相同的，也可以是不同的，如“我一放假就去旅行”“天一亮我就出发”。

【教学核心思路】介绍适合语法点讲练的核心教学设计。

1. 利用情境法，让学生用“一……就……”表述动作的衔接和动作的引起、发生。

2. 利用学生学习和生活中的真实情境进行操练，如“我一下课就去食堂吃饭”“我一放假就回国”“我一吃海鲜就过敏”。

3. 注意：“一……就……”有两种语法意义，“表示后一个动作紧接着前一个动作发生”的用法容易理解，可以先操练，之后再练习“前一个动作或行为引起后一个动作或行为的发生”这一用法。

【偏误】展示第二语言学习者经常出现的偏误并归类。

1.［遗漏］“一……就……”中有两个主语时，第二个主语不能缺省。

*我一出火车站就来接我了。

2.［错序］有两个主语时，第二个主语要放在“就”前面。

*他每次一来我家就我们很高兴。

【课堂描述】用简单易懂的语言描述语法点，帮助学生理解。

“一……就……”的意思是做完一件事，马上就做另一件事，如“我一到北京就给妈妈打电话”；有时表示原因和结果，如“我一感冒就发烧”。

【导入】介绍课堂教学时如何导入，如常用情境、教师话语等。

1. 用学生生活中的真实情境导入“表示后一个动作紧接着前一个动作

发生”的用法。

师：大家中午下课后马上去做什么？

生：去食堂吃饭。

师：我们可以说“我们一下课就去食堂吃饭”。

生：我们一下课就去食堂吃饭。

师：一吃完饭你们就做什么啊？

生：一吃完饭就回宿舍。

师：一回宿舍呢？

生：一回宿舍就写作业。

师：写完作业呢？

生：一写完作业就去锻炼身体。

2. 用常见的因果语境导入“表示前一个动作或行为引起后一个动作或行为的发生”的用法。

师：你们感冒以后常常发烧吗？

生：对。

师：如果我们有一位同学感冒以后常常发烧，可以说“他一感冒就发烧”。

生：他一感冒就发烧。

师：发烧了就不能上课了，用“一……就……”可以怎么说？

生：一发烧就不能上课了。

师：如果常常不来上课，会怎么样呢？

生：一不上课考试成绩就很不好。

【肯定范例及结构】给出肯定范例，并归纳出常用的肯定结构。

我打算一放假就回家。[主语 + 一……就……]

老师一讲我们就明白了。[主语 1 + 一…… + 主语 2 + 就……]

【否定范例及结构】给出否定范例，并归纳出常用的否定结构。

该语法点无此项内容。

【疑问范例及结构】给出疑问范例，并归纳出常用的疑问结构。

该语法点无此项内容。

【操练】介绍语法点常用的操练形式。

1.［下课后我的生活］两人一组，用“一……就……”说一说自己下课以后都做什么，如“我一下课就回宿舍，一回宿舍就做饭，一吃完饭就开始做作业”。

2.［想家的时候］两人一组，用“一……就……”说一说什么时候会想家或者想念朋友，如“我一接到妈妈的电话就很想家”“我一看到她送给我的礼物就会想到她”。

【课堂活动】展示练习语法点的互动性活动，如游戏、讨论、表演等。

1.［我的假期计划］

三到四人一组，以“我打算一放假就……”开头，说一说自己的假期计划。在介绍假期计划时，尽量多使用“一……就……”。

2.［我的小情绪］

三到四人一组，说一说自己的情绪，如“我一……就很高兴”“我一……就有点儿紧张”“我一……就很激动”。在活动前，教师可以先带领学生一起回忆学过哪些情绪类的词语，如“高兴、害怕、担心、紧张、难过、激动、兴奋”等。

【练习与测试】设计适合课上、课后使用的多种练习及测试。

1. 将括号里的内容用“一……就……”表达出来。

今天，我起晚了。(起床→去学校)，(出家门→下雨了)，我没带伞，真倒霉。(到学校→开始上听力课)，这节课有听力考试，(我考听力→紧张)，(紧张→听不懂)，(听不懂→更紧张)。真倒霉！

2. 组句。

1）我　一　北京　到　你　给　打电话　就

2）中国人　听　一　就　外国人　知道　我是

3. 用“一……就……”完成对话。

1）A：咱们马上就要放假了，你有什么打算？ B:____________

2）A：快毕业了，你毕业以后想做什么？ B:____________

3）A：你怎么哭了？ B:____________

教学语法标准化是国际中文教育发展的需要，也是大数据时代国际中文教育数字化建设的体现。该案例将工程化方法应用于解决课堂语法教学质量保障的问题，整个教学语法知识资源的设计体现了要素集成化、结构模块化、规程准则化等特征，从实际的教学要素规范（导入—板书—公式—操练—课堂活动—学生可能产生的偏误—测试），到可引导教学的教学思路的阐述，再到对难度适宜的课堂教学语言的示例，实现了“为一线教学提供直接的参照和模式范本”的案例目标。该案例把课堂的真实活动设计形式化地添加到教学知识库中，设计语法知识点的属性字段，实现了语法的静态知识和动态语言知识的联通，是一种基于联通主义的教学设计。将静态语法和动态语法有效整合，将教学模块化，将教学过程流程化，这种以工程思维与视角构建知识资源的方法与设计可为语法课堂教学提供规范化的实施案例，也可为国际中文教育课程标准化建设提供清晰的思路。

第五节　本章结语

国际中文教育保障系统工程化是一项综合性的、系统化的工作，旨在确保国际中文教育的质量和效果。本章深入探讨了国际中文教育质量保障的工程化设计及其实际应用案例。国际中文教育质量保障系统工程化的核心在于对每个环节进行系统化的设计和实施。在国际中文教学标准化环节，我们详细阐述了实施标准化的具体方式和目的；在国际中文教学过程跟踪和质量审核环节，我们建立了一个较为完善的过程跟踪和质量审核体系；在国际中文教育关键文档规范化环节，我们对关键文档进行了定义，并指出对关键文档应进行统一性要求和标准化管理。

最后，本章通过具体案例展示了工程化方法在国际中文教育质量保障体系建设中的应用。该案例表明，通过教学语法内容及流程的标准化设计，能够规范课堂教学的内容与组织，应用工程化方法能够显著提高国际中文教育的质量和效果。

第九章　国际中文教师教育工程化设计及应用案例

国际中文教师教育是对全球范围内中文教师进行职前培养和在职培训的总称，是指在终身教育思想的指导下，根据国际中文教师发展的不同阶段，对其进行职前培养和在职培训等一体化连续教育的活动。

拥有一支高素质的国际中文教师队伍是提供高效率、高质量国际中文教育的基本前提和关键条件，国际中文教师教育质量的高低在很大程度上决定着国际中文教育的水平。高素质的中文教师是通过国际中文教师教育培养出来的。然而，当前国际中文教师教育培养的教师并不能很好地满足国际中文教育发展的需要，以至于成为学界公认的“三教”问题（即教师、教材和教学法）之一。其中，最突出的问题就是培养的中文教师很难完全适应海内外中文教育高质量发展的需要。

工程化是一种应用工程学等多个学科的原理、思维和方法来理解、解决问题的工程思维。工程思维的核心是解决问题、与具体的“个别对象”联系在一起、与具体的时间和空间联系在一起（李伯聪，2014）。其关键特征包括系统性、实践性、规则性、集成性、建构性、过程性、价值性（满足需要、创造更大价值）等（李永胜，2015，2018）。

国际中文教师教育主要包括职前培养和在职培训两个阶段。本章先对国际中文教师教育工程化的可能性和必要性进行简要分析，然后分别用工程化设计的思路探讨中文教师的职前培养和在职培训等问题。

第一节　国际中文教师教育工程化的可能性和必要性

国际中文教师教育既是国际中文教育系统的一个子系统，本身也是一个复杂的系统。它包含目标、内容、课程、教学、评价等要素，完全可以进行工程化设计。此外，国际中文教师教育要应对国际中文教育发展带来的新挑战，要提高其质量和水平，工程化既有必要性，也有可行性。

一、国际中文教师教育工程化的可能性

国际中文教师教育工程化是国际中文教师教育和工程思维“双向奔赴”的结果。一方面，工程化是一种科学化的思维方式，是解决具体问题的工具，可以应用在包括国际中文教育在内的很多学科领域；另一方面，国际中文教师教育是一个复杂的系统，注重目标导向、集成化课程体系、情境化教学过程、科学化管理和评价、个性化培养每个学生、多样化教学方式等。这些正是工程思维的长处和强项。

（一）工程思维可以为国际中文教师教育提供科学理论的指导

工程思维强调明确化的预定目标、系统化的设计、集成化的要素和内容、科学化的管理、立体化的评价。它早已广泛运用于航空、机械、农业、企业管理等学科领域和大型工程项目（如机场、桥梁等）的建设中，并取得了很大成功。与此同时，从20世纪80年代起，它就应用在包括教育学在内的人文社会科学领域，如冯志伟（1985）提出可采用工程化方法研制机器翻译系统。教育工程学是教育学与工程学的交叉学科，它既研究工程教育，也能发挥工程思维对教育学的指导作用。前者主要是指研究如何培养更高质量的工程师，后者主要是指利用工程学理论指导教育学的发展，既有高等教育界的“985工程”“211工程”等，也有基础教育界的“希望工程”，还有具体的对教学知识工程化的探讨（李志厚、王嘉毅，2009）。

国际中文教育完全可以工程化（魏晖，2022），而且国际中文教育界已经进行了一些应用性的探讨（宋继华等，2021；施春宏，2022；等等）。作为国际中文教育的一部分，国际中文教师教育主要解决“谁来教中文”的问题，属于人文社会科学。工程思维完全可以指导国际中文教师教育，具体体现在指导各个要素的完善和提高上。比如，制定明确的培养目标，设置集成化的课程体系，设计程序化的教学过程，提供信息化、多样化的教学方式和手段，设计科学的管理体系和评价方案，等等。

（二）国际中文教师教育的特点适合用工程思维来指导

国际中文教师教育具有系统性，是一个包括目标、课程、教学、评价等多个要素在内的复杂的系统工程。“既然是系统工程，就要有工程思维……将这些系统按照一定的逻辑规则和规范，整合、优化、集成为能够解决实际问题、满足目标要求的大系统。”（魏晖，2022）把工程思维应用于国际中文教师教育这个复杂系统，可以按照一定的原则和标准配置各种教学资源和手段，规划、设计或改造教师教育的各个要素，以便有效提高其质量和效率。

国际中文教师教育具有个性化特点。中文教师教育一直提倡对学生因材施教，进行个性化培养。工程化可以通过数据分析来提供较为准确的信息，以便教师根据国际中文教育的实际情况调整所授课程内容和教学方法，从而更有针对性地培养合格的国际中文教师；也可以通过课堂教学的数据分析明确在职中文教师哪些方面需要加强，更适合什么样的培训方式，从而更有效地进行在职中文教师培训。

国际中文教师教育的方式和手段具有多样性。作为工程化的一部分，多媒体等现代教育技术一直被当作丰富国际中文教师教育的方式和手段，尤其是疫情后广泛使用的在线中文教师教育方式和虚拟中文教师教育工具。比如，有的在线学习平台开发了虚拟现实（VR）中文教师教育应用程序，设计了多样化的多媒体教材和教育活动，可提供沉浸式学习和实习体验，等等。

国际中文教师教育具有很强的经验性，且一直在加强教育过程管理的科学性。工程化正好可以提供科学化的管理，即通过充分的数据分析，可以更准确地判定国际中文教育对教师素质的需求，进而设计更完善的培养方案；可以更准确地知晓学生的发展情况，进而提供更有效的教学策略和方法，以及更合理的资源配置；等等。这种建立在数据分析基础上的科学管理，更有利于提升国际中文教师教育的质量和水平。

随着技术的更新换代和教师教育的持续发展，工程思维发挥作用的范围还将不断扩大。

二、国际中文教师教育工程化的必要性

在以往的国际中文教师教育研究和实践中，理论性、经验性的成分偏多，科学化、系统化、集成化等工程化特征较为缺乏。这就造成了当前的国际中文教师教育不能很好地满足中文教育对教师素质要求的局面。因此，我们有必要将国际中文教师教育工程化，即把工程学等多个学科的一些原理、思维、方法和技术应用于国际中文教师教育中，解决研究和实践中的各种问题，以提高国际中文教师教育的质量和水平。

（一）应对国际中文教师教育所面临的新挑战需要工程化

自 20 世纪 80 年代以来，国际中文教师教育为中文教育事业培养了大批合格的中文教师，取得了很大的成绩。但随着国内外形势的发展，它也面临着一系列挑战，比如，职前培养和在职培训脱节，缺少系统化管理；教育资源无法做到最优化配置；等等。工程化强调系统性，强调优化资源配置，强调发挥整体功能，正好可以应对国际中文教师教育所面临的新挑战。比如，把职前中文教师培养和在职中文教师培训两个子系统整合成一个“国际中文教师教育”的大系统，科学配置教师资源、内容资源、教学时间和空间资源等各种资源，可以最大限度地降低成本，提高资源配置和使用效率，实现资源配置的最优化。当然，这里的最优化配置还包括通过有针对性地配置

资源、满足不同水平学生（包括那些有学习特长或障碍，或者家境困难的学生）的学习需求来减少教育不平等，最大限度地实现教育公平。只有这样，才能更好地应对国际中文教育的新挑战。

（二）提高职前中文教师培养质量需要工程化

职前中文教师培养主要由本科阶段的汉语国际教育专业（原对外汉语专业），研究生阶段的汉语国际教育、课程与教学论、应用语言学等专业来承担。就目前国际中文教育界的反馈来看，职前中文教师培养还存在一些问题，其中最突出的就是培养出来的中文教师实践能力较弱。工程化的特征包括实践性、建构性、集成性、过程性等，这为我们解决问题提供了原则、思路和方法，可以指导我们对国际中文教师教育的各个要素进行优化。比如，依据国际中文教师标准和课堂教学需求设计的系统化培养方案和课程体系、针对教育内容的集成、针对教学过程的情境建构、针对课程的整合、针对评价的系统化设计等，这些举措更有利于学生（未来的中文教师）获得全面的专业知识和教学能力，能提高国际中文教师教育的质量，培养具有较强竞争力的合格中文教师。

（三）提升在职中文教师培训水平需要工程化

国际中文教育的发展对中文教师素质提出了更高要求，这就需要对中文教师进行有针对性的培训。不同的中文教师需要的培训内容是不一样的：有的中文教师需要培训教学方法，有的中文教师需要提升改编教材的能力，有的中文教师则需要提升课堂研究的能力。工程化与具体的“个别对象”联系在一起，与具体的时间和空间联系在一起（李伯聪，2014）。按照工程化思路，可以在数据分析的基础上结合每个学生或在职教师的具体问题给出有针对性的改进策略，更好地满足其个性化学习需求，使其更快更好地成长为一名合格乃至优秀的中文教师。同时，工程化也可以把不同类型的在职中文教师培训系统化。比如，不同职业发展阶段（如中文教师的入职阶段、入职后的生存期和瓶颈期）的培训、不同来源的中文教师（如国内的对外汉语教师、各个国家的本土中文教师、志愿者教师等）的培训等。

可见，教育工程化有助于应对国际中文教师教育所面临的挑战、提高职前中文教师培养的质量、提升职后中文教师培训的水平。

第二节　国际中文教师职前培养的工程化设计

国际中文教师职前培养（pre-service Chinese teacher preparation）是指国际中文教师职业的准备教育，学生（未来的中文教师）要掌握中文专业知识、教育教学理论知识、心理学知识、通识性文化知识，以及基本的课堂教学技能、外语技能、跨文化交际能力，形成基本的职业道德，初步建立起中文教师的职业观、使命观和责任感等，为未来的中文教育工作和职业发展奠定基础。

国际中文教师职前培养是一个包括目标、课程、教学、评价等多个要素在内的复杂系统工程。用工程思维来审视国际中文教师职前培养系统，就会发现其目标、内容、课程、过程、评价等要素都存在一些问题。比如，职前培养目标比较宽泛；教育内容中设置的中文学科内容较多，教学实习等实践类课程较少；不同类型课程之间的组织顺序主要是按照理论先导的逻辑排列的，有的机构缺少实习机会，甚至缺少“汉语作为第二语言教学法”之类的实践性课程；教育过程主要采用“传递—接受”方式；教育评价主要是对学生应掌握的知识进行纸笔测试；等等。采用工程化的原理、思维和方法可以为解决这些问题提供一种思路，比如，推进教育目标的明确化、内容的模块化和集成化、课堂教学的情境化和实践化、评价的多维化等。

一、培养目标的工程化设计：明确“培养中文教师”

国际中文教师职前培养目标就是培养合格的中文教师，它对应的是汉语国际教育专业的培养目标。

按照工程思维，国际中文教师职前教育目标、教育内容和“中文教育对教师素质的需要”应该保持一致，即国际中文教育需要什么样的教师，教师教育就应该培养什么样的教师（培养目标）、安排什么样的课程体系（教育内容）。然而，当前汉语国际教育专业的培养目标并不只是培养合格的中文教师。在教育部颁布的《普通高等学校本科专业目录和专业介绍（2012年）》中，汉语国际教育专业属于中国语言文学学科，其人才培养目标为：“本专业培养掌握扎实的汉语基础知识，具有较高的人文素养，具备中国文学、中国文化、跨文化交际等方面的专业知识与能力，能在国内外各类学校从事汉语教学，在各职能部门、外贸机构、新闻出版单位及企事业单位从事与语言文化传播交流相关工作的中国语言文学学科应用型专门人才。”课程体系是实现专业培养目标的主要支撑。程娟等（2013）的调查结果显示，全国60%以上高校的该专业都开设了以下10门主干课程：现代汉语、古代汉语、语言学概论、第二语言教学概论、对外汉语教学法、中国古代文学、中国现当代文学、外国文学、中国文化通论、汉语写作。由此可见，汉语国际教育专业培养目标较为宽泛，主要是培养中文学科类人才，包括中文教师、编辑、职员、记者、公务员等。要实现中文学科类培养目标，就要从中国语言文学专业所包含知识的全面性和系统性出发来设计课程体系，而很难再从国际中文教育的需求出发进行考虑。上文提到的10门主干课程就充分说明了这一点。

用工程思维来审视这一培养目标就会发现有一些偏差，我们应该旗帜鲜明地培养合格的中文教师，而不是宽泛地培养中文学科类人才。对于合格中文教师的专业标准，学界一直有所探讨①，且已形成共识，即世界汉语教学学

① 自20世纪90年代开始，国际中文教师执教资格、教学能力以及素质结构等方面就得到了业界的高度重视和广泛关注。教育主管部门相继颁布了《对外汉语教师资格审定办法》（1990）、《汉语作为外语教学能力等级标准及考试大纲》（2005）、《国际汉语教师标准》（2007，2012）、《国际中文教师专业能力标准》（2022）等文件。

会 2022 年发布的《国际中文教师专业能力标准》（T/ISCLT 001—2022）。它在对中文教师各种需求进行广泛调查的基础上，通过专业理念、专业知识、专业技能、专业实践、专业发展 5 个一级指标和 16 个二级指标详细描述了国际中文教师胜任教学所应具备的知识、技能、态度以及专业发展能力。具体内容见图 9-1：

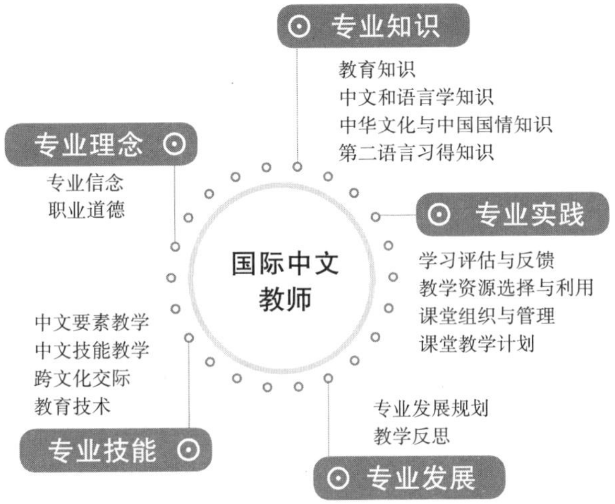

图 9–1　国际中文教师专业能力结构

因此，国际中文教师职前培养应紧紧围绕《国际中文教师专业能力标准》所描述的合格中文教师的专业素质来设计课程体系，以培养合格的国际中文教师。

用工程思维明确以后的“培养合格中文教师”的目标及其对应的课程体系，与原有的“培养各种中文专家”的目标及其对应的课程体系相比，虽然有一定的重合，但在性质和逻辑上并不相同。原来该专业的毕业生教学实践能力不强，很大程度上是由培养目标较为宽泛、教学实践类课程较少、所学内容并非国际中文教育实际所需造成的。如张黎、王志尚（2022）就提到过北京语言大学汉语国际教育专业实践性课程偏少的问题。

二、教育内容的工程化设计：构建集成化课程体系

按照工程思维，国际中文教师职前培养的内容应该是集成化的，即把一些原本孤立的知识（体现为课程）按某种方式（如整体性思维）集中在一起，使其相互关联，构成一个有机整体，发挥整体功能，像集成电路一样。

国际中文教师职前培养对应的本科阶段的汉语国际教育专业属于中文学科，习惯从中文学科的系统性和全面性出发去设计课程体系。中文学科本身就是一个综合性学科，包含汉语言专业类课程和文学文化类课程[①]。因为要教外国人，还包括教育教学理论类课程[②]、外语类课程、通识教育类课程[③]，以及中文教育教学类课程[④]、中文教学实践类课程[⑤]。总体来说，国际中文教师职前培养的内容复杂多样，涉及中文、外语、教育学、心理学、哲学等多个一级学科。刘珣（2020）也曾指出："汉语国际教育专业涉及语言、文学、文化、外语、教育、心理、现代教育技术等学科，对学习者知识的要求繁多，课程设置比较庞杂。"于是，通过不断增加各个学科的课程，中文教师职前培养的课程体系最后成为一个包含多个学科、多种课程的大"拼盘"，其性质是不同知识的拼凑。这种课程体系可以称为"拼盘式课程体系"（见图 9-2）。相应地，建立在这种"拼盘式课程体系"上的中文教师职前培养实质上属于孤立的、相互割裂的学科教育。

---

① 汉语言专业类课程包括现代汉语、古代汉语、语言学概论、语用学、语义学、语音学等；文学文化类课程包括中国古代文学、中国现当代文学、文学概论、文艺学、中国文化史等。

② 教育教学理论类课程包括教育学、中外教育史、教育科研方法、课程与教学论、教育心理学、普通心理学等。

③ 通识教育类课程包括跨文化交际、民族与宗教、中国概况等。

④ 中文教育教学类课程包括第二语言教学概论、中文要素教学（包含语音、词汇、语法教学）、中文技能教学（包含不同课型的教学）、第二语言习得概论、语言测试等。

⑤ 中文教学实践类课程包括教学录像点评、中文教学观摩、教学实习、一对一教学指导等。

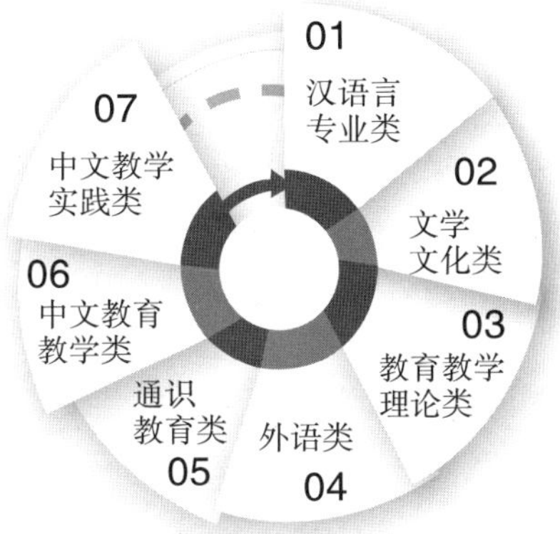

图 9–2　国际中文教师职前培养“拼盘式课程体系”

用工程思维来审视，在这种拼盘式的中文教师职前培养课程体系中，每类课程只能孤立地发挥作用，很难相互配合发挥整体作用。相反，如果能根据合格中文教师所应具备的素质来整体设计、统筹安排、系统优化，使各个学科、各门课程有机地整合（即集成）在一起，那么中文教师职前培养课程就能成为一个科学有序、整体发挥功能的课程体系。这种课程体系可以称为“集成化课程体系”。

相比拼盘式课程体系，集成化课程体系是对中文教师职前培养课程体系认识更加深入的表现。其背后的思维方式是立体化、集成性的，而不仅仅是简单地综合化，更不是拼盘式地放在一起。那么到底如何做到中文教师职前培养内容的集成化呢？王凤岐等（2000）指出：“强调集成的概念。即教学目标与过程的集成；在教学内容上知识与方法的纵向集成以及相关学科的横向集成；理论与实践的集成。”国际中文教师职前培养课程也可以按照这四种思路进行集成。第一是教学目标与过程的集成，比如把语言学概论、现代汉语这类理论课程的目标和教学过程集成化，即教师可以引导学生通过感受、理解生活中的中文例子来进行总结、归纳，形成语言规则、概念、原理等知识，换句话说，学生通过感受、理解语言学知识产生和发展的过程来掌握语言学的规律和理论。第二是教学内容上知识与方法的纵向集成，比如，把现代汉语、汉语教学法、汉语要素教学法、汉语技能教学法等整合在一起。第三是相关学科的横向集成，比如，把教育心理学、第二语言习得等课程整合在一起。第四是理论与实践的集成，比如，把教育学、教学论和教学实习等课程整合在一起。集成建立在培养学生学科知识和教学能力的过程中各个方面彼此交叉、整体发挥作用的基础之上，最后形成的是学生的中文教学实践能力。这是用统整性思维对中文教师职前培养进行整合性理解，即在设计课程体系时打破不同学科之间的壁垒，打破理论和实践之间的界限。显然，建立在集成化课程体系上的国际中文教师职前培养更有利于培养合格的中文教师。

三、课程安排的工程化设计：以教学实践逻辑为主来安排课程顺序

按照工程思维，有规则地安排国际中文教师职前培养各门课程的顺序应该以教学实践逻辑为主，因为教学实践逻辑是建立在学生认知和学习规律基础之上的。然而，在当前国际中文教师职前培养课程体系中，不同课程之间的顺序主要是按照从理论到实践、从知识到技能、从基础到应用的逻辑来安排的。比如，语言学概论、现代汉语等课程排在第二语言教学法、教育实习等课程之前，这是一种“理论先导”的逻辑。它建立在学科知识产生规律的基础之上，体现的是学科知识本身的逻辑顺序。其背后是一种单向的线性思维，即认为掌握语言学理论和教育理论是进行中文教学实践的前提，掌握语言知识和教育知识是形成教学技能的先决条件，掌握中文基础知识是进行教学实践的准备。

用工程思维来审视，在国际中文教师职前培养课程体系中，这种主要以“理论先导”逻辑来安排课程顺序的做法并不利于中文教学实践能力的形成，其问题表现在理论课程和实践课程的关系常常脱节，因为理论知识是抽象的，在中文教学实践中使用时会有一些条件限制。从中文教师职业的实践性

特点来看，主要以“理论先导”逻辑来安排课程顺序不符合学生的认知和学习规律。学生认知和学习的规律是从感性认识到理性认识，即学生先感知、体验中文教学实践，认识到教学中存在的问题，然后再去学习中文和教育理论知识，最后在教学实践中应用这些知识。这种建立在“从感性认识到理性认识”基础上的逻辑关系是教学实践的逻辑关系。

如果主要以教学实践的逻辑关系来安排不同课程的顺序，就可以先学实践类课程，再学理论类课程；先学专业类课程，再学基础类课程；或者两类课程同时学习，交叉学习，融合学习。其实质是将理论与实践紧密结合起来，在实践的基础上学习理论。即先“知其然”，知道如何做、如何教中文；再“知其所以然”，知道为什么这样做、为什么这样教中文。一旦在实践类课程（比如中文教学实习）中积累了感性经验，那么学生再学习各种语言学理论或者语言教学理论时就能联系到教学实践，尤其能注意到理论在实践中使用的限制条件，也更容易掌握中文教学技能。

总之，为了解决中文教师教学实践能力不强的问题，国际中文教师职前培养课程顺序应该始终遵循“以教学实践逻辑为主”的原则。不仅第二语言教学概论、第二语言教学法、教育实习等实践课程应排在核心、排在前面（大学一年级就应有教学观摩课，让学生参与一线课堂的见习），而且具体的理论课也应从中文教学实践的角度来选择和排列课程内容，以中文教学中出现的真实问题作为案例，尽可能地培养学生中文教学实践的意识和能力。

四、培养过程的工程化设计：鼓励学生进行“情境建构”

按照工程思维，国际中文教师职前培养过程应该从培养合格中文教师的目标出发，强调情境建构、情境性教学、“做”中学、在情境中精讲多练等，以便提升学生的中文教学能力。

国际中文教师职前培养以培养合格的中文教师为目标，在本质上要面向中文教学的现实需要，将教学实践训练贯穿整个专业学习的始终。然而，当前国际中文教师职前培养内容带有浓厚的理论色彩，理论课程占绝大部分。刘珣（2020）指出：“在以往的专业建设过程中，对学习者的培养曾出现过重理论、重书本知识，轻实践能力特别是教学能力的偏向。”其培养过程基本属于理论知识的传授过程。教师通过讲解等方式把全面的、系统的学科理论知识传递给学生，学生通过理解和记忆等方式来接受、掌握这些知识。这基本属于“传递—接受”式的教育过程，其背后的基本假设是：知识具有客观性、普遍性，教学是教师把知识传递给学生的过程。

用工程思维来审视，在“传递—接受”的培养过程中，名义上学生接受了学科理论知识，但由于没有结合实践情境、缺少对理论知识使用条件的把握，实际上他们并不一定会在实践中使用这些知识，其教学实践能力也很难形成。相反，在教育过程中，教师可以通过创设中文教学情境，引导学生在情境中学习和使用学科理论知识，训练中文教学技能，形成自己的理解。这就是“情境建构”式的教育过程，其背后的基本假设是：知识具有情境性；教学是指在一定的情境中，通过教师引导、师生互动、生生合作等方式促成学生建构意义的过程。

“情境建构”式教育过程强调学生学习活动的情境化、问题化、案例化。教师在教育过程中营造或利用的真实教学案例和情境，与学生将来在中文教学过程中遇到的问题和情境是类似的，甚至是一致的。要解决的问题、所呈现的教学案例和教学情境能将学生与其所要学习的知识、环境、角色等融为一体。学生不再是仅仅记住一些抽象的理论知识，而是通过模拟教师角色建构所遇到的问题和情境，形成自己独特的理解。因为知识与问题、情境是紧密联系在一起的，学生在体验教学情境、研究教学问题的过程中还掌握了所学知识的使用条件，将来遇到类似的教学情境和问题时就很容易解决，这就形成了中文教学的实践能力。另外，知识分为显性知识（explicit knowledge）和隐性知识（implicit knowledge）两类。显性知识是指可以用语言、文字、数字等方式表示而且容易传授和共享的知识；隐性知识是指说不清道不明、只可意会不可言传的知识（比如语感、教学直觉等），教师无法直接讲解传授，只能靠学生在中文教学情境中感知和领悟。也就是说，学生在“情境建构”式教育过程中所领会和掌握的知识，远远超出了显性知识的范围，还包括大量的隐性知识。

可见，工程思维促进了国际中文教师职前培养过程的实践化。教师应该提供中文教学的实践情境和充足的教学案例，突出情境化教学和学习，把应教的理论知识放在教学中呈现、解释和练习，引导学生自主学习、合作学习、建构意义。当然，有条件的中文教师培养机构可以考虑设立一个中文教学实习中心，创设教学情境，收集教学案例，以便根据合格中文教师的素质要求和中文教学的需要进行全方位的、科学化的、系统性的情境教学培训。

五、培养效果评价的工程化设计：建立“多维”评价系统

国际中文教师职前培养效果评价是以培养目标为依据，运用一定的评价方法、手段和技术，对教师教育系列活动的效果进行测量，并在此基础上做出价值判断的实践活动。根据《国际中文教师专业能力标准》，合格的国际中文教师不仅应具备广博的学科专业知识，还应具备良好的职业态度、职业道德、职业情感、人格和一定的中文教学实践能力。这是国际中文教师职前培养的主要目标，更是判定毕业生能否合格入职的评价标准。然而，当前国际中文教师职前培养效果的评价主要体现为教师对中文学科知识、教育理论知识、通识性文化知识等多种学科专业知识掌握情况的评价，而且分散为各门学科专业课程的评价，大部分是通过纸笔考试看成绩是否合格；教育实习这类实践课程则由指导教师根据其行为表现给出成绩，同样是判定成绩是否合格。学完规定数量的课程后，再看学生是否达到了毕业所要求的学分。这种评价内容基本上属于“知识”这个维度。评价的其他方面也只有一个维度，比如，评价主体主要是教师，评价方式主要是纸笔考试，评价目的主要是判定学生是否合格。我们可称之为“单维”评价。

用工程思维来审视，这种“单维”评价主要关注结果，属于终结性评价，缺乏对学生在教育过程中动态发展的形成性评价；评价内容主要是学科专业知识，很难涵盖学生的职业道德、职业情感等素质，对学生教学实践能力的评价也不够科学，评价方式主观性较强；评价结果很难反馈给学生，很难发挥其对学生发展的促进作用；评价主体仅有教师，缺少学生自己和同伴的评价；评价方式也较为单一，教师观察、面试、成长档案等方式使用较少，甚至没有使用。

工程化的国际中文教师职前培养效果评价是一个集规范化、专业化、多元化、过程化于一体的动态复杂系统，可称之为“多维”评价系统。在评价理念上，它属于形成性评价、终结性评价和毕业后评价三种评价类型相结合的评价。既有以合格中文教师的素质结构为标准、关注整个中文教师职前教育过程、以促进学生发展为主的形成性评价，也包括期末、毕业等时间节点的终结性评价，还有毕业后评价。毕业后评价主要指中文教师毕业一段时间（比如一年）后采用表现性评价的方法对自己的教学行为进行评价，表现性评价的量表可以参考 Doff（1988）所设计的评价单。在评价内容上，它既通过构建以学科专业知识、教育教学知识、一般性文化知识等为主体的多元立体的知识评价体系来评价学生知道了什么，也通过研制中文教学实践能力的评价标准来评价学生能做什么，还通过观察和问卷等方式来评价学生的职业道德等其他方面的素质；它既要评价中文教师职前培养的课程体系，也要评价教育过程、授课教师等。在评价主体上，它注重多元主体的参与和协商，既有教师和专家，也有学生本人和同伴。专家主要指聘请的中文教学专家或中文教学一线的优秀教师。在评价方式上，它既有考核专业知识的考试，也有考核综合素质的面试、问卷等；既有考核中文教学实践能力的试讲、说课等视频分析，也有考核培养过程的专业学习档案，以及高效、便捷的大数据、智能化评价手段和评价数据平台等。

总之，运用系统观念、工程思维设计的国际中文教师教育系统，力求实现目标的明确化、内容的集成化、课堂教学的情境化、评价的多维化，这将会大大提高国际中文教师职前教育的质量水平。当然，在实际操作中，工程化的国际中文教师教育肯定还有一些难以预见的干扰因素（比如师资水平），但它仍能带给我们一些启发，即只需要在某个要素上做出改变，就能促进国际中文教师教育质量的提高，培养出更加优秀的国际中文教师。

六、国际中文教师职前培养的工程化应用案例

北京语言大学汉语国际教育（原对外汉语）本科专业是国家级品牌特色专业，最早可以追溯到 1964 年开办的留学生汉语师资培训班，它同时也是全国高校中唯一连续大规模招收汉语国际教育本科生的专业。

作为国际中文教师职前培养的“旗舰”，北京语言大学汉语国际教育专业一直紧跟国际中文教育学科和事业发展的步伐，期望培养出合格乃至卓越的中文教师，以便更好地服务国际中文教育事业。近年来，为了提高学生的教学实践能力和综合素质，北京语言大学教师教育学院一直在为推动中文教师职前教育的科学化而进行改革和调整。这些改革和调整措施完全符合工程化的理念和精神，也取得了良好的教学效果。

（一）明确培养合格中文教师的目标

2020 年 12 月，为适应新时代国际中文教育事业发展的需求，更好地培养卓越中文教师，北京语言大学整合全校教育教学资源组建了教师教育学院。2022 年 7 月 2 日，教师教育学院举行了隆重的揭牌仪式。时任北京语言大学校长刘利教授在致辞中提到：“这绝不是简单的学院更名和牌子替换，而是深化教师教育改革、推动教师教育科学化的必然之举，是强化学校办学特色、巩固办学优势的必然之举。一是明确中文教师培养的‘师范性’，推动中文教师的培养范式与世界通行的‘师范教育’接轨，从而提升国际中文教师教育的专业化水准。”这里提到的“明确中文教师培养的‘师范性’”，其实就是明确汉语国际教育专业的培养目标，即培养合格乃至卓越的中文教

师。这就是国际中文教师教育工程化明确的目标导向，是工程化的典型特点之一。那么怎样才算是合格乃至卓越的中文教师呢？这就要参照世界汉语教学学会发布的《国际中文教师专业能力标准》，把它作为办好汉语国际教育专业的指导标准，比如，作为设计课程体系的标准，作为评价毕业生是否合格乃至卓越的标准。

（二）对所教内容的集成化

北京语言大学汉语国际教育专业所教的内容主要体现在课程体系中。20世纪八九十年代，该专业的课程体系也有很明显的“中文＋外语”的痕迹，绝大部分都是中国语言文学专业的课程和英语专业的课程，当然也有通识类课程和占比很小的第二语言教学概论和教育实习等课程，后来又逐步增加了一些教育理论类课程。总之，该专业以前的课程体系带有明显的“拼盘”特征。最近10多年的专业改革和课程调整，明显突出了目标引领和科学调配的特点。目标引领是指完全以“培养合格中文教师”这个培养目标来引领专业课程体系的改革；科学调配是指完全按照《国际汉语教师标准》（2007，2012）和《国际中文教师专业能力标准》（2002）来调配和完善该专业的课程体系，比如增加了教育学、汉语课程设计、国外汉语教育等课程。在此基础上，教师教育学院从发挥功能作用的角度（而不是仅从课程类型的角度）出发，加强了课程之间的整合。比如，把语言学概论、现代汉语、汉语教学法整合在一起，把教育学、第二语言教学概论、汉语教学法整合在一起，把第二语言教学概论、第二语言习得概论、教育心理学、学习论整合在一起，把现代汉语、第二语言教学概论、教育实习整合在一起。这是从培养学生中文教学实践能力的角度进行的整合，体现了工程化的集成性特点。

（三）以教学实践逻辑为主来安排课程顺序

北京语言大学汉语国际教育专业的课程体系中，以前也存在按照“理论先导”的逻辑安排课程顺序的问题。最近10多年，因为意识到该专业毕业生教学实践能力需要加强，因此在对专业课程体系进行调整时，除了拓展中文教学实践的时间和途径，教师教育学院还有意调整了专业课程开设的顺序，比如把第二语言教学概论大大提前，从大三第一学期提前到大二第二学期，再提前到大二第一学期。同时，鼓励汉语国际教育专业学生在一年级就积极参与课堂实践或跟留学生做语伴等中文教学实践。这些举措体现了工程化的实践性、从感性认识到理性认识、遵循教学实践逻辑来安排课程等思路。

（四）课堂教学的实践化

北京语言大学汉语国际教育专业以前的教育过程也存在“传递—接受”式教学的问题，在意识到这种做法不利于培养学生的中文教学实践能力后，教师教育学院采取以下措施积极加以改进：第一，要求任课教师从中文教学实践的角度来制定现代汉语、语言学概论等中文课程和教育学、教育心理学等教育类课程的教学大纲，注重本专业的现代汉语、语言学概论等课程跟中文专业同名课程的区别，注重本专业的教育学、教育心理学等课程跟普通教育学专业同名课程的区别。第二，要求任课教师在中文教学实践及留学生作业中寻找例句，在中文课堂教学中寻找教育学的案例，在留学生中文学习中寻找教育心理学的案例。第三，要求中文类课程和教育类课程的授课教师要有在一线课堂教授留学生中文的经验。第四，加大力度从留学生学院借调、引进经验丰富的教师担任授课教师。这几项措施其实都是在突出课堂教学的实践性，为学生进行情境建构创造条件，而这正是工程化的实践性特征。

（五）教育评价的系统化

北京语言大学汉语国际教育专业的课程评价、教学评价等以前也主要是通过纸笔考试对专业知识的掌握情况进行考核，课程评价主体基本是教师，评价目的主要是判定学生是否合格、能否毕业。在意识到这种“单维”评价可能不利于学生的发展等问题以后，教师教育学院积极改革，采取以下措施改善评价系统：第一，增加课程评价中的形成性评价（如期中考试、单元考试、课堂提问、平时作业、课堂展示等）的比重，权重至少占到30%，不允许只有学期末的终结性评价。第二，鼓励学生在看到课程成绩后积极跟任课教师联系，查漏补缺，实现自我发展，而不是只关注成绩和排名。第三，在优秀毕业生及各级奖学金评价中，除学习成绩外，还会考虑学术发表、社会服务、重大活动获奖等情况，同时也会积极参考辅导员、同学等的评价，当然，也鼓励学生自己说明申请理由，列出所取得的成绩等。第四，积极拓宽中文教学实习的途径，让学生有充分的锻炼机会；把对实践类课程成绩的评价重点放在教案撰写、课堂试讲等方面，而不再是纸笔考试上。采取这些措施的目的都是尽量把“单维”的评价完善为“多维”的评价，使评价更科学、真实、有效，而这正是工程化的典型特征。

随着工程思维和理念在国际中文教师教育领域的不断深入，北京语言大学的职前中文教师培养（即汉语国际教育专业）将会更科学、更规范、更有效，系统性更强，实践性更强，价值性更强，能培养出更优秀的国际中文教师，进而促进国际中文教育学科和事业的发展。

第三节 国际中文教师在职培训的工程化设计[①]

国际中文教师在职培训（Chinese teachers' in-service training）是有目的、有计划、有组织地对在职中文教师的专业知识、教学能力等方面进行更新和提升的一种再培养活动。一方面，它是提高在职中文教师教学水平的重

① 国际中文教师培训包含多种层次和类型，有“送出去”的，也有“请进来”的。比如，有面向新入职中文教师（或志愿者）的岗前培训、面向普通在职教师提升中文教学能力的培训（普通班）、面向骨干教师的卓越中文教师培训（高级研修班）、为宣传某个专业标准（如《国际中文教师专业能力标准》）而进行的国际中文教师专项培训、国际中文教师证书辅导培训、针对语言教学法的专项培训（如“国际主流语言教学法高级讲习班”）等等。本节重点讨论面向普通在职教师提升中文教学能力的培训。此外，在本节中，我们把“参加培训的教师”简称为“教师”，把给教师上课的“培训专家”简称为“专家”。

要途径和手段；另一方面，它也是中文教师专业发展和终身学习的需要。国际中文教师培训工作始于20世纪60年代（刘珣，1996），到90年代，学界就有了探讨中文教师培训目的、类型、课程设置、教学原则等内容的研究（刘珣，1996；刘晓雨，1999）。进入21世纪后，有关国内中文教师培训的研究数量有所增加，研究范围也扩大了很多。比如，有的为国际汉语教师发展提供了理论基础（郭睿，2010，2017，2020），有的综述了国内对外汉语教师培训的整体情况（张和生，2006；张宁志，2013），有的介绍了海外汉语教师来华培训的模式（吴勇毅，2007），有的探讨了对外汉语兼职教师的培训情况（骆攀玉，2018），还有的讨论了中文网络教学的教师培训（章欣、李晓琪，2017）。与此同时，有关国外中文教师培训的研究也逐渐增多。其中，针对各国本土中文教师培训的调查研究最多，如陈艳艺（2021）；也有一些研究在调查的基础上提出了中文教师培训的新策略或新模式（李嘉郁，2008；朱勇，2009；郭风岚，2012；刘骏，2018），以及针对海外中文教师志愿者培训的研究（江傲霜等，2011）；还有从学员视角出发总结优秀国际汉语教师培训师特征的研究（丁安琪，2018）。然而，当前很多中文教师培训的质量并没有达到令人满意的水平，主要表现为培训的实效性不强，教师很难将培训内容转化为自己的中文教学能力。

作为国际中文教育的一部分，国际中文教师培训当然也可以工程化。要实现国际中文教师培训的工程化，就要把工程思维应用于国际中文教师培训这个复杂系统中，按照一定的原则和标准配置各种教学资源和手段，规划、设计或改造其所包含的各个要素，比如培训理念、培训目标、培训内容、培训过程、培训方式、培训主体角色、培训评价等，以提升其实效性。

一、培训理念的工程化设计：树立"以教师为本"的服务型培训理念

培训理念是中文教师培训工作的灵魂，引领整个培训实践过程。当前，

很多中文教师培训实效性不强，其主要原因就是培训理念存在滞后性。具体表现在：第一，缺乏服务性。培训机构和专家往往把中文教师培训当成一种不得不完成的任务，重点关注的是培训内容、中文教师的岗位需求等，而较少关注“教师”的实际需求，也很少对其进行科学的调查分析。第二，缺乏实践性，即对中文教学实践关注不够。比如，培训内容主要以中文教学理论或专业知识为主，学完以后很难应用在教学实践中，“学”和“用”是分离的。

“工程有其自身存在的根据，有自身的结构、运动和发展规律，有自身的目标指向和价值追求。”（殷瑞钰、李伯聪，2013）“工程思维是人性诉求与造物智慧的高度凝结与交融……所以，体现人本意识，彰显人文关怀，回应价值诉求，促进文明进步，使工程建造朝着有利于人的生活幸福、社会和谐、生态良好、个体自由全面发展、充满诗意地栖居的人性化方面发展，成为工程思维的重要内容和根本要求。”（李永胜，2015）这种工程思维可以运用在中文教师培训领域，教师也有其自身的教学经验，有其专业发展的规律，有其专业发展的目标指向。中文教师培训应该服务于教师的专业发展，将教师看成是一个既有教学经验又不断成长和发展的“人”。这类中文教师培训可称为“服务型教师培训”。而当前很多中文教师培训忽视了以“人”为本的培训价值观，把教师看成了教学生中文的工具，看作被动的学习者或模仿者。其背后是行为科学的管理思维，即尽快更新教师原有的知识结构，改变其原有的行为方式，弥补其原有的教学表现与所期望的教学表现之间的差距。

为提高中文教师培训的实效性，国际中文教师培训应树立“服务型教师培训”的理念。“服务型教师培训”体现的是终身的、可持续的系统管理思维，它将培训视为教师不断改进教学、获得成功的机遇，即服务教师的专业成长，旨在培养能够持续提高自身教学水平的中文教师。这种理念主要体现在以下两个方面：

第一，培训机构和专家要树立“以教师为本、根据需要培训”的理念。“以教师为本”是“以人为本”培训价值观的体现，强调“教师”作为培训主体的价值和意义。它把教师视为可以自我反思、自我发展的人。培训机构和专家要认真了解“教师需要培训什么”“教师想怎么培训”，而不是单方面思考培训什么、怎么培训；要想方设法提高教师的积极性和主动性，将其教学行为的改变作为重点评价内容。“根据需要培训”是把教师的个人发展需求与其岗位职责结合起来，将教师最需要解决的教学问题、最需要提高的教学能力、最需要补充的专业知识作为培训内容，使培训工作更加契合教师的实际需要。除了这种短期的实际需要，教师还有专业发展的长期需要。中文教师培训既要满足教师的短期实际需要，使其能够解决问题、增长知识、提高能力，也要服务其专业发展的长期需要，有效支持和促进其自我反思、自主学习，进而将其培养成能够根据教学需要自我调整、自我发展的中文教师。

第二，教师要树立“实践能力为先、学用结合”的理念。教师要有“用中学”“学中用”的意识，将培训学习与教学实践结合起来；从教学实践的角度感知、理解培训内容，举一反三，尽可能把培训内容转化为中文教学实践能力。

二、培训目标的工程化设计：确立明确、具体的“精准滴灌”式目标

培训目标是中文教师培训活动需要达到的预期成果，也是判定培训活动成功与否的标准。它对中文教师培训系统中的培训内容、培训方式、培训评价等要素起着导向和规范的作用。按照工程思维，培训目标应立足于解决教师在中文教学中出现的实践性问题。李嘉郁（2008）和郭风岚（2012）都提到，海外中文教师最希望接受有关课堂教学等实践性、实用性强的培训，以便解决教学中的实际问题。建立在解决实践性问题基础上的目标当然是明确

的、具体的，如同“精准滴灌”。然而，当前很多中文教师培训的目标很抽象、很空泛，难以操作，好比“大水漫灌”，比如，“使学员具有从事国际中文教育的意识和专业知识，具备较强的中文教学能力和跨文化交际能力，胜任国际中文教育工作”。出现这种情况的原因很可能是没有认真、细致地进行教师培训的需求分析。

为了提高中文教师培训的实效性，培训目标应该由抽象、空泛的“大水漫灌”式目标转向明确、具体的“精准滴灌”式目标。后者操作性更强，更容易实现，也是工程思维的体现。那么，什么样的目标才算是明确、具体的呢？一般而言，它至少包括以下两部分内容：第一，教师在培训中要做什么，要具体完成哪些学习任务；第二，经过培训后，教师的中文教学在什么条件下能够达到什么样具体的、可量化的标准。

怎样才能确立这种明确、具体的培训目标呢？前提是做好教师的需求分析。如果是单纯提高教师的中文教学能力，可以借鉴表现分析模式（Performance Analysis Model），将教师的实际教学表现与优秀中文教师的教学表现相比较，找出需要弥补的差距，从而确定该次培训的需求；如果是海外某个孔子学院的中文教师培训，可以借鉴 OTP 模式（Organization-Task-Person Model），即从组织、任务和人员三方面综合分析。组织分析主要是对教师所在中文教育机构（比如孔子学院）的发展目标、资源和环境等进行分析，以便确定教师培训能否促进其实现发展目标；任务分析主要是分析教师的岗位职责和工作任务，以便明确培训目标；人员分析是指考察分析教师实际具备的专业素质（包括知识结构、教学能力、跨文化交际能力等）和教学情况，以确定培训内容和培训方式。德国莱比锡孔院院长赖志金（2010）在谈到海外孔院中文教师培训时就提出：“学员们特别希望在汉语教学法、汉字教学理论、教材和语音方面加强培训，最好能具体到如何备好一堂课、如何设计一堂课、如何改进教师的语音语调等等。”当然，培训也要考虑教师个人的发展需求、培训动机、个人因素（包括性格、经历、工作责任感等）。总之，在认真、细致的需求分析基础上设计的培训目标才是明确、具体的“精准滴灌”式目标。

三、培训内容的工程化设计：提供具有针对性、实践性的内容

培训内容是培训目标的主要载体和支撑，是实现培训目标的基本保障，应与培训目标高度一致。要实现基于需求分析制定的明确具体的培训目标，就要提供具有针对性、实践性的培训内容。刘骏（2018）提到，中文教师在培训中更喜欢实践性内容。然而，当前大多数国际中文教师培训本质上还是普遍性培训，是基于合格中文教师的素质要求开展的，绝大多数培训的内容都偏重中文教学理念、理论知识，都是专家提前预备好的。用工程思维来审视，这种普遍性、理论性的内容并不一定能提高教师的中文教学能力。主要原因有二：第一，因为不是建立在对中文教师的需求分析之上的，所以这种普遍性、理论性的内容很难解决教师在教学实践中遇到的问题；第二，真正能提高教学能力的是实践性知识，而实践性知识主要是教师反思自己教学经验后所形成的。普遍性、理论性的内容，教师即便“知道”了、“懂得”了，仍有可能“不知道如何做”，很难形成教学能力。

相反，工程思维是殊相性思维、差异化思维，是面向现实问题的实践性思维（李永胜，2015）。工程化设计的中文教师培训内容与具体的问题联系在一起，有很强的情境依赖性，因而具有针对性、实践性。其背后的逻辑是：知识是情境化的，理论和实践是融合的；中文教师只要掌握了这类实践性知识，就能解决自己在教学中遇到的问题，提高中文教学能力。

为了提高中文教师培训的实效性，培训内容应该由普遍性、理论性的内容转向具有针对性、实践性的内容。在具体操作上，我们应该做到以下几点：第一，围绕问题或需求来安排有针对性的内容。即以教师在教学中遇到的问题或感受到的需求为核心来组织内容，尤其是有针对性的、能解决问题的实用性内容，以便他们能在教学中解决问题。教师都是带着问题、带

着解决问题的期待来参加培训的，他们追求的是针对性和实用性（李嘉郁，2008；郭风岚，2012），而不是普遍性和理论性。第二，提供实践性知识。即根据教师的实际需要，通过典型案例分析等方式把培训内容中的理论和实践结合起来；围绕实践来学习理论，用实践性的内容引领、带出理论性的内容，以便教师能够学用结合、知行兼备，形成教学经验。第三，鼓励教师在培训中生成新内容。教师是有一定中文教学经验的成人，其学习具有建构性，专家应鼓励其通过与专家或同伴对话、反思已有教学经验等方式不断生成新知识，建构自己的教学理解和经验。相较于专家提前准备的内容，这些属于教师在培训过程中生成的新内容。

四、培训过程的工程化设计：以互动建构、自我导向学习为特征

培训过程是建立在培训内容基础上、围绕培训内容进行的，它在很大程度上决定着培训的效果。具有针对性、实践性、生成性的培训内容决定了培训过程主要是专家与教师的互动建构，是教师的自我导向学习。然而，当前绝大多数国际中文教师培训主要还是由专家通过讲解等方式把培训内容传授给教师。虽在每节课的最后有提问互动环节，但主要是专家在讲授，其实质还属于信息的单向传递。在这样的培训中，教师的学习属于被动学习，即便教师记住了所学内容，但如果不能将其跟自己已有的教学经验结合起来，也很难将其转化为中文教学能力。

相反，工程思维是建构性思维，是面向现实、建构未来的运思过程（李永胜，2018）。工程化的培训过程是更高层次的思维活动。首先，它是教师与专家互动建构的动态过程，既有建立在自己教学经验基础上的个体建构，也有在与专家、同伴互动基础上形成的群体建构。其次，它还是受很多因素影响的复杂认知过程。在此认知过程中，通过接触和感知更新颖的观点和信息，教师有关中文教学的原有认知结构会不断发生同化和顺应，从而产生新的认

知结构。这体现了教师学习的特点。教师的学习具有鲜明的自我导向性，即在自己原有教学经验的基础上，在感知教学问题、反思、对话和重新实践的过程中逐渐加深对中文教学的理解，从而实现真正的学习（Kolb，1984）。

为了提高中文教师培训的实效性，培训过程应该由专家的单向传递、教师的被动学习转向专家与教师的互动建构、教师的自我导向学习。在具体操作中，我们应该做到以下几点：第一，专家要充分尊重并利用教师已有的中文教学经验，尽可能采用案例分析、微格教学等方式，让教师有机会融合自己的已有经验、所学习的理论或方法，甚至是同伴的观点来完成自我建构，而不是被动学习。第二，培训组织者要让教师参与到培训活动中来，参与到培训目标的设计、培训内容和方式的选择中来，从而激发其参与培训的积极性以及在培训中学习的主动性。如郭风岚（2012）提到，海外汉语教师明确表示不喜欢培训师唱独角戏的方式，更希望那种与其他学员讨论交流、相互启发，培训师给予一定点拨的互动式培训方式。

五、培训方式的工程化设计：采用多样、灵活的方式

培训方式在很大程度上受制于培训过程，是培训过程的具体体现。它会影响到教师对培训内容的掌握程度，自然也会影响到培训效果。工程化的中文教师培训过程是教师和专家的互动建构以及教师的主动学习。相应地，培训必然包括教学观摩、案例分析、微格教学等多种方式。然而，当前大多数国际中文教师培训的方式比较单一，主要还是专家讲座。这种培训方式易于管理，更适合传递中文教学理论知识、更新教师的教学理念。但由于缺乏充分的对话讨论和实践体验，教师主要是被动接受所学知识，很难将所学理论实践化，也就不能解决教学难题。而且在这种培训方式中，教师作为成人的学习特点没有受到尊重，其内在的学习兴趣也难以得到激发。

相反，工程思维是科学性与艺术性兼容的思维（李永胜，2018）。工程化的培训方式是多样的、灵活的，包括教学观摩、案例分析、微格教学等。这

些培训方式能最大限度地避免专家讲座的弊端，鼓励教师反思自己的教学经验，与专家平等地对话讨论，实践所学到的新理念、新方法。与此同时，因为充分参与到了培训中，教师通过对话和讨论加深了自己对中文教学的认识，用所学内容解决了自己的教学难题，其内在的学习兴趣也会被充分调动起来，从而更主动地学习、反思和建构。表面上，通过观察、模仿、反思，再加上专家的指导和点拨，以及二者之间的合作、交流和互动，教师就“悟”出了中文教学的“诀窍”；实质上，教师是在自己经验的基础上主要以“内隐”的方式获得“如何做”的实践性知识，进而提高了中文教学能力。实践性知识在很大程度上属于内隐知识（也叫缄默知识），它跟具体的教学情境紧密结合在一起，主要靠感知、体验和反思教学实践等方式来完成传递和积累。

为了提高中文教师培训的实效性，培训方式应由单一的专家讲座转向多样、灵活的方式。下面介绍几种备受推崇的培训方式（张宁志，2013；刘骏，2018；骆攀玉，2018）。

1. 教学观摩。教师现场（或录像）观摩专家的中文教学，并将其与自己的教学经验进行对比；同时，在专家的启发下深入思考，与专家或同伴进行切磋、讨论，挖掘背后的中文教学理念，加深自己对中文教学的认识和理解；如果能现场模仿实践，学习效果会更好。朱勇（2009）提到，在南美洲的中文教师培训中，教师们对“DVD 观摩”这种方式大加赞赏。

2. 案例分析（或研讨）。教师和专家一起对真实发生的某个中文教学问题情境或典型事例进行“复盘”、反思和讨论，并深入思考“如果我来教，我会怎样处理？我的处理是否比专家的处理更好？”等问题。教师可以借此反思自己以前的教学思路，总结成功经验和失败教训，建构自己对中文教学的新理解。同时，也鼓励教师分享自己遇到的教学问题，专家可将其作为培训内容进行讨论分析，帮助教师解决实际问题。

3. 微格教学。这是一种将中文教学过程微型化、片段化，在专家的指导下，教师在一个片段中集中训练一两种教学技能，然后集体进行分析讨论，以促进其反思和提高的培训方式。

此外，还有体验式培训、参与式培训、现场诊断指导、模拟情境教学、学徒制、工作坊、示范导练等培训方式。这些方式无一例外都包含了“做中学”“学中做”“互动启发”“平等对话”“评价指导”等有利于教师反思和建构的元素。

六、培训主体角色的工程化设计：教师是参与者、质疑者和建构者

培训主体的角色是随着培训过程和培训方式的变化而变化的。在互动建构的培训过程中，在突出实践性的灵活多样的培训方式中，教师是参与者、质疑者和建构者，而专家是协助者和促进者。然而，在当前大多数中文教师培训采取的“专家讲座”方式中，教师基本是被改造的对象，专家是主导者，是中心。中文教师培训的各个要素都是围绕专家的中心地位来设计的，比如，讲座内容的安排主要是从专家研究专长的角度考虑的，而不是从教师教学需要的角度考虑的。显然，这会影响教师参加培训学习的积极性。

相反，在培训主体角色的工程化设计中，教师是参与者、质疑者和建构者，是整个培训活动的中心。整个中文教师培训活动的目标、内容、方式、评价，甚至时间、地点等各个要素都要根据教师的需求来确定。这是参与者角色的体现。因为具有一定的专业知识和教育见解，也积累了一定的中文教学经验，教师有时会质疑专家所讲的某些内容。这是好事，因为有质疑才会有反思，才会有对话和讨论，才会有互动建构、教学相长。这是质疑者角色的体现。面对专家所分享的理论或理念，或者面对共同探讨分析的中文教学案例或录像，教师会结合自己已有的教学经验和见解来讨论、反思和建构，形成属于自己的独特理解。这是建构者角色的体现。当然，专家也要服务于“教师是培训活动的中心”这一理念，在尊重教师已有教学经验和见解的基础上，尽最大努力帮助其反思、建构、解决问题，提高其教学能力。因此，

专家的主要角色是协助者和促进者。当然，在分享、交流中文教学理念或理论时，专家也会充当启发者和传授者的角色。

为了提高中文教师培训的实效性，教师的角色应由被改造的对象转为参与者、质疑者和建构者，专家的角色应由主导者转为协助者和促进者。在具体操作中，教师要积极实践好自己的角色，充分参与整个培训过程，提出自己的想法和建议；面对不同的教学观点和见解，教师应大胆质疑、充分讨论；还要结合先进的理念或经典案例，深入反思自己已有的经验，并在此基础上主动建构。专家也要积极实践好协助者、促进者的角色，对教师应尽量避免负面评价，更不要轻易否定，应真诚地鼓励、启发和引导教师提出自己的问题和困惑，表达自己的真实观点，反思自己的教学经验，帮助其完成对中文教学更加全面、深入的建构。

七、培训评价的工程化设计：主要评价教师教学理念和行为的变化

作为评价的一部分，培训评价是对整个培训活动质量和水平的价值判断。它主要关注教师的教学理念和行为是否发生了变化，是否解决了他们在中文教学中遇到的问题。然而，当前大多数中文教师培训的评价方式是：培训机构在培训结束后组织教师对专家的授课情况（包括授课内容、讲授方式等）和整个培训的组织管理水平（如培训时间、课程、设施、环境等）进行评价打分，由此判定该次培训成功与否、质量高低等。

“工程思维是一种过程性思维，工程的全过程——规划、设计、制造、运行、安装、维修、评估等都要直接参与、影响并制约着工程活动及其效果。”（李永胜，2015）20 世纪 70 年代，工程学领域兴起了“项目后评价”这一评价形式。它主要是针对工程建成后其持续的影响和作用难以考察、无法了解项目的长期效果等问题而提出的。用工程思维来审视，当前大多数的中文教师培训评价还不够完善、科学，大多仍停留在浅层次的结果性评价

上，即便教师对专家和组织管理者提出了改进建议，也无法再对其产生影响。其评价方法也较为单一，大多只有“问卷调查”这一种。它几乎没有关注教师教学理念和行为的后续变化，而实际上，这才是判断国际中文教师培训质量高低的主要标准。连榕（2000）认为，教师培训的核心是增强教学行为的有效性。在工程化设计中，国际中文教师培训评价被视为系统性的、动态发展的连续性评价，应该在结果性评价的基础上增加过程性评价和培训后评价，同时采用信息化管理方式，为每位教师建立电子档案；评价内容的重点是教师在培训结束后教学理念和行为的变化情况，当然也包括对专家授课情况、整个培训的组织管理情况的评价；评价方法也应多样化，既有纸笔测试、访谈、问卷调查等方法，也有现场模拟教学、培训后的跟踪观察、表现性评价等方法。

为了提高中文教师培训评价的科学性，培训评价应由主要评价专家的授课情况和组织管理水平转向主要评价教师教学理念和行为的变化。在具体操作中，参阅 Kirkpatrick（1996）的培训评估模型，我们应该做到以下几点：第一，实时跟进过程性评价。主要是通过课堂观察和问卷调查的方式对培训过程中教师的表现（如出勤、师生互动、生生互动、课后作业完成情况等），以及该次教师培训各个方面（包括专家、培训内容、培训方法、设施等）的满意度等情况进行评价。第二，认真进行结果性评价。主要是在培训结束时通过纸笔测试、模拟教学、访谈等方式对“教师收获了什么”进行评价，包括所学中文教学理论知识、教学技能等。第三，重点进行培训后评价。主要是在培训结束一段时间（如 3 个月）后采用表现性评价的方法对“教师的教学行为是否发生变化”进行评价，即由教师的同事、领导或学生通过课堂观察对比其培训前后的教学行为是否发生了变化，是否在中文教学中应用了培训中所学的内容，以及应用的程度和质量如何等。表现性评价的量表同样可以参考 Doff（1988）所设计的评价单。当然，教师也可以使用多媒体智能设备对自己培训前后的课堂教学进行录像，然后寄给专家，由专家评价后再反馈给教师。

另外，科学的培训评价结果更有利于发挥其良好的反馈作用，它不仅能及时调整中文教师培训系统及其各个要素，提高当前或未来中文教师培训的实效性，还能使整个国际中文教师培训系统形成一个逻辑闭环。

总之，运用系统观念、工程思维设计的国际中文教师培训系统，贯彻先进的培训理念，制定具体、明确的培训目标，提供具有针对性、实践性的培训内容，采用多样、灵活的培训方式，使教师扮演参与者、质疑者、建构者的角色，实施科学的培训评价，将会大大提高国际中文教师培训系统的实效性。当然，这只是运用系统观念、工程思维对国际中文教师培训系统的一种设计，实际操作中肯定还有一些难以预见的干扰因素，比如所在国培训政策的调整、行政干预等。但它仍能给予我们一些启示，即哪怕只在某一个要素上做出改变，也有利于提高国际中文教师培训的质量。

八、国际中文教师在职培训的工程化应用案例

1965 年，受当时的高等教育部委托，北京语言学院（北京语言大学前身）为新接受越南留学生中文教学任务的 20 多所院校的教师开办培训班。这是国内最早的中文教师培训（刘珣，1996），北京语言大学也因此成为国内最早进行中文教师培训的高校。20 世纪 80 年代，北京语言大学又多次开办中文教师培训；1988 年，北京语言大学成立教师研修部，后又升级为教师进修学院。

北京语言大学教师进修学院不断总结中文教师培训的经验，改革创新，大胆探索，经过反复实践和改进，逐渐形成了“系统授课 + 小组讨论 + 实战演练”的中文教师培训模式（张宁志，2013）[①]。这是典型的工程思维。在

① 本案例中所有有关北京语言大学教师培训的内容均参见张宁志（2013）《国内外汉语教师培训现状与对策调研报告》，载程娟、华学诚主编《对外汉语专业建设的理论与实践——全国高校对外汉语专业建设研讨会论文精选》，北京：北京语言大学出版社。

此基础上，北京语言大学教师进修学院还开办了各种更具体的培训班，如国际中文教师全能培训班、“211”精品周末班、港澳台中文教师研修班、国际中文教师长期研修项目、留学基金委教师研修项目、中华才艺培训班、普通话培训项目等，还根据培训人群分为中小学中文教师研修班和高校中文教师研修班。可以说，绝大部分培训班都体现了工程思维的特征。

（一）逐渐转变为“以教师为本”的服务型培训理念

随着对教师培训认识的深入，也为了提高中文教师培训的实效性，教师进修学院不仅开设了面向各种群体的中文教师培训班，而且还把中文教师的成长过程分成适应阶段、模仿熟练阶段、发展成熟阶段、创新阶段等几个阶段。在中文教师成长的每一个阶段，教师进修学院都遵循“了解受训者所处阶段和具体要求”“开设符合受训者特点和要求的理论和教学法课程”“课堂实地观摩、教学录像演示、培训教师现场示范（强调横向教学流程和纵向教学专题相结合）”等培训思路和流程，而且每个具体阶段都制定了有针对性的培训方案。

可见，教师进修学院的培训理念是将培训视为教师不断改进教学、获得成功的机遇；将教师看成一个具有中文教学经验的人，一个不断成长、需要发展的人；服务教师的专业成长，旨在培养能够持续改善和提高自己教学水平的中文教师。

（二）逐渐确立明确、具体的“精准滴灌”式培训目标

教师进修学院的中文教师培训班包括很多种类型，既有国际中文教师全能培训班，也有“211”精品周末班。国际中文教师全能培训班的目标就属于“大水漫灌”式的，即“全面掌握国际中文教学的基础理论和教学方法、技巧，并能运用于教学实践中；学会几门中华才艺，并能传授给学生；中小学中文教师和特定国家中文教师通过选修课程，提高教学水平，加强交流合作”。“211”精品周末班是针对准备留学、移民及其他有志于国际中文教学者开设的，参加者并无专业基础，但培训目标很具体：培训活动结束后，学

员能讲一堂精品中文课。

（三）尽可能提供具有针对性、实践性的培训内容

教师进修学院的各个中文教师培训班都尽可能提供具有针对性、实践性的培训内容。以“211”精品周末班为例，开设的课程包括语言要素（包括语音、词汇、语法、汉字）教学法，言语技能（包括听、说、读、写）教学法，跟随一线资深教师听课、试讲，导师一对一辅导课等，尤其是会有针对性地根据教师需要提供个性化内容，甚至包括剪纸、中国结、传统乐器入门等课程。

（四）课堂教学采取多样、灵活的方式，以互动建构、自我导向学习为主

教师进修学院的各个中文教师培训班，除了基本的知识学习外，其他课程几乎都采用互动、讨论、分析、点评等方式来上课。既包括各个课型的教学法课、教材分析课、教学观摩课、案例分析课、微格教学、一对一辅导等，又包括各种各样的小组讨论和实战演练。在这些课程中，教师有机会融合所学内容和自己的已有经验来进行建构，有机会跟专家和同事进行深入探讨、相互启发，也有机会根据自己的需要主动学习。

（五）教师主要扮演参与者、质疑者和建构者的角色

因为要在教学中互动建构，而且是自我导向的学习，所以教师扮演的自然是参与者、质疑者和建构者的角色，专家扮演的则是协助者和促进者的角色。在培训前，教师进修学院就充分了解了教师的实际需求；同时，教师也参与到培训中，提出自己的想法和建议。在培训中，面对不同的教学观点和教学行为，教师也积极质疑、讨论，并结合先进的教学理念或经典案例，深入反思自己的已有经验，在此基础上形成自己的理解。专家扮演协助者、促进者的角色，真诚地鼓励、引导和启发教师提出自己的问题和困惑，帮助其解决问题、完成建构。

（六）主要评价教师教学理念和行为的变化

教师进修学院中文教师培训班的评价做到了过程性评价和结果性评价

相结合。既通过课堂观察和问卷调查的方式对培训过程中教师的表现进行评价，比如出勤、师生互动、生生互动、课后作业完成情况等，也对该次教师培训各个方面（包括专家、培训内容、方法、设施等方面）的满意度等情况进行评价，还在培训结束后通过纸笔测试、模拟教学、试讲录像、访谈等方式对教师收获进行评价，包括所学中文教学理论知识、教学技能等方面的情况。遗憾的是，大部分教师在培训结束后没有再与教师进修学院联系，有联系的少部分教师反映自己的教学理念和行为发生了变化，但并没有提供实证性的教学录像。应该说，培训后评价还有提升的空间。

第四节　本章结语

本章主要论述了国际中文教师教育工程化的可能性和必要性，国际中文教师职前培养的目标、内容、课程、过程、评价等各个要素的工程化，国际中文教师在职培训的理念、目标、内容、过程、方式、主体角色、评价等各个要素的工程化等。通过对各个要素进行工程化分析，我们认识到当前的国际中文教师教育存在一些问题，而工程思维可以为国际中文教师教育的发展带来新的思路和方法。比如，按照工程化的思路，国际中文教师职前培养要做到目标明确化、内容集成化、课程安排以教学实践的逻辑为主、教育过程以情境建构为主、构建多维评价系统等；国际中文教师在职培训要推进培训目标的精准化，培训内容的实践化，培训方式的多样化，教师角色的主体化、中心化，评价的科学化，等等。

当然，本章用系统观念、工程思维来理解、解决国际中文教师教育问题只是一个开始，目前也只停留在理论阐释阶段。工程化的很多优势（比如数据分析、模型建立等）还没有充分体现在中文教师教育实践中。希望今后有更多感兴趣的同行参与进来，充分利用现代技术手段和大数据资源，进一步探索国际中文教师教育工程化的模式，提高中文教师教育的质量和效率。同时，我们也要注意到国际中文教师教育工程化过程中可能遇到的问题和挑战，及时调整和完善教育方案，不断提高国际中文教师教育的质量和水平，共同开创国际中文教师教育工程化的未来。

第十章　国际中文教育智慧教学系统的工程化实践

国际中文教育的工程化是国际中文教育发展的必然趋势，其纲领性、指导性的原则适用于国际中文教育的各个领域。在智能技术蓬勃发展的背景下，国际中文教育智慧教学强调从实践的角度来探索、验证新的教学模式，实现人机协同的教学新样态。国际中文智慧教学系统是实现智慧教学的前提和基础，其研发过程融合了技术和教学两方面的要素，所获得的经验对于将工程化的一般性方法论应用于具体项目的研发具有一定的借鉴意义。

第一节　国际中文智慧教学系统概述

一、国际中文教育工程化与智慧教学系统

当前，新一轮科技革命和产业革命正在孕育兴起，互联网、人工智能等新技术的发展正在不断重塑教育形态，知识获取方式和传授方式、教和学的关系正在发生深刻变革。随着智能信息技术的不断成熟和产品化，通过科技赋能实现智慧教学的先决条件已经具备（Chen et al，2020）。例如，自然语言处理、语音合成等技术已经得到了广泛应用，以 ChatGPT、Sora 为代表的生成式人工智能技术异军突起，进一步提升了大家对国际中文教育智慧化

升级的预期。

智慧教学不是对现有教学模式的完全颠覆，技术手段也不会替代教师的角色，而是能帮助教师提升教学效果和效率（闫志明等，2017）。回顾历史，教育的发展速度远慢于技术的发展速度。新技术甫一出现，必然会经历一番震荡才会以合理的方式融入教学。例如，电视的出现最终催生了远程教育，而移动互联网的普及则引发了线上教学。这些新事物丰富了教学手段，但并未完全取代传统的课堂教学。教学智慧化不可能一蹴而就，需要经历探索与试错的过程，会潜移默化地改变教学模式。

智慧教学以培养着眼未来、有责任心的数字化学习者为愿景，以通过科技赋能提升每位学习者的学习质量为目标，为国际中文教育指明了发展方向。国际中文教育需要跟上时代的发展和技术的进步，在总结经验的基础上向更深层次的智慧化迈进。目前，智慧教学在国际中文教育领域内的实现方式仍处于探索阶段，迫切需要为师生提供一套采用新理念、新技术的智慧教学系统作为实践平台。国际中文智慧教学系统的研发是一个典型的“造物”过程，需要从工程化的视角出发，应用新技术，塑造教学新样态，希望通过系统研发来探索和实践国际中文教学的智慧化（魏晖等，2022）。

二、智慧教学的内涵与研发目标

2020 年，教育部发布《关于加强“三个课堂”应用的指导意见》，提出要促进信息技术与教育教学实践深度融合，推动课堂革命，创新教育教学模式。2023 年 2 月发布的《中国智慧教育蓝皮书（2022）》与《2022 年中国智慧教育发展指数报告》指出，智慧教育是数字时代的教育新形态，与工业时代的教育形态有着质的差别，其内涵在于通过科技赋能和数据驱动来推进教育变革，为每个学习者提供合适的教育。教育部部长怀进鹏在 2024 年世界数字教育大会主旨演讲中指出，中国国家教育数字化战略行动将从联结为先、内容为本、合作为要的“3C”走向集成化、智能化、国际化的

"3I"。刘利、刘晓海（2022）指出，国际中文智慧教育是指全面系统地使用智慧化手段开展中文作为第二语言的教育，它聚焦于教和学两方面的核心要素，对国际中文教育的形态进行体系性的变革，使所有的教学行为和学习行为都能充分得到信息化和智能化支撑，既实现学习智慧化，又实现教学智慧化。

国际中文智慧教学系统的研发目标可大致分为三个层次：

（一）基础框架

首先，要搭建服务于智慧教学的系统框架，实现课件的制作、分发、统计等基本功能，实现数据通信的标准化接口，以及智能服务与教学功能的调用机制等。在此基础上，系统提供文本分析、语音合成和语音识别等智能技术服务来提升教学效果，初步实现科技赋能教学的目标。这一阶段研发的重点在于解决"有无"问题，让师生在使用过程中发现问题，通过迭代开发探索智慧教学的实现方式。

（二）教学闭环

其次，要进一步扩大智能技术在教学中的应用范围，把各个教学功能串联起来形成教学闭环，覆盖教学各个阶段。随着科技赋能的深化，机器所承担的任务最终将从信息的存储、传输、呈现跃升为内容获取与生成、数据分析与智能决策。在此基础上，通过记录完整的教学过程数据，教学评价体系从单纯注重结果转变为兼顾学习过程的可视化和量化分析，并据此修正教学方案，最终形成教学闭环。

（三）智慧教学

最后，要持续推进科技赋能，挖掘大数据潜力，形成新的智慧教学模式。

以上三个层次也基本对应了国际中文智慧教学的渐进式发展路径，即从最初在机器辅助下完成单项学习任务，逐步发展到教学流程的智慧化，并最终推动教学范式的革新。智慧教学系统的研发具有持续性，这就意味着上述第二步和第三步会相互交织，不断迭代进化。伴随着智慧教学系统的应用，师生的数字化能力和素养也将逐步得到锻炼和提升，同时还能实现教学流程的再造，整体提升智慧教学的业务水平和管理水平。

三、智慧教学系统的工程实践

研发智慧教学系统需要对教学逻辑具有深刻的理解，要在稳定性（满足日常教学）和前瞻性（应用新技术）之间取得平衡，还需要具备专业性、开放性和扩展性的特点，以满足语言教学的特色需求。目前广泛使用的慕课平台虽然便于学生开展自主学习，也较早地应用于教学，但其功能只能满足基本教学需求，具备通用性但开放性不足。此外，慕课平台也无法根据学科特点进行功能定制，导致其无法与现有教学资源和外部智能技术实现对接。Quizlet 和 Kahoot！等开放式学习平台虽然突出了学习的互动性和趣味性，但其学习内容依赖于用户生成，导致练习的权威性、针对性和拓展性不足。

近年来，各教学机构也曾尝试采用软件外包的方式研发新系统，但是商业化的软件开发和运营方式与教学需求和流程多有不符，导致研发过程困难重重，结果大多不尽如人意。究其原因，商业化软件开发需要首先明确开发需求，且在开发过程中要尽量避免修改以控制开发周期和成本。然而智慧教学从理念到实现都具有探索性质，往往是在实际应用之后才会暴露问题、发现需求。鉴于此，针对教学实际需求，以学校为主体，整合资源来研发国际中文智慧教学系统成为另外一条值得尝试的道路。

从 2020 年初开始，北京语言大学充分利用自身在国际中文教育领域内的学科资源和人才优势，启动了“国际中文智慧教学系统”的研发工作。北京语言大学将该系统的研发作为具有全局性、创新性、持续性、前沿性、产业性的学校重大工程，从 2021 年秋季开始积极推进校内试点，并于 2023 年在校内全面推广。经过不断的尝试和总结，研发团队提炼了当前国际中文教学的重点需求，明确了技术研发的方向，在如下几个方面实现了突破：

1. 数据联通。即推进教学数据的标准化和教学过程的数据化。目前的教学文档已经基本实现了存储和传播方式的数字化，但最终仍只是供人阅读理解。在智慧化教学中，信息的使用对象更多的是计算机，传播和使用的形式则是标准化的数据而不是文档，因此需要将文档中承载的信息进行提取和加工，使其转化为能够被计算机理解和使用的数据。教学系统的模块之间、教学流程的阶段之间，也需要采用格式化的数据来传播信息，从而实现教学过程的数据驱动。

2. 评价方式。由于条件限制，目前的教学评价方式仍然以结果性评价为主。过程性评价所需要的教学数据收集、整理、统计、解析等工作需要耗费教师大量的精力，一直是教学中的痛点。而数据处理能力恰恰是计算机的强项，在教学过程中自动完成数据的收集和处理，形成以量化分析为依据的教学评价和决策是智慧教学的必然趋势，也是教学系统的核心功能。

3. 互动方式。相较于其他学科，语言学习高度强调通过人际互动来获得语言能力，这也是教学成本居高不下的主要原因。传统教学以师生之间面对面的互动为主，而线上教学虽然突破了时空限制，但仍然依赖于教师的参与。随着机器智能的进步，智慧教学更加关注教学过程中人与机器的深度整合，希望通过人机协同降低学习成本，提升学习效果。

智慧教学系统的研发建设是一个长期的复杂工程，涉及软件开发、资源建设、教学应用、人员组织、系统维护和成本控制等诸多方面，无论是技术难度还是成本投入，对于高校而言都颇具挑战性。作为工程化实践的典型案例，采用和贯彻工程化的思想和方法，可以有效减少风险，降低成本，保证工期和质量，确保项目顺利推进。工程化思想主要体现在软件开发和教学活动两个方面，其中软件开发过程具有天然的工程化属性，有成熟的软件工程理论可以借鉴。而教学过程的实现机制也一直体现了工程化思想，只是在应用方式上与智慧教学之间仍然存在差异。因此，教学系统的研发需要进一步采用工程化方法来贯通软件开发和教学活动之间的联系，从技术的角度去分析、解构、重组教学过程，将智能技术有计划、分步骤地应用到教学环节当中，借助机器智能来提升学习效率，改进学习体验，从而实现智慧教学。

系统研发的方方面面都渗透着工程化的思想和方法，研发过程主要包括三个阶段：

1. 系统设计：采用工程化方法设计系统架构和功能。针对教学需求的分散性和不确定性，可采用诸如单元化、标准化、分层处理等工程化方法开发软件功能。

2. 系统开发：国际中文教学系统的特殊性决定了其开发流程没有定例可循，需要对标准的软件开发模式进行调整才能解决实际问题。所以，我们要在标准化软件工程方法的基础上，因地制宜地进行调整，实现开发流程的精细化管理。

3. 维护升级：采用工程化视野和方法对系统进行维护与升级，通过持续性的研发、应用、再研发进行迭代发展。针对应用过程中暴露出来的问题，要不断改进、升级、优化性能，同时开展教师培训、宣传推介等工作，多方协调，以促进项目的稳步发展。

第二节　国际中文智慧教学系统设计

一、理论框架

语言教学作为高度综合性的教育实践，需要在传统教学模式的基础上将多种理论和实践纳入统一的理论框架，以此来指导国际中文教学的智慧化升级。在融合了建构主义（Inhelder & Piaget，1958）和联通主义（Siemens，2004）观点的基础上，探究社区理论（Community of Inquiry，简称 CoI）从社会、教学和认知三方面来考察学习过程。探究学习的观点最早可追溯至杜威的实践主义（Dewey，1916），即学习过程是基于学习体验得来的。探究社区理论最初由兰迪·加德森（Randy Garrison）等人于1997年提出（Garrison et al，1999），其背景是伴随着信息技术的发展，之前的理论框架已经无法容纳新的教学技术和方法。探究社区理论可以兼容已有的教学理论及其基于互联网的教学实践，并且特别强调学生与学习内容之间的互动（见图10-1），这一理论重新定义了新技术背景下教师和教学环境的作用，比较适合用来指导智慧教学系统的研发。

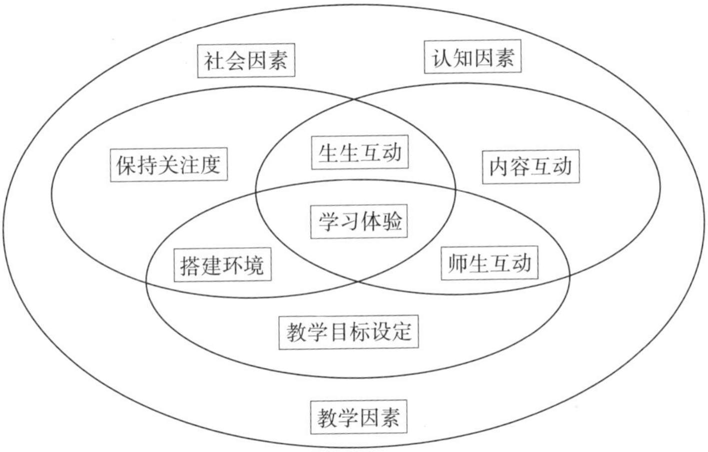

图10-1　探究社区理论框架

一直以来，对外汉语教学的核心要素可以概括为“三教”，即教师、教材和教法。在探究社区理论框架内，“三教”的概念会随之变化，各要素之间的关系也需要做出相应的调整，以适应智慧教学。例如，教师角色可演变为教学以及部分社会因素；教材和教法则是对认知因素和教学因素从不同角度进行的归纳。借鉴探究社区理论框架，我们可以对“三教”观点做出新的诠释，将教师、教材和教法分别映射为社区、内容和功能，形成“新三教”。在新的技术革命以及智慧学习的大背景下，“新三教”对于传统要素既有传承又有发展，且更加具有针对性和可操作性，二者之间的对应关系如表10-1所示。

表 10-1 教学要素对比

要素	传统教学	智慧教学
角色	**教师** ·面向在校学生 ·师生角色固定	**社区** ·面向特定领域内的所有学习者 ·师生角色取决于对知识的认知水平
内容	**教材** ·教材和教辅材料 ·内容相对固定	**内容** ·开放式内容框架，来源多样 ·基于数字化资源，更新较快
方式	**教法** ·以有组织的教学为主 ·以课内师生互动为主	**功能** ·兼顾有组织教学和个性化学习 ·强调人机互动、泛在学习

探究社区理论中的认知过程包括发现问题、探寻答案、知识习得及最终解决问题几个阶段。在教学中可表现为如下流程：首先，教师提出问题，引发学生思考；然后，教师提供适时、适当的辅助，以助力学生解决问题；接下来，学生通过反复探究习得知识和技能；最后，学生利用所学知识解决问题。

探究式学习过程与语言学习中注重练习和实际应用能力的思路高度一致，因而对于语言教学具有较强的指导意义。语言教学中的认知过程可进一步具体化为语言练习，例如，教师首先发起练习，吸引学生完成任务并引发学生的探究式学习，然后针对学生遇到的问题开展教学，最终通过作业或者测验来检验学习成果。中文智慧教学要遵循相同的认知过程，依据探究社区理论对语言学习过程进行数字化重建，也就是以语言要素为线索，借助智能技术，以互动语言练习为载体来实现一系列教学活动，从而兼顾多样化的教学需求。

智慧教学在不同层面需要借鉴不同的理论和实践成果，针对具体问题制定差异化的智慧化教学策略。在基于探究学习的理论框架内，基础的听、说、读、写能力的培养应继续借鉴传统的行为主义等理论，通过大量的专项练习来取得进步。在这方面，智慧化教学主要是将线下教学方式迁移到设备上并加以改进，以提升练习的效率和便利性。而在语言运用能力的培养上，则需要整合学习资源和学习方式，瞄准传统教学中的痛点、难点，开创探究式的智慧教学模式。

二、系统架构

智慧教学可以看作是传统教学在新技术背景下的发展和扩充，二者优势互补，而非取代和互斥的关系。无论采取何种教学方式，智慧教学的过程均是以互动应用为载体，由若干目标明确的教学活动串联组合而成的，其核心在于数据和互动。因此，智慧教学系统需要承前启后，在架构设计上体现如下技术特点：

1. 模块化架构：整个系统设计为多个功能独立且相互配合的子系统。
2. 标准化接口：模块之间可以"即插即用"，方便教师根据需要灵活组合。
3. 资源库外挂：在系统之外设置教学资源库，以便替换和升级。
4. 智能化服务：依托云服务，以外部服务的形式调用智能技术。

认知过程在很大程度上就是多形态的互动过程，这一点在语言教学中表现得尤为突出。由传统教学转变为线上教学，其本质仍是人与人之间的互动，机器只是充当传播媒介，并未深入参与到互动当中。而智慧化互动应该是学生、教师、机器三方之间的全方位互动，是"师—生"二元结构转变为"师—生—机"三元结构之后的必然结果。其中，"师—生"互动表现为线上或线下的讲授与沟通，"生—机"互动表现为学生使用智能设备进行语言练习，"师—机"互动则是指教师或助教借助数字化工具进行创建、编辑、发布、管理等一系列针对语言练习的交互操作。应用了智能技术的智慧教学应当以学生与设备之间的人机互动为主线，借助多维度、多层次的互动来满足多场景下的教学需求。

作为细分领域内的教学应用，智慧教学系统在设计上要避免"大而全"，应追求功能上的"专而精"。在开发过程中要遵循适用和实证的原则，采用工程化方法进行功能的取舍，而不是盲目追求技术的先进性。针对教学中的迫切需求，在经过验证后可直接将成熟产品集成到系统中。例如，通过外接成熟的语音合成和语音识别云服务，可以大幅缩短开发时间并降低开发成本。而对于那些目前仍处于探索阶段的技术，则应谨慎对待，避免盲目跟风。

三、核心功能

作为“社区—内容—功能”体系中“功能”要素的具体实现，基于语言要素的智慧练习是国际中文教育智慧教学系统的核心功能。在分析和归纳教学中典型练习题型的基础上，我们提出了智慧习题的计算模型并进行了技术实现。该模型参考了程序设计中的面向对象思想，由此衍生的智慧习题成为联结教学资源和教学场景的关键环节，具备数据联通和语言互动两个主要特征。其中，数据联通是基础，即通过标准化的数据接口对接资源库和教学功能，为智能出题和学情分析奠定基础；而语言互动则是目的，通过一系列具备语言教学特色的交互练习，在“质”和“量”上服务于教学（周健、唐玲，2004；刘颂浩，2009）。

根据所考查的语言能力，常见教材中的练习题型可分为认读、口语和书写三个类别。受版式所限，教材题型多以考查认读为主，对于口语和书写能力未做具体规定，考查方式也由教师自行决定。以 HSK 为代表的等级考试题型与表 10-2 中所列题型基本一致，但是在内容篇幅和难度上会有所区别。表 10-2 列举了归纳后的练习方式，一些教学中经常使用的侧重听说和书写的练习形式也一并收录作为补充。教学系统首先需要将常用题型进行软件实现，在此基础上进一步拓展智慧题型，以满足新的教学需求。根据反馈答案的数据属性，表 10-2 中的题型可归纳为逻辑关系和内容反馈两大类，而反馈内容又可根据语义是否完整细分为部分回答、完整回答等多个子类。根据各类题型所承载的语言知识，我们采用改进的布鲁姆体系标出认知层级（Krathwohl，2002）作为参考。此处的认知层级仅针对该题型的认知方式，不涉及具体的练习内容。

表 10–2　语言练习题型分析

<table>
<tr><th colspan="3">题型</th><th rowspan="2">语言知识</th><th rowspan="2">认知层级</th><th rowspan="2">分类</th></tr>
<tr><th>认读</th><th>口语</th><th>书写</th></tr>
<tr><td>选择、判断</td><td rowspan="3">/</td><td rowspan="3">/</td><td rowspan="3">根据教学目标而定，如音形义辨析、语法等</td><td rowspan="3">识记理解</td><td rowspan="3">逻辑关系（客观题）</td></tr>
<tr><td>配对、选词填空</td></tr>
<tr><td>连词成句、句子排序</td></tr>
<tr><td>填空</td><td>语音回答</td><td>描红
手写填空</td><td>识字与发音
字词句的含义
短语及搭配
语法结构
字形结构
书写及笔顺</td><td rowspan="2">理解应用</td><td>部分回答</td></tr>
<tr><td>简答题
给词造句
按句式造句
改写句子</td><td>看图说话
朗读</td><td>听写</td><td>语义理解
语言组织</td><td>完整回答</td></tr>
<tr><td colspan="2">根据要求进行会话
分角色扮演
小组讨论</td><td></td><td>口语表达
话题（场景）任务等</td><td>应用分析</td><td>会话练习</td></tr>
<tr><td colspan="3">根据话题展开论述（口述、文字或手写）</td><td>篇章表达</td><td>应用评价</td><td>分析论述</td></tr>
</table>

相较于其他学科，语言练习更注重对语言应用能力的考查和训练，因而具有一些共性特点。智慧练习研发的关键在于高效且准确地生成内容并建立规范、实用的题型体系。为了便于软件实现，首先需要对现有题型进行归纳与提炼，建立统一的题型框架和通用的解决方案。语言练习的本体是语言知识，题型逻辑是外在的练习形式，二者相结合即为语言练习题。我们通过抽象化建模，将练习中的语言要素内容与题型逻辑分离，前者对接语言资源库，后者经由软件实现后可重复使用。整个命题过程可转化为使用软件工具在题型模板中填充内容的过程，如听写和简答题只是题面内容和回答方式不同，其实它们的内在逻辑是相同的，可共享相同的代码。

将题型逻辑和资源数据做进一步的标准化、模块化处理后，可引入智能技术来实现智能出题、智能评判、智能统计和智能分析，实现智慧教学的闭环。全新的练习题生成方式实现了命题过程的数字化升级，在提升命题效率和质量的同时，更为科技赋能提供了接入点，打通了智慧教学流程的关键节点。

智慧教学依靠科技赋能，在实现机制上自然不会局限于国际中文教学的范畴。通过参考软件开发的理论和经验，智慧练习的题型框架借鉴了程序设计常用的 MVC 模式，也就是分为模型（Model）、控制（Controller）和视图（View）三部分（见图 10-2）：

图 10–2　习题系统框架

1. 模型：模型定义了练习的内容和方法两类属性。前者描述数据的基本特征，如题面格式、语言内容属性等；后者则包括作答方式、等级、评判标准等基于数据的操作和规则。

2. 控制：控制是基于智能设备，对模型中方法的具体技术实现，包括数据的下载、收集与回传等。

3. 视图：视图是与控制部分联动的人机交互接口，包括点击、拖动、录音等。

以上三个部分对应逻辑、功能、呈现三大模块，彼此互相连通，分工明确。该框架与“面向对象”的程序设计方法理念一致，具有普适性，为智慧习题的程序实现铺平了道路。控制和视图模块主要由软件实现，而模型则是沟通软件实现与教学内容的枢纽，是整个框架的核心，也是研发的重点。根据题型逻辑与内容的关系，智慧习题的模型涵盖了以下四个层次：

1. 模板：模板定义了练习的行为逻辑，如是“匹配”还是“回答”，它不涉及具体的数据内容。

2. 题型：在模板的基础上，题型定义了与行为逻辑相匹配的内容属性，如是图片格式还是文字格式。

3. 题目：指在题型中填充教学内容后的完整题目，包括答案。

4. 练习：指发布题目后所形成的练习，以及相应的作答过程。

如何从同一抽象模板衍生出多种题型是技术实现的重点和难点。表10-3列举了智慧教学系统中首批实现的部分题型以及它们所属的模板。

表 10–3　练习模板与题型

模板	匹配	回答	朗读
题型	连线 选词填空 连词成句 句子排序 替换 选择 判断	简答题 改写句子 看图说话 听写 文本填空 手写填空 语音回答 完成会话	朗读

在表10-3中，第一行列出的“模板”定义了基础的操作行为，第二行列出了根据这些模板、针对不同类型的内容所衍生出的“题型”。表10-3所列模板是根据表10-2中的题型类别进一步归纳得出的，代表了语言练习中所涉及的互动行为，这些行为搭配具体的教学内容和场景便可对应具体的教学活动。在实现过程中，模板与题型的关系类似于面向对象编程中的“类的继承”操作：将模板作为基础类，同一模板衍生出的题型对象共享同一套基础属性以及各自的定制属性。例如，基于“匹配”模板，可针对不同的语言要素变化出连词成句、句子排序、段落排序等题型；而简答题可以将题干设置为文本、图片、语音中的一种或两种；传统意义上不属于习题的学习卡也可视为无须回答的问答题。“匹配”和“回答”模板所衍生出的题型与前文列出的教材题型大体一致，基本涵盖了传统教学中的全部练习方式，因此能方便广大师生从传统教学模式平稳过渡到智慧教学模式。

行为参与理论（Stull & Mayer，2007）指出，学生的心理活跃度（认知层级）和行为活跃度（人机互动）是衡量一项教学活动成败的关键。心理活跃度较高的题型通常对能力要求较高，而行为活跃度较高的题型则更利于学生参与。智慧题型专注于认知层级中等而操作活跃度较高的回答类题目，如看图说话、朗读、手写填空等（见表 10-2）；逻辑选择类题型（如选择题、连线题）尽管认知层级较低，但由于标准化程度高且应用广泛，所以也被列入了实现范围；而会话和分析论述题型的认知层级虽然较高，但人机互动性不足，更适合教师或学生直接交流，可暂缓实现。题型设置还需考虑层次分布，语言运用的听、说、读、写等技能既要设置专项练习进行基础训练，也要重视综合训练，以提升语言的实际运用能力。

将内容填充进题型可以生成具体的题目，其间应遵循如下原则：

1. 多模态原则：题面应尽量同时使用文字、图片、视频、语音等内容形式中的两种，以实现双通道刺激，但不要使用三种及以上的形式，以避免信息过载和冗余（Mayer & Moreno，2003）。在填空和问答类题目中，可提供语音、文字输入和手写等多种作答方式，以考查学习者不同的语言能力。

2. 极简化原则：鉴于二语教学的特点以及手机端互动学习的硬件约束，题目应避免冗余信息，避免过长的文字内容，以维持学生的注意力，还应避免使用分散学生注意力的动画、提示音等，同时要注意不同题型的搭配。软件界面设计应尽量简洁，字体和颜色的设置力求醒目、统一。

在基础题型的基础上，结合智能技术可进一步衍生出新的智慧题型。以朗读题为例，该题型可将听、读、说能力有机结合，出题时通过智能技术合成或人工录音的形式将文字转为语音，然后将语音作为参照，与文字一同发给学生。学生使用时可以边听边读，也可以反复收听比对。通过在线语音识别功能，还可以对学生朗读进行实时评判。较之传统的纸面习题，该题型充分实践了多模态输入与输出原则，展现了纸面习题所不具备的沉浸式、综合性特点。图 10-3 展示了部分题型的操作界面。

图 10-3　智慧题型举例（左：朗读，中：选词填空，右：完成句子）

智慧练习在智能设备上运行，因此可以发挥技术优势，完整记录练习数据，并与题目的元数据相关联，实现数据驱动的学习过程。智能技术必须与数据相结合才能提升教学效率和效果。智慧学习的过程也是一次多维度的数据处理过程，除了练习中所使用的内容数据，智慧教学系统还能提供反馈数据（如学生答案、教师评语等）和过程数据（如作答时长、修改次数等）。针对这些数据的分析结果对于教学评价极具参考价值。例如，分析作答过程数据，可以找到学生的能力短板并针对这些短板进行强化训练；再如，比较相同知识以不同题型呈现时的成绩，可以找到最优的教学方式等。在智慧教学系统的助力下，数据的收集和分析均可自动完成，教师可便捷、准确地探究教学中的细节问题，事半而功倍。智慧习题的应用还需要教学系统中其他功能模块的支持，如内容制作、分发、评阅、统计等。教学系统提供了基于网页的习题制作工具，教师或助教可以手工制作题目，也可以在系统的辅助下完成半自动或全自动出题。

四、教学资源

教学系统通过与资源平台的无缝对接，可以方便地将内容数据引入到题目当中。如何有效地控制资源的质量和数量关乎整个教学系统的成败。应用于智慧练习的教学资源根据生成方式可分为以下几种：

1. 基础教学资源：包括语言要素资源、教学数据（规范、教材）的收集、入库、数字化加工等，如语料库、笔顺、音视频资料、教材等。这些资源属于基础性资源，可以直接应用于教学。以往的资源建设多属此类静态资源，质量较高但更新较慢。随着互联网的普及，很多开放的免费资源也逐渐丰富，可供选用。

2. 用户生成资源：指系统用户产生的内容，既包括教师或助教利用系统制作的练习，也包括学生答题所生成的答案、反馈、作答过程等数据。这类资源会在系统中不断积淀，并在系统内共享。

3. 机器生成资源：通过分析和使用前两类资源，可以借助生成式人工智能算法自动生成新的资源，如经由文字提示生成的文字、图片、视频等。这类资源既可以直接在题目中使用，也可以作为参考来指引题目设计，具有成本低、速度快、数量丰富的特点，但是资源的正确性、适用性、权威性仍存在诸多问题，是未来需要重点关注的方面。

很多资源建设虽然解决了有无问题，但在应用时仍然是面向人类的，比如，很多资源只能通过教师手工查询来获取。在智慧练习的制作过程中，基础类教学资源更应强调与机器的兼容性和实用性，只有能被计算机识别和处理的资源才可以赋能教学。目前已建成的教学资源多属于基础教学资源，但存在标准不统一、数字化和形式化不足等问题，需要进一步加工处理后才能在智慧教学系统中发挥作用。具体来讲，智慧教学系统中的教学资源更多的是通过智慧练习来服务于师生的，而非直接呈现。如基础词汇教学，涉及词语的文字形式、语音形式、语义、用法等，在智慧教学系统中通常是以字卡、词卡或者各种题目的形式出现的。

教学资源的工程化建设在前文已有论述，在此需要特别强调教学资源与教学系统的互联互通问题。语言教学的多角色、多模态特性，必然要求数据互联互通。为了让数字资源被机器识别，需要提供明确的使用目的和场景、准确的标引信息和标准化的调用接口等。因此，相较于普通意义上的教学资源建设，应用于智慧练习的教学资源需要一套定制化的标引体系，对于规范化、标准化的要求更为严格，也具有更为突出的工程化属性。数字资源只有与系统功能和教学规范的接口标准统一起来，才能打通数据流，实现数据驱动的智慧教学。仍以基础词汇教学为例，在进行特定词语词形讲授的过程中，需要综合多方资源，标引出词语的语义、资源类型（发音、字形、图片、视频等）、用法（例句）、易混淆词、关联词等信息，作为输入参数提供给系统算法，与题型结合后以智慧练习的形式供学生使用。例如，根据例句生成填空题，根据易混淆词语生成选择题，根据笔顺信息生成书写题。教学资源的建设和智慧教学系统的研发虽然相互独立，但二者关系紧密，需要统筹安排，协调进度，不断磨合。

第三节　国际中文智慧教学系统开发

一、开发模式

软件开发是国际中文智慧教学系统研发的主体工作。软件开发是一种多方协作的工程实践，需要遵循一整套科学、合理的工作流程和方法。软件的开发流程是指为搭建一个软件系统而展开的一系列阶段性活动，而开发方法指的是在各个阶段中所采取的具体手段（Kung，2023）。自 20 世纪 60 年代至今，软件工程专门研究如何在降低开发成本、缩短开发时间的同时提升软件开发的效率和质量。在以“瀑布”模型为代表的传统开发模式中，开发者首先要制定完整、清晰的项目需求并撰写详细的文档，然后严格依据文档来完成开发任务，最终将软件成品交付给用户。传统开发模型通常将开发流程分为若干个固定的阶段，上一阶段的工作成果经审核后进入下一阶段，各阶段之间会产生大量的文档。例如，进入开发阶段时就要有详尽清晰的需求文档，并根据需求编写软件设计文档；之后进入测试阶段时也要根据需求文档和设计文档来撰写测试计划。在开发过程中如果需求发生了变更，那么开发文档也必须随之修订。当然，这样可能会导致开发成本上升，甚至造成项目延期。虽然传统开发模型结构清晰、易于追踪，但灵活性不足、成本高昂，无法及时处理用户的需求反馈，因此其应用范围受到限制。

在实践过程中，随着软件开发需求的多样化以及使用场景的日益复杂，软件开发模式也在不断演进。与瀑布模型等传统模式不同，近年来兴起的敏捷开发、运维一体化（DevOps）等模式主张快速开发和多次迭代。DevOps 一词来自开发（Development）和运维（Operations）两个英文单词，意为“开发运维一体化”（Ebert & Hochstein，2023）。该模式不再一味地坚持固定的开发阶段，而是强调团队协作，通过规划、执行、评估的循环方式来进行迭代工作；通过开发人员与用户的协作来解决软件需求模糊的问题；通过软件功能的试用来验证需求，尽量简化烦冗的开发文档；优先解决开发过程中发现的新问题，而不是固守最初的开发计划。

DevOps 模式源于工程实践，是对软件开发经验的总结，充分体现了务实、协作、注重实效的工程化思想。由于国际中文智慧教学系统的开发具有很强的实验性质，迭代周期较短且开发过程中的不确定性因素较多，因此非常适合采用 DevOps 开发模式。

二、团队组织

智慧教学系统的研发工作由软件开发团队和教学团队协作完成。软件开发工作既包含基础功能，也包含对前沿技术的探索和试验。为了保证软件质量，同时尽量降低开发成本，智慧教学系统软件的初期开发工作由校内和校外开发团队协作完成。与校内团队相比，校外团队的产品开发经验更加丰富，但对开发时间和成本要求较高，因而适合承担常规性、基础性功能模块的快速开发任务。在项目初期，校外团队采用成熟的技术快速完成了基础功能的开发，如平台主页、人员管理、数据管理等，保证了项目的顺利开展。而诸如题目制作、学情数据分析等具有实验性质的功能，兼具科研和开发的双重属性，更适合由师生组成的校内团队来承担。通过设置校内开发团队，校方可以充分掌握开发工作的主导权，在人员组织、沟通机制、成本管理等方面统筹安排，有序推进，将有限的资源聚焦于关键问题上。随着项目的推进，研发重心逐步由软件开发转为系统的运行与维护，校内团队将最终承接整个项目。具体角色分工见图 10-4：

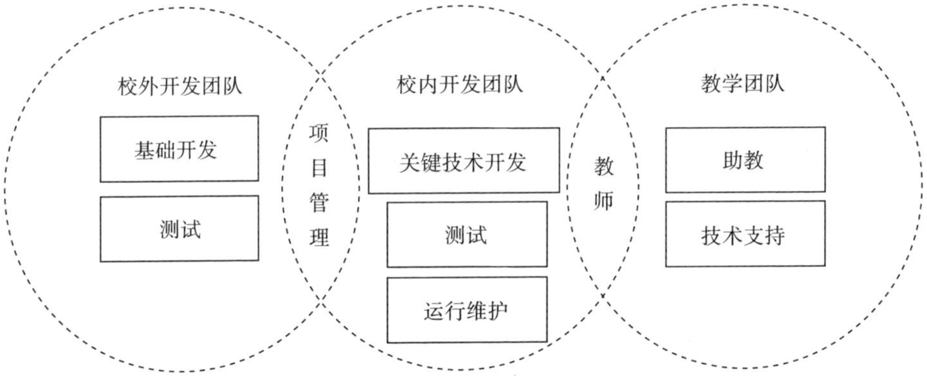

图 10–4　研发团队角色分工

如图 10-4 所示，研发团队具体分为校内开发、校外开发和教学三个部分。其中，校内和校外软件开发团队可进一步细分为需求分析、软件开发、测试、部署等多个角色。团队间通过交叉角色实现密切协同，项目管理角色由校内人员担任，负责协调安排校内外开发团队间的分工和工作进度；而教师角色则兼顾了开发和教学两个方面的工作。本着实用的原则，这样的组织安排可充分利用有限的资源，通过团队成员身兼多职来将多个团队整合在一起，有效降低了沟通和管理成本，充分体现了追求实用和效率的工程化思想。同时，一系列工程化方法的采用也在实施过程中有效地保障了工程质量，例如：建立问题驱动的专题沟通机制，通过云端软件来追踪问题的发现、解决和测试过程；借助项目管理软件，对软件问题进行精细化的跟踪和管理。

无论采用何种方式和技术，教学中人的因素仍然至关重要，教学质量与效率仍然取决于教师的水平以及学生的参与程度。在可以预见的将来，教师在教学过程中的作用仍然无法取代，但是教师所面临的技术挑战和学习压力也与日俱增（黄荣怀等，2020）。随着科技赋能的扩大和深化，教师对技术原理的理解和对开发实践的参与进一步拓展了这一话题的范围。

智慧教学系统研发的成败在很大程度上依赖于团队成员（尤其是教师）的专业水平和数字素养。教育部在 2023 年 2 月发布了《教师数字素养》教育行业标准，明确提出了教师数字素养框架，具体包括 5 个一级维度、13 个二级维度和 33 个三级维度。其中的一级维度包括数字化意识、数字技术知识与技能、数字化应用、数字社会责任、专业发展等 5 个方面。参与系统研发的教师首先要具备基本操作技能和技术应用能力，例如：具备较强的学习能力，能够快速理解、掌握系统的常用功能；能够在教学中有效利用数字技术资源；能够通过数据统计分析学情，开展有针对性的指导等。

智慧教学系统的开发横跨信息技术和语言教学两个领域，这就决定了团队中教师成员的角色具有一定的特殊性。一方面，教师要作为开发者与技术人员一起商讨制定系统功能需求，采用技术思维来分析教学问题；另一方面，教师又要以系统用户的身份测试各种功能，开展教学，收集学生反馈。作为软件开发与教学之间的联系纽带，教师的双重角色是开发运维一体化思想的集中体现，同时也对教师自身的数字素养提出了更高的要求，具体包括：

1. 行动意识。要充分意识到教育智慧化变革的必要性和紧迫性，不满足于被动跟随技术的发展，而要积极尝试对教学进行科技赋能。

2. 技术能力。要对智能技术的潜力和优缺点有客观、全面的认识。通过团队内的培训和协作，逐步提升教师的技术素养，消除教师对智能技术的神秘感。

3. 责任意识。面对智慧化变革的冲击，教师要具有担当精神，能够立足自身实际去迎接挑战。教师应遵守法律法规和道德伦理规范，具备数据安全保护能力和网络安全防护能力。

智慧化教学意味着教学任务的复杂化和教师角色的多元化，而教学方式也需要由教师“包揽一切”转变为以教师为核心的团队教学。在智能技术的助力下，任课教师将从重复性劳动中逐步抽身，转而聚焦于教学活动的决策和管理；技术支持人员负责为师生提供及时的技术培训、咨询和保障，解决系统使用过程中遇到的各种问题；助教则在教师的指导下，承担课件制作、资源加工、系统配置等辅助性工作。高校的优势在于具备全面且真实的教学场景，师生们能够积极、负责地开展试用工作，测试系统功能，从专业的角度提出修改意见。在试用过程中，很多研究生担任了助教工作，发现了很多隐藏的问题，为系统功能的完善提出了宝贵意见。教学团队的成员往往身兼多职，变换角色可以拓宽视野，增进团队成员间的相互了解，从而提升团队内部的协作效率。

开发与教学的一体化机制充分发挥了高校作为教学单位的“主场”优势，将研发工作推进到了教学一线，其创新性和可行性在研发过程中得到了验证。这样的团队组织形式得益于当今数字基础设施的日益完善，与近年来流行的远程办公、分布式开发等模式可谓异曲同工，符合时代发展的潮流。

三、软件开发流程

智慧教学从理论到实现方式目前仍有很多空白，而教学场景的多样性和复杂性又进一步导致了智慧教学系统功能需求的不确定性。由于事先很难做出预判，教师往往是先通过试用原型软件来整理思路和提炼想法，再经过与技术人员的深入探讨，才能确定教学“痛点”，挖掘需求。鉴于此，智慧教学系统的软件开发流程灵活借鉴了 DevOps 的开发思想：

1. 组建小而精的复合型开发团队，边研讨，边开发。

2. 功能开发完成后立即在教学中试用，再根据反馈意见及时修改。

3. 以测试来推动开发工作，尽早发现问题并解决问题。

4. 以学期为周期进行迭代开发，严格控制开发的时间节点。

5. 强调功能的完整性，只有在上一功能开发结束后才可启动后续开发，避免工作堆积。

6. 贯彻“2-8”原则，即 80% 的产出结果来自 20% 的功能。将功能按重要性进行优先级排序，集中资源开发重点功能，做到“有所为，有所不为”。

如图 10-5 所示，开发流程中的代码编写与软件测试主要集中在寒暑假期间进行，在学期开始时发布软件供师生使用；在学期中收集问题并及时修改软件错误；在学期末汇总、评估问题，并制订下一轮开发计划。这样的流程安排让软件开发过程与教学活动能够在时间上保持同频共振，在不扰乱正常教学秩序的前提下保证了软件的顺利开发与测试，构建了开发与教学的一体化实现机制。经验表明，在经过三到四轮的迭代开发后，系统的主要功能基本趋于稳定，研发随即进入运行与维护阶段。以学期为时间单位进行开发，让项目管理有了更大的灵活性，研发工作可以根据需要暂停，并在条件成熟时重启。

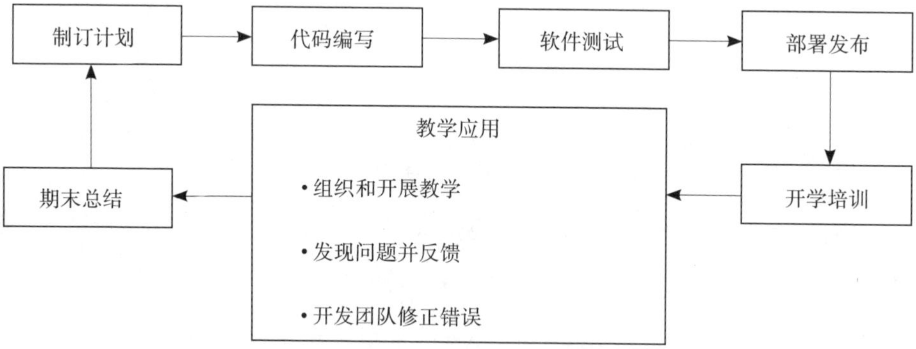

图 10–5　软件开发流程

但是，这种开发模式在实践中也暴露了一些问题，例如：针对某些功能需求的思考不够深入和成熟，导致程序反复修改，陷入“越改越难用，越用越要改”的死循环；教学需求可能过于细节化，甚至可能为一门课去开发一项专门的功能，导致了资源的浪费；假期的开发时间较短，导致一些复杂功能无法及时完成，影响了系统的整体开发进度。因此，今后必须坚持采用工程化方法来强化各环节的项目管理，通过建立完整、有效、基于数据统计的质量保证体系来确保项目的顺利推进。例如：

1. 功能设计层级化，软件改动局部化。应最大限度地保持基础架构的稳定，将交互界面与系统功能隔离开来，避免因为局部功能的改动而影响整体，减少附带改动。

2. 成批次修正软件问题，避免零散改动导致的资源浪费；建立讨论、审核、批准的工作机制。

3. 加强团队内部沟通，让团队成员清楚地了解当前的开发状态和工作的优先级，避免各行其是。

4. 立足于在教学中应用成果，通过实际数据来衡量开发质量。

软件开发模式是工程化思想的具体体现，在实践过程中需要结合实际情况不断调整，不能生搬硬套。选用何种开发模式不是看它的理论是否先进，而是要秉承实事求是的原则做决定，断不可一时兴起，朝令夕改。作为普遍意义上的规则和方法论，开发模式是对软件开发经验的总结，其首要目标是避免错误而不是保证成功。最终决定软件质量的仍然是正确的开发决策、精细的管理、充分的技术储备和团结向上的工作态度。

四、质量保证体系

智慧教学系统的质量保证首先是软件质量保证（Software Quality Assurance）。为了保证软件功能符合要求，需要在整个软件生命周期内开展一系列活动来保证软件质量。决定软件质量的因素有很多，一般会通过若干标准化的软件属性来衡量，如可靠性、稳健性（robustness）、运行效率、可维护性、可重用性、模块化等。每一种属性都有专门的标准和技术指标，也有相应的操作方法来提升其质量。测试是软件质量保证的核心部分，包括单元测试、集成测试、系统测试、性能测试、安全测试等，以确保软件功能符合要求。这些测试任务主要集中在软件测试阶段，此外，在应用阶段也要针对软件修改做相应的测试，以确保系统能够稳定运行。由于国际中文智慧教学系统的开发采用了运维一体化模式，软件的开发、部署较为频繁，因此提升软件测试的效率就显得尤为重要。为此，一方面要编写完备的测试用例、应急预案，另一方面还要编写测试用的软件工具，以方便进行自动化测试。

以过程可追溯和结果可量化为目标，开发阶段的软件质量保证措施主要包括文档管理、代码管理和流程管理等。例如，采用软件错误管理工具来追踪问题，以文字描述、截图和视频的方式详细记录解决问题的方法和过程，以便进行代码维护和质量考核。

随着智慧教学系统与教学过程的深度融合，智慧教学系统的应用也为衡量教学质量提供了新途径、新方法。数据化是科技赋能的前提，技术手段的采用是智慧教学的核心，智慧教学的最终目的是提升教学质量。因此，教学过程和教学评价的数据化是保证教学质量的重要手段。教学行为的决策、实施和评估都可以通过分析数据，借助机器智能来实现。智慧教学系统能够从学生、课程、班级、知识点等多个维度来记录学情数据，并利用智能技术进行深度挖掘，从而客观、准确地评估教学效果。教师可以对教学过程进行规范化描述，以元数据的形式定义“内容 + 功能 + 互动”的过程。借助教学系统对学习过程数据和结果数据的详细记录和分析，教师可利用数据统计来检查教学效果，从而提升评价的准确度和客观性。通过对系统功能、教学活动和教学效果的量化分析，可以检验智慧化教学的成果，为今后的研发工作提供参考。

第四节　国际中文教育智慧教学系统的应用与维护

一、应用场景

智慧教学系统是技术平台与教学活动相融合的产物。为了更好地发挥智慧教学的优势，需要将教学活动从数据、逻辑和应用三个层次进行剥离，建立业务逻辑模型，再分别与系统功能做映射。一般的流程包括：首先整理教学中涉及的语言要素，在资源库中查询或者由系统自动推送相应的数字资源（语音、字形、例句等）；然后根据教学目标制作智慧练习并发布；最后分析、讲评练习结果。这一过程与传统的教学模式基本一致，区别主要在于各个环节的教学活动均依托智慧教学系统展开。例如，通过生成包含读音、字形的字词卡片来预习；通过统计预习数据来确定课上需重点讲解的内容；系统根据大数据分析推荐易混淆的字词，让学生做辨析练习等。在智慧教学系统的建设运营实践中，我们发现，突出互动性的朗读题最受欢迎，在各题型中占比最高（见表 10-4）。朗读题不仅用于朗读训练，也被创造性地应用于课文预习、演讲排练、配音等场景。在 3.0 版本中，系统通过教案模块的建设，实现了语言资源、教学资源的有效供给（见图 10-6）。

表 10–4　题型分布

题型	朗读	填空	选择	写字	简答	排序	卡片	连线	判断	对话
占比	30.5%	17.5%	14.3%	8.1%	7.8%	7.1%	5.3%	5.3%	3.1%	1.0%

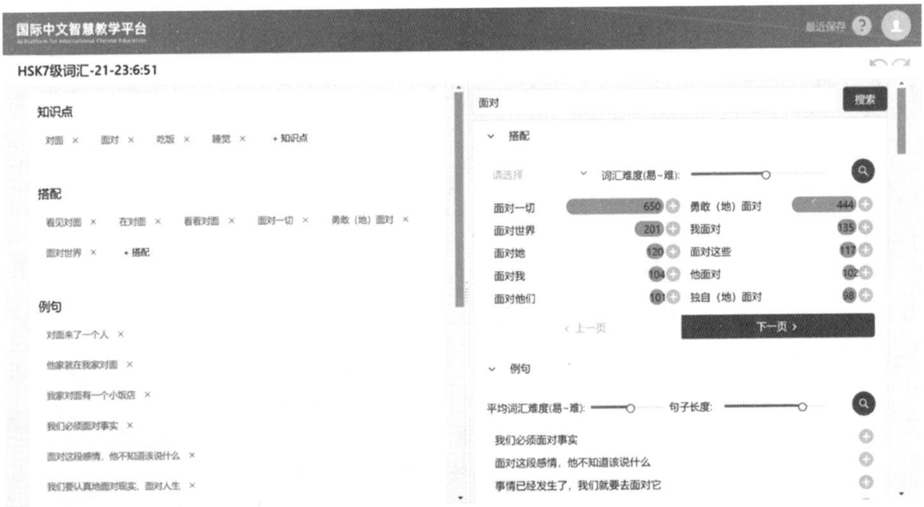

图 10–6　智慧教学平台教案模式

为了充分发挥教学系统的作用，教师首先要跳出固有的教学思维模式，在教学设计阶段尝试采用技术性思维来检视教学，把教学过程分解为若干个独立且相互关联的教学单元，每个单元包含数据（教学内容、能力目标等）与功能（教学行为、互动方式等）两部分。对于数据，要考虑其来源、格式、呈现形式；对于功能，则要考虑采用系统提供的何种智慧练习题型，以及如何发布、如何评价等。方案确定后，教师可在系统中生成该单元的数字化教案，通过若干准确、全面的元数据信息来定义标准化、抽象化、普遍性的教学场景，同时剔除具体的教务管理信息（如课程、班级）以及学生的个人情况。

在练习的制作阶段，教案中的教学元数据可进一步对标系统中的变量属性，作为输入数据传递给系统功能模块，从而实现教学过程与系统功能间的映射。教师在系统的辅助下，可以手工或半自动地进行命题，也可以由系统在大数据分析的基础上自动命题。在最后的应用阶段，教师选取具体的教学场景（班级、时间、地点等）并发起练习。这种分阶段、分层级的实施方法与软件开发中“分而治之”的策略是一致的，也是较为常用的工程化方法之一。

国际中文智慧教学系统解决的是不同教学场景中的共性和核心问题，因此为教师留出了自由选择的空间。互动是语言教学的核心，“精讲多练”中“练”的部分是所有场景共有的。教师可以根据需要在不同教学场景下灵活地应用智慧练习，让技术适应教学而不是强迫教学来迎合技术。根据教学场景的客观要素，系统的应用方式可从空间（线下或线上）和时间（同步或异步）两个维度进行设置，从而涵盖线下、线上以及混合教学等多种教学模式（见图 10-7）。其中，课后的线上异步练习是系统应用的重点，也是涵盖所有教学场景的通用部分。智慧教学系统的应用以这两个维度为参照，避免了针对具体的某个场景单独开发功能而陷入“过度定制”的误区。

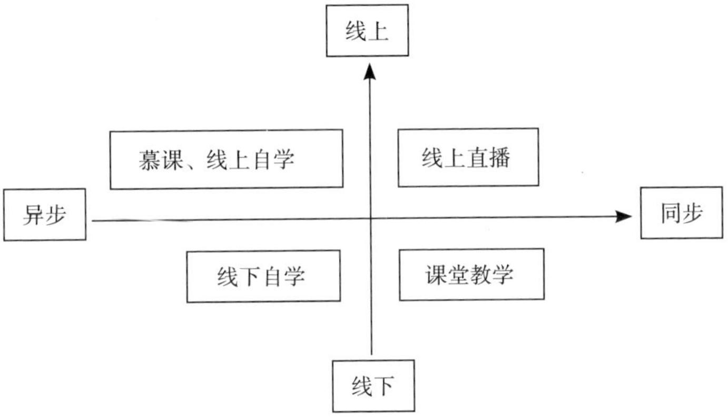

图 10-7　教学场景

智慧教学在不同场景下的开展方式也各不相同（见表 10-5），教师可根据需要将智慧练习融入不同的授课方式当中。例如，课堂教学强调面对面的交流和及时反馈，教师可在课上发布重点练习，要求学生当堂同步完成并由教师及时进行统计和讲评。教师也可采用“翻转课堂”的方式，将教学内容以课前预习和课后作业的形式发放给学生，在课上只针对练习结果进行讲评。教师还可将练习与视频录制结合，将视频上传至慕课平台供学生自主学习。学习社区的覆盖范围可进一步拓展到课程设置之外，如开展词语竞赛、朗读竞赛、汉语专题知识学习等活动，实现泛在学习。随着智慧教学的持续开展，现有的教学模式将不断演进，也希望由此催生出更多满足国际中文教学需求的新模式。

表 10-5　智慧练习的应用

教学场景	应用方式
课堂教学	课堂同步练习；课前预习及课后作业
线上直播	在线推送练习，同步完成
慕课	在线发布练习，自主完成
线下自学	课外专项练习；竞赛、趣味活动等

如图 10-8 所示，智慧教学平台可提供及时的学情数据统计和分析，帮助教师进行决策。

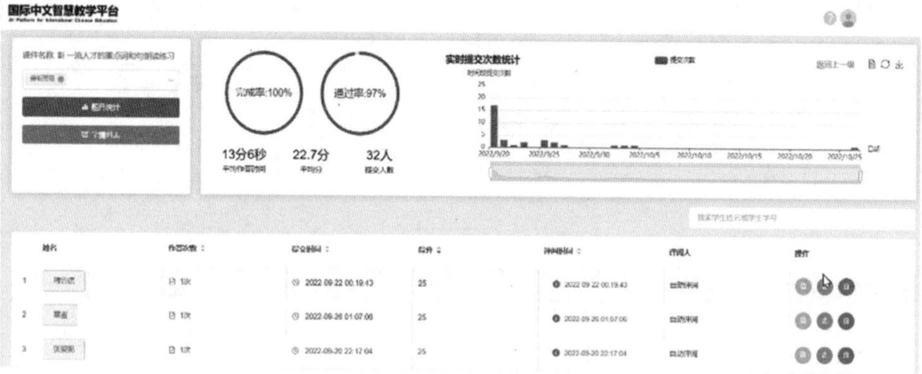

图 10–8　智慧教学系统学情反馈界面

二、系统运行与维护

在新功能的集中开发和测试工作告一段落之后，系统研发就进入了运行与维护阶段。作为重要的教学基础设施，国际中文智慧教学系统需要保持持续、稳定运行，相应的保障措施包括：

1. 软件维护：指系统中软件的升级、更新、备份等操作。

2. 运行管理：包括用户管理、硬件设备的日常维护与升级、应急管理和防灾管理等。

3. 数据管理：包括各类数据的存储管理、数据安全和质量管理、数据库软件的维护等。

4. 培训管理：如针对新生开展软件使用培训、定期举办助教集训等。

在上述工作中，软件的维护难度最大，也最为重要。软件维护通常指在软件交付后，为修正软件错误或者提升运行效率所做的修改。一般来讲，软件的维护费用可能占到全部生命周期费用的 60%—80%，其中相当大的一部分源自软件功能的升级。作为隐性投入，系统维护在研发前期往往被低估，然而交付后一旦维护中断则可能导致功亏一篑。教学系统的开发与教学工作相互交织、不断迭代，难免会造成维护和研发工作相互重叠的情况。覆盖整个软件生命周期的、持续性的软件维护是确保国际中文智慧教学系统长期使用的关键，也是在校内设置开发团队的目的之一。教学是一个严肃的过程，要求教学系统具备较高的可靠性和稳定性，尤其要强调系统硬件和网络环境的可靠性，比如服务器的防灾部署、软件平台的稳定性及可维护性、网络安全设置的有效性等。

教学系统研发需要从工程角度做出统一部署，通过精细化的成本核算为系统维护预留资源；采用科学的、严谨的工程化管理方法，确保系统能够长久、平稳地运行；不断完善项目管理制度和方法，最大限度地保障日常教学的顺利开展。例如：

1. 硬件系统要有冗余备份，遇到紧急情况可及时切换，以确保系统服务不中断。

2. 建立严格的工作流程制度，严格管控软件测试和产品发布流程，层层把关，多次验证。

3. 由专人负责系统的维护工作，团队成员力求稳定，形成工作梯队。

第五节　本章结语

智慧教学旨在实现机器算力与人类智慧在教学过程中的融合，通过科技赋能和数据驱动来推动教育变革。随着智能技术在教学中的逐步渗透，从教师的角色到学生的学习方式，乃至教学管理都将迎来前所未有的变化，智慧教学的趋势已经不可逆转。作为一项基础性的实践工作，国际中文智慧教学系统以基于语言要素的智慧练习为主要形式，引入教学资源和智能技术，强调在数据互联互通的基础上实现教学流程的智慧化。

国际中文智慧教学系统的研发实践是以高校为研发主体，对智慧教学理念和实现路径的积极尝试，既取得了一定的成果，也发现了新的问题。通过智慧教学系统的研发，高校构建了软件开发与教学应用一体化的研发机制，锻炼了队伍，积累了经验，取得了共识，也引发了思考。智慧教学发端于高校环境，但不能局限于校内，日后势必要引入多方资源共谋发展。在可以预见的将来，智能技术的进步会不断加速，专业的教育技术服务会成为趋势，学校将从包揽一切转为以教学主体的身份来协调多方合作，如校际合作、校企合作、中外合作等。届时，智慧教学系统也将迎来新的发展，以开放的姿态吸纳新技术、新理念，在实践中不断发展。

智慧教学系统的研发以工程化理论为指导，在团队组织、开发流程、质量保证、运行维护等各个方面应用科学的、严谨的工程化方法，从而保证了开发效率和质量，控制了开发成本和时间。从工程化的视角分析和解决问题是确保研发工作顺利推进的有力保障，也将在未来指导我们在这一领域继续探索。

参考文献

边玉芳、林志红（2007）增值评价：一种绿色升学率理念下的学校评价模式，《北京师范大学学报（社会科学版）》第6期。

蔡建永、刘晓海（2023）国际中文智慧教育视域下“三段九步”教学模式的构建与应用，《世界汉语教学》第4期。

曹培杰（2020）人工智能教育变革的三重境界，《教育研究》第2期。

曹贤文（2007）明德模式与中国大陆高校基础汉语教学常规模式之比较——兼谈汉语教学的精英模式与大众模式的差异和互补，《暨南大学华文学院学报》第4期。

曹贤文（2016）试论语言项目视角下国际汉语有效教学模式研究，《华文教学与研究》第1期。

曹　妍、芮潇潇（2013）增值理念下的教育改进与教育评价——英美教育增值法的研究综述，《比较教育研究》第1期。

陈　珺（2003）阅读训练中理解性偏误的类型、原因及对策分析，《云南师范大学学报（对外汉语教学与研究版）》第3期。

陈　莉、张　吟（2021）国际中文教育的学习者需求特征分析，《扬州大学学报（人文社会科学版）》第6期。

陈田顺主编（1999）《对外汉语教学中高级阶段课程规范》，北京：北京语言文化大学出版社。

陈艳艺（2021）泰国孔子学院本土汉语教师培训研究，《云南师范大学学报（对外汉语教学与研究版）》第 3 期。

陈玉琨、李如海（2000）我国教育评价发展的世纪回顾与未来展望，《华东师范大学学报（教育科学版）》第 1 期。

程　娟、施家炜、童小娥（2013）全国普通高校对外汉语专业本科教育情况调研报告，载程娟、华学诚主编《对外汉语专业建设的理论与实践：全国高校对外汉语专业建设研讨会论文精选》，北京：北京语言大学出版社。

程洋洋（2015）翻转课堂中过程性教学评价指标体系的构建与应用研究，云南大学硕士学位论文。

崔金明、张炳照、马迎飞、傅雄飞、王　猛、刘陈立（2018）合成生物学研究的工程化平台，《中国科学院院刊》第 11 期。

崔希亮（2023）国际中文教育的分层意识和产品化思维，《北京第二外国语学院学报》第 4 期。

崔永华（1999）基础汉语教学模式的改革，《世界汉语教学》第 1 期。

崔永华（2018）试说“北语模式”，《国际汉语教学研究》第 1 期。

崔永华（2024）对外汉语教学模式简析，载刘玉屏主编《汉语国际传播研究（总第 14 辑）》，北京：商务印书馆。

德鲁克（2006）《管理的实践》，齐若兰译，北京：机械工业出版社。

丁安琪（2018）学员视角的优秀国际汉语教师培训师特征分析，《辽宁师范大学学报（社会科学版）》第 4 期。

杜钟远、席酉民（1992）软科学要工程化，《软科学》第 1 期。

范　菁（2019）高校内部教学质量保障体系建设的现状与展望——基于本科审核评估实践的研究，《中国大学教学》第 3 期。

范祖奎（2009）汉语阅读焦虑源的国别差异分析，《汉语学习》第 3 期。

方潜生、黄显怀、程家福、潘和平（2019）从审核评估看高校内部教学质量保障体系的完善,《现代教育管理》第 11 期。

冯厚植、郑晓齐、雷 庆、张彦通(2003)《工程教育设计与工程设计方法》,北京:北京航空航天大学出版社。

冯胜利、施春宏(2015)《三一语法:结构·功能·语境——初中级汉语语法点教学指南》,北京:北京大学出版社。

冯志伟(1985)机器翻译的困难性与工程化,《情报学报》第 4 期。

高桂娟、吴雅璇(2017)国际视野下的高校本科教学审核评估:比较与鉴别,《中国地质大学学报(社会科学版)》第 4 期。

高 磊(2005)元认知技能训练在对外汉语阅读教学中的应用,《语言文字应用》第 S1 期。

谷 陵(2017)《美国名校在华汉语强化教学模式比较研究》,北京:中央民族大学出版社。

郭风岚(2012)关于海外汉语教师培训的几点思考,《语言教学与研究》第 2 期。

郭风岚(2021)论国际中文教材资源建设理念,《国际汉语教学研究》第 3 期。

郭 睿(2010)《汉语教师发展》,北京:北京语言大学出版社。

郭 睿(2015)《汉语课程设计导论》,北京:北京语言大学出版社。

郭 睿(2017)《国际汉语教师教学能力框架》,北京:北京语言大学出版社。

郭 睿(2020)《国际汉语教师研究》,南宁:广西教育出版社。

郭 熙、林瑀欢(2021)明确"国际中文教育"的内涵和外延,《中国社会科学报》3 月 16 日。

郭熙汉、何 穗、赵东方(2008)《教学评价与测量》,武汉:武汉大学出版社。

国家汉语国际推广领导小组办公室(2007/2012)《国际汉语教师标准》,北京:外语教学与研究出版社。

国家留学基金管理委员会(2022)《中国政府奖学金本科来华留学生预科教育教学大纲》,北京:北京语言大学出版社。

胡范铸、陈佳璇、张虹倩（2018）目标设定、路径选择、队伍建设：新时代汉语国际教育的重新认识，《世界汉语教学》第 1 期。
华罗庚（1972）《统筹方法话本》，西宁：青海人民出版社。
黄荣怀、王运武、焦艳丽（2021）面向智能时代的教育变革——关于科技与教育双向赋能的命题，《中国电化教育》第 7 期。
黄荣怀、张慕华、沈　阳、田　阳、曾海军（2020）超大规模互联网教育组织的核心要素研究——在线教育有效支撑“停课不停学”案例分析，《电化教育研究》第 3 期。
汲传波（2006）论对外汉语教学模式的构建——由美国明德大学汉语教学谈起，《汉语学习》第 4 期。
汲传波（2014）再论对外汉语教学模式的构建，《华文教学与研究》第 2 期。
季　铮、席　可、王　玥（2019）软实践教学全过程跟踪系统和分析方法，《实验室研究与探索》第 4 期。
江傲霜（2017）对美国中文沉浸式教学的思考，《民族教育研究》第 3 期。
江傲霜、吴应辉、傅　康（2011）泰国汉语教师志愿者教学情况调查对志愿者培训工作的启示，《民族教育研究》第 5 期。
姜丽萍、吴　倩（2018）初级汉语综合课教学模式，《国际汉语教学研究》第 3 期。
教育部中外语言交流合作中心（2021）《国际中文教育教学资源发展报告（2021）》，北京：北京语言大学出版社。
金　伟（2023）数字人文建设的发展路径，《中国社会科学报》8 月 3 日。
金晓艳、赫天姣（2022）国际中文教育数字革命的现实与进路，《当代外语研究》第 6 期。
孔子学院总部 / 国家汉办（2014）《国际汉语教学通用课程大纲》（修订版），北京：北京语言大学出版社。
赖志金（2010）教师培训工作的起点是调查研究，“如何开展本土汉语教师培训？——德国孔子学院院长论点集萃”之一，《孔子学院》第 5 期。
李宝贵、刘家宁（2021）新时代国际中文教育的转型向度、现实挑战及因应对策，《世界汉语教学》第 1 期。
李伯聪（2008）关于工程和工程创新的几个理论问题，《北方论丛》第 2 期。
李伯聪（2011）工程的三个“层次”：微观、中观和宏观，《自然辩证法通讯》第 3 期。
李伯聪（2014）工程与工程思维，《科学》第 6 期。
李　浩（2016）“慕课”在现代汉语教学中的运用，《齐鲁师范学院学报》第 3 期。
李嘉郁（2008）海外华文教师培训问题研究，《世界汉语教学》第 2 期。
李　晶（2018）英、澳两国高等教育质量审核制度：概况、特征与启示，《高教探索》第 7 期。
李　泉（2004）第二语言教材编写的基本程序，《海外华文教育》第 2 期。
李　泉主编（2006）《对外汉语课程、大纲与教学模式研究》，北京：商务印书馆。
李　泉（2018）对外汉语教学：学科建设四十年——成就与趋势，问题与顶层设计，《国际汉语教育（中英文）》第 4 期。
李　泉、金香兰（2014）论国际汉语教学隐性资源及其开发，《语言教学与研究》第 2 期。
李少付（2017）工程化思想在“管理运筹学”课程中的实践，《淮海工学院学报（人文社会科学版）》第 10 期。
李先银、魏耕耘（2016）新形势下短期来华“深接触”汉语项目的模式化构建——以北京语言大学汉语速成学院暑期 AP 项目为例，《国际汉语教学研究》第 1 期。
李向农、万　莹（2013）留学生预科汉语模块化教学模式的探索与实践，《华中师范大学学报（人文社会科学版）》第 6 期。

李　欣、张　威（2022）“多元交互”在线教学评价指标体系构建的内涵、框架及路径，《现代教育管理》第10期。

李艳萍、汪玉芳（2022）基础会计课程混合式教学过程性评价实施效果分析，《安徽工业大学学报（社会科学版）》第2期。

李　艺、丁　婧（2011）教育领域标准化思想刍议，《教育研究》第8期。

李永胜（2015）论工程思维的内涵、特征与要求，《洛阳师范学院学报》第4期。

李永胜（2017）科学思维、技术思维与工程思维的比较研究，《创新》第4期。

李永胜（2018）论工程思维的性质、特征与作用，《创新》第1期。

李宇明（2018）海外汉语学习者低龄化的思考，《世界汉语教学》第3期。

李志厚、王嘉毅（2009）教学知识工程化：一个理论见之于实践的研究领域，《教育理论与实践》第28期。

李忠杰（1993）推进社会科学工程化的十项建议，《党校科研信息》第18期。

连　榕（2000）教师培训的核心：教学行为有效性的增强，《教育评论》第3期。

梁　宇（2020）需求增长背景下的国际中文教育资源建设，《中国社会科学报》4月21日。

梁　宇（2023）国际中文教学资源建设的拓展功能及其实现路径，《语言文字应用》第4期。

廖爱华、崔淑慧（2012）留学预科教育培养模式的实践与探索——以华南理工大学为例，《云南师范大学学报（对外汉语教学与研究版）》第2期。

林　钧（2012）论标准化视野下的教师教育课程框架设计，《中国高教研究》第6期。

刘邦奇、袁婷婷、纪玉超、刘碧莹、李　岭（2021）智能技术赋能教育评价：内涵、总体框架与实践路径，《中国电化教育》第8期。

刘川平（2009）教学模式设计与长期进修教学新模式，《云南师范大学学报

（对外汉语教学与研究版）》第2期。
刘华东、李贞刚、陈 强（2017）审核评估视域下高校教学质量保障体系的完善与重构，《中国大学教学》第11期。
刘吉臻（2006）工程教育课程改革的思维转向：工程化的视角，《高等工程教育研究》第4期。
刘建达（2015）基于标准的外语评价探索，《外语教学与研究（外国语文双月刊）》第5期。
刘 骏（2018）国际汉语教师：存在的问题与培训模式创新，《语言战略研究》第6期。
刘 利、刘晓海（2022）关于国际中文智慧教育的几点思考，《语言教学与研究》第5期。
刘 娜（2019）审核评估视角下应用型院校内部教学质量保障体系探析，《教育与职业》第8期。
刘颂浩（1999）阅读课上的词汇训练，《世界汉语教学》第4期。
刘颂浩（2009）对外汉语教学中练习的目的、方法和编写原则，《世界汉语教学》第1期。
刘颂浩（2014）中国对外汉语教学模式的创建问题，《华文教学与研究》第2期。
刘颂浩（2016）教学模式讨论和对外汉语教学学术环境建设，《华文教学与研究》第1期。
刘颂浩（2018）对外汉语阅读教学研究四十年，《国际汉语教育（中英文）》第4期。
刘晓雨（1999）对对外汉语教师业务培训的思考，《北京大学学报（哲学社会科学版）》第4期。
刘 珣（1996）关于汉语教师培训的几个问题，《世界汉语教学》第2期。
刘 珣（2020）浅议汉语国际教育专业，《国际汉语教学研究》第1期。

刘雨嘉（2022）思维导图在对外汉语中级阅读课的应用研究，江西科技师范大学硕士学位论文。

刘志军、范韵婧（2023）我国增值评价研究：现状、问题与展望，《中国考试》第4期。

娄开阳（2016）论美国明德汉语教学模式的特点——兼论我国对外汉语教学模式的构成要素，《辽宁师范大学学报（社会科学版）》第5期。

鲁健骥（2018）对外汉语教学预备教育教学模式：从综合到分技能，《国际汉语教学研究》第1期。

陆俭明（2024）国际中文教育的使命及其他，《云南师范大学学报（对外汉语教学与研究版）》第1期。

吕必松（1993）对外汉语教学概论（讲义）（续五）第四章　教学过程和教学活动，《世界汉语教学》第3期。

罗宾斯、库尔特（2022）《管理学》（第15版），刘刚等译，北京：中国人民大学出版社。

骆攀玉（2018）关于高校对外汉语兼职教师培训工作的思考，《国际汉语教育（中英文）》第2期。

马箭飞（2004）汉语教学的模式化研究初论，《语言教学与研究》第1期。

马箭飞（2021）强化标准建设，提高教育质量——国际中文教育标准与考试研讨会大会致辞，《国际汉语教学研究》第1期。

马箭飞（2022）国际中文教育信息化建设成效及发展方向——在国际中文智慧教育工程成果发布会上的讲话，《世界汉语教学》第3期。

马瑞祾、徐　娟（2023）语言智能赋能国际中文智慧教育：现实境况与未来路向，《国际中文教育（中英文）》第2期。

马瑞祾、徐　娟（2024）国际中文写作智慧教学模式构建与应用探索，《语言教学与研究》第2期。

毛　悦（2010）海外企业人员短期汉语教学模式研究，《世界汉语教学》第1期。

彭　波、王伟清、张进良、袁建林、余剑波（2021）人工智能视域下教育评价改革何以可能，《当代教育论坛》第6期。

彭锦维（2022）国际中文教育教学资源库建设综述（2000~2022年），载郭鹏主编《汉语国际教育学报（第十二辑）》，北京：科学出版社。

祁连雪（2022）基于“先行组织者”策略的对外汉语中级阅读课教学设计，兰州交通大学硕士学位论文。

钱学森（2007a）《工程控制论》（新世纪版），上海：上海交通大学出版社。

钱学森（2007b）《论系统工程》（新世纪版），上海：上海交通大学出版社。

饶高琦（2022）国际中文教育工程化的基本特征及实施策略，“国际中文教育工程化问题”大家谈之一，《语言教学与研究》第1期。

汝淑媛（2006）美国明德中文暑校的教学理念特点与教学策略评介，《国际汉语教学动态与研究》第2期。

沈庶英（2019）翻转课堂“三步十环节”班级教学模式构建探索——以商务汉语翻转学习为例，《语言教学与研究》第6期。

施春宏（2022）推进国际中文教育工程化的若干思考，“国际中文教育工程化问题”大家谈之一，《语言教学与研究》第1期。

施仲谋（1994）明德中文暑校经验的启示，《世界汉语教学》第1期。

史有为（2008）教学法和教学模式的解析与重组——兼及日本汉语教学中的相关课题，《世界汉语教学》第3期。

宋继华、张　曼、何　春（2021）国际中文在线教育的工程思维、产品思维与服务思维，载中文教学现代化学会主编《第十二届中文教学现代化国际研讨会论文集》，[越南]胡志明市：胡志明市师范大学出版社。

宋继华、张　曼、何　春（2023）教育数字化转型与国际中文教育数字生态建设，《云南师范大学学报（对外汉语教学与研究版）》第5期。

宋立荣（2016）基层科技报告资源建设中元数据质量评估研究——以中国科学技术信息研究所为例，《中国科技资源导刊》第1期。

苏光鸿（2019）教育标准化“三问”，《人民论坛》第 17 期。
孙德金（2014）《对外汉语教学课程论》，北京：商务印书馆。
唐培兰、李宇明（2024）试论中文国际传播能力，《中国语言战略》第 1 期。
万　伟（2015）三十年来教学模式研究的现状、问题与发展趋势，《中国教育学刊》第 1 期。
汪应洛主编（1992）《系统工程理论、方法与应用》（第 2 版），北京：高等教育出版社。
汪应洛、席酉民（1990）《战略研究理论及企业战略》，西安：西安交通大学出版社。
王春辉（2023）国际中文教育数字化发展的趋势与反思，《云南师范大学学报（对外汉语教学与研究版）》第 2 期。
王凤岐、郭　伟、欧阳效辉、董志林（2000）略论并行式工程教育，《高等工程教育研究》第 2 期。
王鸿滨（2021）《国际中文教育中文水平等级标准》中语法等级大纲的研制路径及语法分级资源库的开发，《国际汉语教学研究》第 3 期。
王　辉（2021）新冠疫情影响下的国际中文教育：问题与对策，《语言教学与研究》第 4 期。
王瑞烽（2020）疫情防控期间汉语技能课线上教学模式分析，《世界汉语教学》第 3 期。
王学松（2005）加强中外合作汉语教学项目模式的研究，《中国高教研究》第 6 期。
王亚林、徐丽丽（2015）国外标准化教育发展及对我国的启示，《现代教育管理》第 10 期。
王　云、杨　屏、杨红芸、曹　永（2017）地方新建本科院校教学质量监控体系的构建与实践探索——以凯里学院为例，《高教学刊》第 24 期。
王治敏主编（2022）《基于新标准体系的国际中文教育教学语法资源建设研

究》（上、下），北京：北京语言大学出版社。
王众托（2012）《系统工程引论》（第4版），北京：电子工业出版社。
魏　晖（2020）国际中文教育工程化发展之路之选择，第九届中国语言学研究方法和方法论问题学术研讨会，西安外国语大学，11月4日。
魏　晖（2022）实施国际中文教育工程化的必要性和可能性，"国际中文教育工程化问题"大家谈之一，《语言教学与研究》第1期。
魏　晖（2023）国际中文教育进入集成创新发展时期，"国际中文教育集成创新"大家谈之一，《语言教学与研究》第5期。
魏　晖、施春宏、饶高琦、张　崇、张俊萍、闻　亭（2022）"国际中文教育工程化问题"大家谈，《语言教学与研究》第1期。
魏　晖、吴晓文（2023）国际中文教育集成创新：内涵、价值和路径，《世界汉语教学》第2期。
吴应辉（2023）国际中文教育模式集成创新的思考，"国际中文教育集成创新"大家谈之一，《语言教学与研究》第5期。
吴英成、邱利军（2019）教学与科技整合：在线成人汉语口语入门课程设计，《国际汉语教学研究》第2期。
吴勇毅（2007）海外汉语教师来华培养及培训模式探讨，《云南师范大学学报（对外汉语教学与研究版）》第3期。
吴勇毅主编（2012）《对外汉语教学法》，北京：商务印书馆。
吴勇毅（2014）关于汉语教学模式创建之管见，《华文教学与研究》第2期。
吴勇毅（2018）汉语作为第二语言/外语教学法研究四十年之拾穗，《国际汉语教育（中英文）》第4期。
吴中伟（2016）汉语教学模式的集成、创新和优化，《华文教学与研究》第1期。
萧浩辉主编（1995）《决策科学辞典》，北京：人民出版社。
辛　涛、李雪燕（2005）教育评价理论与实践的新进展，《清华大学教育研究》第 6 期。
辛　涛、张文静、李雪燕（2009）增值性评价的回顾与前瞻，《中国教育学刊》第 4 期。
徐　鹏、王以宁、刘艳华、张　海（2013）大数据视角分析学习变革——美国《通过教育数据挖掘和学习分析促进教与学》报告解读及启示，《远程教育杂志》第 6 期。
徐晓羽、李蕙彤（2023）国际中文教育翻转课堂教学评估模型的构建，《语言教学与研究》第 1 期。
许国志主编（2000）《系统科学与工程研究》，上海：上海科技教育出版社。
许国志、刘源张等（1963）《运筹学》，北京：科学普及出版社。
荀恩东（2023）融课件：国际中文教育资源与技术的集成创新，“国际中文教育集成创新”大家谈之一，《语言教学与研究》第 5 期。
闫志明、唐夏夏、秦　旋、张　飞、段元美（2017）教育人工智能（EAI）的内涵、关键技术与应用趋势——美国《为人工智能的未来做好准备》和《国家人工智能研发战略规划》报告解析，《远程教育杂志》第 1 期。
杨开城、陈　洁（2020）论教育作为一种工程性实践，《现代远程教育研究》第 6 期。
杨润勇（2018）我国教育标准化改革：背景、问题与建议，《教育理论与实践》第 4 期。
杨现民、顾佳妮、邢蓓蓓（2019）“互联网 +”时代数据驱动的教育评价体系构架与实践进展，《浙江师范大学学报（社会科学版）》第 4 期。
杨现民、唐斯斯、李冀红（2016）发展教育大数据：内涵、价值和挑战，《现代远程教育研究》第 1 期。
杨小微（1990）《中小学教学模式》，武汉：湖北教育出版社。
杨玉玲（2014）《国际汉语教师语法教学手册》（第 2 版），北京：高等教育出版社。

杨志明（2020）四种教育评价的教育测量学考量,《教育测量与评价》第 8 期。
杨宗凯（2020）利用信息技术促进教育教学评价改革创新,《人民教育》第 21 期。
姚立根、王学文主编（2012）《工程导论》，北京：电子工业出版社。
殷瑞钰、李伯聪（2013）关于工程本体论的认识,《自然辩证法研究》第 7 期。
殷瑞钰、汪应洛、李伯聪（2007）《工程哲学》，北京：高等教育出版社。
于小雨（2008）结合语境的对外汉语中级阶段综合课词汇教学模式研究，北京语言大学硕士学位论文。
余　晓、吴　伟、周立军（2011）标准化教育发展的国际经验及中国的策略选择,《现代教育管理》第 9 期。
俞志强（2018）语言教学法效率的最大化——从经济学角度看提高教学法的效率,《世界汉语教学》第 4 期。
张　博（2018）提高汉语第二语言词汇教学效率的两个前提,《世界汉语教学》第 2 期。
张　崇（2022）国际中文教育工程化需要大数据支撑，“国际中文教育工程化问题”大家谈之一,《语言教学与研究》第 1 期。
张和生（1997）美国明德大学的汉语教学,《中国高等教育》第 1 期。
张和生（2006）对外汉语教师素质与培训研究的回顾与展望,《北京师范大学学报（社会科学版）》第 3 期。
张　华（2000）《课程与教学论》，上海：上海教育出版社。
张家年、王文韬（2016）融入工程化思维：大数据环境下情报分析机制的构建,《情报理论与实践》第 6 期。
张皎雯（2010）汉语国际推广背景下的汉语作为第二语言 / 外语教学的教学模式研究与探索，华东师范大学硕士学位论文。
张　黎、王志尚（2022）本科汉语国际教育专业毕业生去向及相关情况调查——以北京语言大学为例,《国际汉语教学研究》第 1 期。

张　璐（2019）汉语视听说课主题式教学模式研究——以中国人民大学本科留学生汉语教学为例，《国际汉语教学研究》第 1 期。

张宁志（2013）国内外汉语教师培训现状与对策调研报告，载程娟、华学诚主编《对外汉语专业建设的理论与实践——全国高校对外汉语专业建设研讨会论文精选》，北京：北京语言大学出版社。

张　生、王　雪、齐　媛（2021）人工智能赋能教育评价："学评融合"新理念及核心要素，《中国远程教育》第 2 期。

张喜荣、田德新（2004）美国明德学院的中文教学，《世界汉语教学》第 1 期。

张雪蓉、乔映玥（2018）学习过程性评价实施效果分析——以 N 大学 G 专业为个案，《职业技术教育》第 14 期。

张妍妍（2013）嵌入课堂学习与教学过程的信息素养教育模式述评，《图书馆论坛》第 3 期。

张志华、王　丽、季　凯（2022）大数据赋能新时代教育评价转型：技术逻辑、现实困境与实现路径，《电化教育研究》第 5 期。

张志勇（1996）对教学模式的若干理论思考，《中国教育学刊》第 4 期。

章　欣、李晓琪（2017）汉语网络教学教师培训研究，《语言教学与研究》第 3 期。

赵金铭（1994）教外国人汉语语法的一些原则问题，《语言教学与研究》第 2 期。

赵　娟（2018）论人工智能时代教育的走向，《郑州师范教育》第 1 期。

赵世举（2021）积极应对国际中文教学的新情况，《中国社会科学报》5 月 11 日。

郑旭东（2019）面向我国中小学教师的数字胜任力模型构建及应用研究，华东师范大学博士学位论文。

郑艳群（2012）《对外汉语教育技术概论》，北京：商务印书馆。

郑艳群、陆凯英（2020）初级汉语口语课教学结构和过程理论模型研究，

《云南师范大学学报（对外汉语教学与研究版）》第 5 期。
郑艳群、周梦圆（2020）汉语写作教学结构和过程理论模型研究，《华文教学与研究》第 3 期。
中国大百科全书总编辑委员会《教育》编辑委员会、中国大百科全书出版社编辑部（1985）《中国大百科全书·教育》，北京：中国大百科全书出版社。
中外语言交流合作中心（2022）《国际中文教育教学资源发展报告（2022）》，北京：北京语言大学出版社。
钟柏昌、李　艺（2012）《教育工程学新探》，北京：教育科学出版社。
周　健（2000）探索汉语阅读的微技能，载《第六届国际汉语教学讨论会论文选》编辑委员会编《第六届国际汉语教学讨论会论文选》，北京：北京大学出版社。
周　健、唐　玲（2004）对汉语教材练习设计的考察与思考，《语言教学与研究》第 4 期。
周小兵、高雪松（2023）仿真中文教学过程，构建智能教育资源平台，“ChatGPT 来了：国际中文教育的新机遇与新挑战”大家谈（上）之一，《语言教学与研究》第 3 期。
周小兵、张世涛、干红梅（2008）《汉语阅读教学理论与方法》，北京：北京大学出版社。
朱军文、邵玲芝（2021）高等教育评价中的案例指标及其标准化，《高等教育研究》第 1 期。
朱　勇（2009）基于因特网的南美汉语教师培训与发展模式构建，《世界汉语教学》第 4 期。
朱志平（1996）目的语环境中的强化教学一例——北京师范大学“普北班”评介，《语言教学与研究》第 3 期。
祝智庭、戴　岭、赵晓伟（2023）“近未来”人机协同教育发展新思路，《开放教育研究》第 5 期。

宗世海（2016）我国汉语教学模式的历史、现状和改革方向，《华文教学与研究》第 1 期。

Chen, L., Chen, P. & Lin, Z. (2020) Artificial intelligence in education: A review. *IEEE Access*, 8(1): 75264-75278.

Dewey, J. (1916) *Democracy and Education: An Introduction to the Philosophy of Education*. New York: Macmillan Publishing.

Doff, A. (1988) *Teach English: A Training Course for Teachers*. New York: Cambridge University Press.

Ebert, C. & Hochstein, L. (2023) DevOps in practice. *IEEE Software*, 40 (1): 29-36.

Garrison, R., Anderson, T. & Archer, W. (1999) Critical inquiry in a text-based environment: Computer conferencing in higher education. *The Internet and Higher Education*, 2 (2-3): 87-105.

Hume, A. & Coll, R. K. (2009) Assessment of learning, for learning, and as learning: New Zealand case studies. *Assessment in Education: Principles, Policy & Practice*, 16 (3): 269-290.

Inhelder, B. & Piaget, J. (1958) *The Growth of Logical Thinking from Childhood to Adolescence*. New York: Basic Books.

Joyce, B. & Weil, M. (1972) *Models of Teaching*. Englewood Cliffs, N.J.: Prentice-Hall, Inc.

Kirkpatrick, D. (1996) Great ideas revisited. Techniques for evaluating training programs. Revisiting Kirkpatrick's four-level model. *Training & Development*, 50 (1): 54-59.

Kolb, D. A. (1984) *Experiential Learning: Experience as the Source of Learning and Development*. Englewood Cliffs, N.J.: Prentice-Hall, Inc.

Krathwohl, D. R. (2002) A revision of Bloom's taxonomy: An overview. *Theory*

Into Practice, 41 (4): 212-218.

Kung, D. C. (2023) *Software Engineering* (2nd Edition). New York: McGraw Hill.

Mayer, R. E. & Moreno, R. (2003) Nine ways to reduce cognitive load in multimedia learning. *Educational Psychologist*, 38 (1): 43-52.

Mayer-Schönberger, V. & Cukier, K. (2013) *Big Data: A Revolution That Will Transform How We Live, Work, and Think*. Boston: Houghton Mifflin Harcourt.

Siemens, G. (2004) Connectivism: A learning theory for the digital age. *International Journal of Instructional Technology and Distance Learning*, 2 (1): 3-10.

Stiggins, R. J. (1991) Relevant classroom assessment training for teachers. *Educational Measurement: Issues and Practice*, 10 (1): 7-12.

Stull, A. T. & Mayer, R. E. (2007) Learning by doing versus learning by viewing: Three experimental comparisons of learner-generated versus author-provided graphic organizers. *Journal of Educational Psychology*, 99 (4): 808-820.